本书获湖北汽车工业学院学术专著出版专项资助
本书同时受湖北省社会科学界联合会资助，是2021年项目编号2021166的湖北省社科基金一般项目成果

汽车产业链现代化和产业集群发展研究

——以湖北省汽车产业转型升级为例

肖俊涛　程曾平　著

中国纺织出版社有限公司

图书在版编目（CIP）数据

汽车产业链现代化和产业集群发展研究：以湖北省汽车产业转型升级为例 / 肖俊涛，程曾平著 . -- 北京：中国纺织出版社有限公司, 2023.6

ISBN 978-7-5229-0692-8

Ⅰ . ①汽… Ⅱ . ①肖… ②程… Ⅲ . ①汽车工业－产业结构升级－研究－湖北 Ⅳ . ① F426.471

中国国家版本馆 CIP 数据核字（2023）第 114167 号

责任编辑：郭 婷 韩 阳 责任校对：高 涵
责任印制：储志伟

中国纺织出版社有限公司出版发行
地址：北京市朝阳区百子湾东里 A407 号楼 邮政编码： 100124
销售电话：010—67004422 传真：010—87155801
http://www.c-textilep.com
中国纺织出版社天猫旗舰店
官方微博 http://weibo.com/2119887771
三河市延风印装有限公司印刷 各地新华书店经销
2023 年 6 月第 1 版第 1 次印刷
开本：710×1000 1/16 印张：12
字数：200 千字 定价：88.00 元

凡购本书，如有缺页、倒页、脱页，由本社图书营销中心调换

前　言

  2022 年，我国汽车产销量分别完成 2702.1 万辆和 2686.4 万辆，同比分别增长 3.4% 和 2.1%。其中，乘用车产销量分别完成 2383.6 万辆和 2356.3 万辆，同比分别增长 11.2% 和 9.5%。2022 年，我国新能源汽车产销量分别达到 705.8 万辆和 688.7 万辆，同比分别增长 96.9% 和 93.4%，其中，纯电动汽车销量 536.5 万辆，同比增长 81.6%；插电式混动汽车销量 151.8 万辆，同比增长 1.5 倍，新能源汽车市场占有率达到 25.6%，高于上年 12.1 个百分点。中华人民共和国成立以来，我国汽车产业经历了三个发展阶段，分别是自力更生发展阶段（1953 年—1977 年）、引进技术发展阶段（1978 年—1999 年）、保持增长发展阶段（2000 年—2017 年），现在处于第四个发展阶段，即高质量发展阶段（2018 年—现在）。这一阶段，汽车产业面临的发展环境发生了巨大变化。事实上，随着新一轮科技革命和产业革命的兴起，以传统燃油技术形式和单纯以交通工具为主要属性的汽车正在被新兴科技所深刻改变，新技术、新模式、新业态不断涌现，汽车产业正经历一场新的革命。汽车已经由"改变世界的机器"变成为"被世界改变的机器"，汽车产业新一轮的颠覆性变革正在如火如荼地进行中。这些变革势必会引发汽车产业格局与汽车生态的全面重构，其不仅将对未来汽车以及相关众多产业产生深远影响，而且将会影响整个人类社会的生产生活形态。在新的发展阶段，国家对汽车产业的发展提出了新要求，人们对汽车产业发展提出了新期望。高质量发展阶段实际上是汽车产业发展到实现更高动能、更加绿色、更加智能、更加安全、更高价值，达到更高水平的新发展阶段。这一阶段，国家出台的政策注重发展新能源汽车和智能网联汽车，汽车产业"五化"（智能化、网联化、轻量化、电动化、共享化）成了新的发展趋势。转型升级成为汽车产业发展面临的迫切任务。

  2022 年，湖北省全年生产汽车 189.6 万辆，同比下降 4.6%，增加值累计增长 1.5%，其中新能源汽车产量 29.3 万辆，同比增长 98%。湖北作为我国汽车产业大省也进入高质量发展阶段，同样面临着转型升级的重任。汽车产业转型升级的内涵极为丰富，就主体而言，涉及政府、企业、机构、平台、协会等多个主体；就要素而言，涉及政策、技术、资本、资源、人才、数据、信息等多种要素，可以说是一个"系统工程"。然而，某种视角而言，汽车产业的转型升级需要在"点""链""网"三个层面同时发力才能实现。"点"主要指的是汽车企业、研发机构、中介组织等汽车产业主体；"链"主要是指汽车产业链，即在汽车产业主体之间形成的供应链、销售链和服务链；"网"则主要是指汽车产业网，即汽车产业链上的节点向外辐射形成的网，而汽车产业集群则是汽车产业网的集中体现。因此，汽车产业的转型升级可以简单理解为汽车产业主体活力增强、汽车产业链现代化、汽车产业集群竞争力提升。当然，也可以从逻辑上理解为汽车产业集群的转型升级，因为汽车产业集群包括汽车产业链和汽车企业等汽车产业主体。本书主要是以湖北汽车产业为例，对"汽车产业链现代化"和"汽车产业集群化"进行研究，进而提出"汽车产业转型升级"的对策。汽车企业是支撑汽车产业链和汽车产业集群的基本单元，在对"汽车产业链现代化"和"汽车产业集群化"研究中均有所涉及。

本书主要采用了如下研究方法：一是文献分析法。在阅读大量文献的基础上，对汽车产业链现代化、汽车产业集群化、产业转型升级、汽车产业转型升级、产业数字化、数字产业化等方面撰写了文献综述，细化了研究现状，厘清了研究思路。二是实地调研法。实地调研了武汉、随州、襄阳、十堰、荆门的汽车产业的发展现状，访谈了相关人员，对湖北汽车产业发展状况有了一个比较全面的了解。三是实证分析法。对湖北区域汽车产业集群的竞争力构建了评价指标体系，以丹江口市汽车零部件产业集群为例，依据改进的波特钻石模型，对构建评价的模型进行了实证分析，并依据实证分析结果提出了提升汽车产业集群竞争力的对策。四是归纳演绎法。对如何提升"湖北汽车产业链现代化"和"湖北汽车产业集群竞争力"，以及如何实现湖北汽车产业的转型升级进行了演绎分析，提出了相应的对策和路径。

本书由肖俊涛教授和程曾平副教授合著而成，其中肖俊涛教授撰写了前言、第五章、第六章、第七章、第八章，程曾平副教授撰写了第一章、第二章、第三章、第四章、后记，并整理了参考文献。全书由肖俊涛教授统稿。

本书是湖北省社科基金项目"加快湖北汽车产业链现代化和产业集群发展，推动湖北汽车产业转型升级研究"（项目编号：2021166）的重要成果。当然，由于研究水平有限，该成果还有一些不尽人意之处，对汽车产业链和产业集群的研究还可进一步细化和深入，对产业数字化和数字产业化如何促进汽车产业转型升级方面还需进一步提升，希望各位专家、学者、读者不吝赐教。

作者
2023 年 1 月于湖北汽车工业学院

目 录

第一章 绪论 ·· 1

    第一节 研究的背景和意义 ·· 1

    第二节 汽车产业发展趋势 ·· 6

    第三节 研究总体逻辑框架 ·· 9

第二章 我国汽车产业发展研究 ·· 11

    第一节 我国汽车产业发展现状及主要特点 ······························ 11

    第二节 我国汽车产业供给侧结构性改革研究 ···························· 16

    第三节 我国汽车产业核心竞争力提升研究 ······························ 27

第三章 湖北汽车产业发展研究 ·· 41

    第一节 湖北汽车产业发展现状 ·· 41

    第二节 新冠疫情对湖北汽车产业的影响及对策 ·························· 48

    第三节 湖北汽车产业发展谋划 ·· 54

第四章 湖北汽车产业链现代化研究 ·· 66

    第一节 汽车产业链现代化概述 ·· 66

    第二节 湖北汽车产业链现状及对策 ···································· 76

    第三节 以数字化提升湖北汽车产业链现代化 ···························· 85

第五章 湖北汽车产业集群发展研究 ·· 91

    第一节 汽车产业集群相关理论及研究现状 ······························ 91

    第二节 湖北区域汽车产业集群竞争力评价 ······························ 94

第三节　湖北汽车产业集群竞争力提升路径 ………………… 101

第六章　湖北汽车产业转型升级研究 ……………………………… 114
　　第一节　产业转型升级研究背景与现状 …………………… 114
　　第二节　汽车产业转型升级的内涵 ………………………… 126
　　第三节　湖北汽车产业转型升级路径 ……………………… 130

第七章　十堰汽车产业转型升级研究 ……………………………… 135
　　第一节　十堰汽车产业发展现状及转型升级必要性和特殊性 … 135
　　第二节　"双百行动"助推十堰汽车产业转型升级实践探索 … 140
　　第三节　十堰汽车产业转型升级主要路径 ………………… 150

第八章　人才支撑汽车产业转型升级研究 ………………………… 157
　　第一节　汽车产业新变革对人才提出新要求 ……………… 157
　　第二节　变革时代下汽车产业人才应当具备的知识能力和素养 … 162
　　第三节　高校培养适应时代变革需求的汽车人才路径选择 … 165

结束语 ………………………………………………………………… 168

参考文献 ……………………………………………………………… 169

后记 …………………………………………………………………… 181

第一章　绪论

汽车产业的贡献度很大，据不完全统计，近几年，我国汽车制造业增加值占整个工业增加值7%左右，汽车在社会消费品零售总额中占比达10%左右。在GDP统计中的41个产业中，汽车工业及相关产业链的产值排在第二位（第一位为电子工业），汽车工业及相关产业链的总产值占GDP的比重约为12%左右。汽车产业每增加1个就业岗位，就会带动相关产业增加10个左右就业岗位。汽车产业已经成为我国的重要支柱产业之一。党的十八大以来，我国汽车产业在由大变强的新赛道上实现了跨越式发展，由习近平总书记亲自描绘的汽车强国愿景正在一步步变为美好的现实。党的二十大报告指出：坚持把发展经济的着力点放在实体经济上，推进新型工业化，加快建设制造强国、质量强国、航天强国、交通强国、网络强国、数字中国。实施产业基础再造工程和重大技术装备攻关工程，支持专精特新企业发展，推动制造业高端化、智能化、绿色化发展。这为汽车产业迈入高质量发展新征程指明了方向。为实现汽车产业的高质量发展，需要加快汽车产业链现代化、汽车业产业集群发展，全面推动汽车产业的转型升级。

第一节　研究的背景和意义

对湖北汽车产业链现代化和产业集群发展研究至少应当考虑当前国际国内面临的新形势、全国汽车产业进入的发展阶段，以及湖北省未来对汽车产业发展的谋划。

一、国际国内面临的新形势

2017年12月，习近平总书记在接见回国参加驻外使节工作会议的使节时发表重要讲话指出："放眼世界，我们面对的是百年未有之大变局。"[1] 对"百年未有之大变局"的理解至少应当包括以下内容：一是这一大变局是世界性的，当然包括中国在内，中国在这一大变局中，是"局中人"，应积极应对；二是这一大变

---

[1] 习近平接见2017年度驻外使节工作会议与会使节并发表重要讲话[EB/OL].http://www.gov.cn/xinwen/2017-12/28/content_5251251.htm.

局是多方面的，就世界范围而言包括政治重心转移、经济实力演变、文化发展多样、治理体系调整、中国快速崛起等。当前国际格局和国际体系正在发生深刻调整，全球治理体系正在发生深刻变革，国际力量对比正在发生近代以来最具革命性的变化；三是这一大变局是深层次的，百年大变局的影响是广泛、深刻、持久的，其不仅影响包括我国在内的诸多国家的前途命运，也影响着整个人类的生存发展。我国"十四五"规划对"百年未有之大变局"作出了深刻阐释：当今世界正经历百年未有之大变局，新一轮科技革命和产业变革深入发展，国际力量对比深刻调整，和平与发展仍然是时代主题，人类命运共同体理念深入人心。同时，国际环境日趋复杂，不稳定性、不确定性明显增加，新冠疫情影响广泛深远，世界经济陷入低迷期，经济全球化遭遇逆流，全球能源供需版图深刻变革，国际经济政治格局复杂多变，世界进入动荡变革期，单边主义、保护主义、霸权主义对世界和平与发展构成威胁。

面对"百年未有之大变局"我国应当如何应对，应当如何发展，这就涉及习近平总书记讲的另一个大局，即"中华民族实现伟大复兴战略全局"。面对"百年未有之大变局"我国的有利条件是，我国发展仍处于并将长期处于重要战略机遇期，迎来了从站起来、富起来到强起来的伟大飞跃；不利条件或者重大挑战是，我国正遭到西方守成大国的遏制，从中美贸易谈判的过程可以看出，这种遏制将是长期的、高压的、影响巨大的，需要从战略、战术多层面上引起高度重视，否则一旦应对不好就有可能延误甚至中断中华民族复兴的历史进程。

为此，正如我国"十四五"规划中所要求的：必须统筹中华民族伟大复兴战略全局和世界百年未有之大变局，深刻认识我国社会主要矛盾变化带来的新特征、新要求，深刻认识错综复杂的国际环境带来的新矛盾、新挑战，增强机遇意识和风险意识，立足社会主义初级阶段基本国情，保持战略定力，办好自己的事，认识和把握发展规律，发扬斗争精神，增强斗争本领，树立底线思维，准确识变、科学应变、主动求变，善于在危机中育先机、于变局中开新局，抓住机遇，应对挑战，趋利避害，奋勇前进。

二、我国经济进入高质量发展阶段

习近平同志在党的十九大报告中指出："我国经济已由高速增长阶段转向高质量发展阶段"。[1]2018年国务院政府工作报告指出，要按照高质量发展的要求，

---

[1] 宁吉喆. 坚定不移走高质量发展之路 [J]. 旗帜，2020（8）：13-15.

统筹推进"五位一体"总体布局和协调推进"四个全面"战略布局。清华大学文化经济研究院院长魏杰提出高质量发展有六大特质：高效率增长、有效供给性增长、中高端结构增长、绿色增长、可持续增长、和谐增长[1]。中国社会科学院经济研究所所长高培勇认为，高质量发展阶段有四大变化[2]：①发展理念发生了变化；②经济运行中主要矛盾和矛盾的主要方面发生了变化；③政策主线发生了变化；④宏观调控的实施机制发生了变化。

笔者认为，可从以下几方面理解高质量发展内涵：①高质量发展既是对我国经济发展阶段的判断，也是对我国经济发展的要求；②高质量发展要求已经从经济领域拓展到社会发展领域，成为习近平新时代中国特色社会主义思想的重要构成部分和国家发展战略的总指导思想之一；③高质量是建立在合理发展速度基础之上的，发展的速度和质量是辩证统一的；④高质量发展主体具有层次性：宏观层面有整个国家的高质量发展，中观层面有产业（行业）和地区的高质量发展，微观层面有企业单位、事业单位、社会团体等市场主体的高质量发展；⑤高质量发展内涵极为丰富，具有复杂性，包括发展理念的变化、市场资源的配置、生产要素的效率、产业结构的升级、区域结构的优化、市场结构的调整、区域与经济的平衡等。

三、我国汽车产业进入高质量发展阶段

汽车产业作为我国的重要支柱产业之一，在经历过高速发展阶段后，也进入高质量发展阶段。汽车产业的高质量发展首要的是发展理念的转变。在传统的注重汽车产品生产规模扩大和市场占有率提升基础上，融入了绿色发展理念；在传统的以产品为中心的理念基础上，融入了以客户为中心的理念；在传统的注重汽车企业短期盈利的理念基础上，融入了同时注重对核心技术的掌握和拥有自主知识产权的理念。

汽车产业的高质量发展包括宏观和微观两个层面。宏观层面包括汽车产业结构的优化调整和转型升级、汽车制造业与汽车服务业协调发展、新能源汽车产业等新兴业态的发展、创新驱动和新动能的培育等。微观层面包括汽车企业活力的增强、汽车企业新动能的培育、汽车企业商业模式的改革、汽车企业核心技术的掌握等。事实上，汽车产业的高质量发展也集中体现在汽车企业的高质量发展上，

---

[1] 魏杰，汪浩．高质量发展的六大特质．https://baijiahao.baidu.com/s?id=16067372382339567 00&wfr=spider&for=pc.

[2] 高培勇．高质量发展不能走"大水漫灌"老路［EB/OL］．https://baijiahao.baidu.com/s?id=16 22146554344743472&wfr=spider&for=pc.

如汽车企业的产品高质量、经营高质量、服务高质量、效益高质量、盈利高质量等，即汽车产业宏观层面的高质量发展需要微观层面的支撑，微观层面的高质量发展离不开宏观层面的协调。

汽车产业的高质量发展包括政府与市场两个维度。政府通过出台相应政策，营造良好环境，实施市场监管等"有形之手"为汽车产业高质量发展创造良好的外部条件。市场通过资源高效配置、各类要素自主调节、公平竞争机制建立等"无形之手"为汽车产业高质量发展注入生机活力。

综上，我国汽车产业高质量发展的内涵是：以习近平新时代中国特色社会主义思想为指导，以绿色发展理念贯穿始终，宏观上汽车市场体系健全，政府监管有力、服务到位，市场机制作用得以充分发挥；汽车产业结构合理，汽车制造业与服务业协调发展；新能源汽车步入产业化阶段，创新驱动成为汽车产业发展的主要推动力。微观上汽车企业能够掌握核心技术，实现产品的有效供给，经营效益明显高；汽车企业充满活力和具备较强的核心竞争力。

四、湖北"十四五"汽车产业发展定位

湖北省第十二次党代会提出了全省"努力建设全国构建新发展格局先行区"的发展定位。为此，对全省汽车产业发展提出，以新能源汽车、智能网联汽车为重点，持续做强我省汽车产业优势，提升产业集中度，打造"汉孝随襄十"为重点的万亿级汽车产业走廊，建设全国汽车产能基地；加快建设全国性汽车数据、交易、检测、后市场等服务平台，推动中国电动汽车百人会武汉基地建设；实施产业跨界融合发展工程，推动汽车产业与新一代信息通信、新能源、新材料、人工智能、大数据等新兴产业深度融合；重点建设新能源与智能网联汽车国家产业基地，培育壮大高科技优势产业集群。为将汽车产业打造成为万亿级支柱产业集群，湖北提出"十四五"汽车产业的发展目标是：围绕汽车产业，加快电动化、智能化转型，充分利用现有燃油汽车产能发展新能源汽车，重塑整零关系和后市场服务生态圈，保持汽车产业集群全国领先地位，打造国家级新能源和智能网联汽车产业基地，建设全国汽车产业链最完整、配套能力最强的省份之一，建设全国最大的新能源商用车、专用车基地。力争到2025年，全省汽车产业主营业务收入达到1万亿元，年均增长8.9%左右。新能源汽车产销占比达到25%以上，自主品牌汽车产销占比达到30%以上，整车与零部件的产值比提升到1：1.2。百亿企业达到12家左右，千亿企业达到3家。同时提出了全省汽车产业发展布局，

巩固发展"武襄十随"汉江汽车走廊，推动武汉整车制造服务转型提升，巩固提升襄阳轻型商用车、十堰中重型商用车、随州专用车产业优势。培育发展沿长江汽车走廊，在新能源整车和零部件方面取得新突破，加快宜昌、荆门整车制造基地建设，带动孝感、荆州、黄冈、咸宁、鄂州等地汽车零部件产业发展，积极创建燃料电池汽车示范城市、国家车联网先导区，见表1.1。

表1.1 湖北省汽车产业发展城市布局表

序号	城市	重点企业	重点园区	主攻方向
1	武汉	东风公司、东风本田、东风乘用车、神龙公司、吉利汽车、上汽通用武汉分公司、博世华域、延锋安道拓、泰孚汽车声学、瑞驰新能源等	武汉开发区、江夏经开区、蔡甸经开区、武汉临空港经开区等	乘用车整车、智能网联汽车、新能源汽车、汽车零部件等
2	孝感	小糸车灯、万山特种车、马瑞利、开特电子、亚川齿轮、正信齿轮等	孝感高新区、云梦经开区等	汽车零部件
3	随州	程力专汽、湖北齐星、东风随专、重汽华威、新楚风专汽、东风随州车轮、湖北楚胜、许继三铃、茂鑫胶带等	曾都经济开发区、随州高新区、随县经济开发区、广水经济开发区等	整车、专用车、汽车零部件等
4	襄阳	东风股份、神龙襄阳工厂、东风德纳车桥、骆驼蓄电池、九州汽车、东风电驱动、海立美达专用车、银轮机械等	襄阳高新区、襄阳经开区、枣阳经开区、宜城经开区等	整车、汽车零部件、专用车、动力部件等
5	十堰	东风小康、东风易捷特、华阳制动器、驰田汽车、正和车身、东风商用车、东风越野车、湖北大运、湖北神河、湖北一专、六恒梦机械、天道新能源等	十堰经济技术开发区、十堰茅箭东城开发区、十堰张湾工业新区、十堰郧阳高新区、丹江口市工业园区、郧西县工业园区等	整车、总成制造、专用车、汽车零部件等
6	恩施	浩然新能源、林锂新能源、长源轴承、博宇科技等	利川经济开发区、巴东经济开发区等	汽车电池、充电桩等
7	宜昌	广乘宜昌分公司、宜昌广汽零部件、全鑫锻造、永安车桥、和远气体、宜都氢阳等	猇亭工业园，宜都高新区、西陵新区等	汽车整车，汽车零部件、动力电池、车用氢气、燃料电池等
8	荆门	长城汽车、玲珑轮胎、福耀玻璃、亿纬动力、航特装备、宏图特种飞行器制造等	荆门高新区、荆门化工循环产业园等	整车、汽车轮胎、锂电池、专用车等

续表

序号	城市	重点企业	重点园区	主攻方向
9	荆州	新锐惠恒、湖北车桥、恒丰制动、荆江半轴、钱潮精密件（湖北）、浙江方正（湖北）、湖北德尔能、恒隆集团、均胜公司、鑫宝马弹簧、信友汽车、美克汽车、湖北先行、荆翔汽配、顺辉汽配等	新滩经合区、青吉工业园、屏陵工业园、金平工业区、汽装园、城东工业园、城南高新园	汽车零部件，专用汽车
10	仙桃	摩擦一号、六丰机械、富士和机械等	仙桃高新区	汽车零部件
11	咸宁	合加、三环、佳顺、北辰、世丰、泓硕电子、兴民钢圈、崇高科工、森永湖北等	咸宁高新区、崇阳开发区等	汽车整车、轮胎、车轮、汽车内饰等
12	黄石	奥莱斯轮胎、安达精密、昂运铝轮、东贝铸造、三环离合器、冶鑫汽车零部件、赛福摩擦、人本轴承、鑫华轮毂等	阳新县开发区、大冶湖高新区、黄石开发区、下陆长乐山工业园等	汽车零部件
13	黄冈、鄂州	星晖汽车、格罗夫汽车、普赫氢能、龙申汽车、天时汽车、东瀚空港、神风板簧、威风汽配、力神电池、马勒三环、大帆汽配、元丰摩擦、巨洲汽配、普路福等	黄冈高新区、散花工业园、蕲春县经济开发区、麻城经济开发区、鄂州花湖开发区等	新能源乘用车、新能源商用车、新能源专用车、汽车零部件等

可见，"十四五"期间，湖北省将汽车产业发展主要定位在新能源与智能网联汽车的发展上，聚力打造国家级新能源和智能网联汽车产业基地，建设全国最大的新能源商用车、专用车基地，积极创建燃料电池汽车示范城市、国家车联网先导区。同时提出湖北汽车产业的高质量发展目标，即实现汽车产业转型升级，打造"汽车强省"，构建"汽车新生态"。

第二节　汽车产业发展趋势

我国自2009年以来，汽车产销量一直位居全球第一。2021年我国汽车产销分别完成2608.2万辆和2627.5万辆，同比分别增长3.4%和3.8%。中汽协数据显示，2022年，我国汽车产销量分别完成2702.1万辆和2686.4万辆，同比分别增长3.4%和2.1%。据中国汽车工业协会预测，2022年中国汽车总销量为2750万辆，同比增长5.4%，其中，乘用车销量为2300万辆，同比增长8%；商用车销量为450万辆，同比下降6%；新能源汽车销量为500万辆，同比增长47%。截至2021年底，全国汽车保有量达3.02亿辆，其中新能源汽车保有量达784万辆，占汽车总量的2.60%。

一、汽车产业新变革主导发展趋势

汽车产业新变革主要体现在以下四个方面：一是技术大革新，以及在此基础上衍生出来的一系列产品开发流程及理念的颠覆性变化。随着汽车电动化、网联化、智能化发展，传统的汽车电子电气架构正在发生革命性变化，原来是分布式架构，现在转向了软硬一体化的集中式架构，这可以更好地支撑智能网联汽车功能升级。二是价值大迁移，以及由此带来的营销与服务模式的巨大变化。这在以特斯拉、蔚来为代表的"造车新势力"方面表现得较为明显，一系列的变化正在发生：汽车的硬件收入和利润占比逐步降低，软件收入和利润占比正在快速增长，整车系统中软件收入占比大幅度提升，培育软件和数据服务可获得更多收益。同样的成本投入，软件业务的利润空间很大程度上取决于用户数量，庞大的客户群能够产生巨大的利润。三是功能大变化，以及由此产生的客户需求和市场竞争格局的大调整。随着智能网联汽车的发展，汽车产品不再是简单的出行工具，汽车产品正在被重新定义。汽车正在从交通运载的工具延伸成为大型移动智能终端和数据的空间，并逐渐成为支撑构建智能交通、智慧城市的关键要素，汽车被称为4个轮子上的数据中心。四是产业大融合，以及由此促成的汽车产业链产业集群的拓展和汽车新生态的构建。当前，汽车百年形成的原有分工模式正在被颠覆，汽车产业首先是内部制造业与服务业的深度融合，然后是汽车与数字技术、信息通信、互联网领域的跨界融合，这些融合导致汽车产业链和产业集群范畴的扩展。随着汽车产业内外融合发展，跨界融合创新将成为必然，人—车—路—云、绿色低碳和智慧城市共同构建汽车产业新生态。

二、我国汽车产业发展主要趋势

未来5~10年我国汽车产业发展趋势如下：一是转型升级是新常态。事实上，转型升级是我国汽车产业高质量发展的必然要求。这一时期，汽车产业链供应链现代化水平将不断提升，加快推进汽车制造业优化升级，深入实施汽车制造业智能制造和绿色制造，发展服务型制造新模式，推动汽车制造业高端化智能化绿色化发展。二是新能源汽车产业将加快发展。这一时期，国家将大力发展新能源汽车产业，突破新能源汽车高安全动力电池、高效驱动电机、高性能动力系统等关键技术，加快研发智能网联汽车基础技术平台及软硬件系统、线控底盘和智能终端等关键部件。推动汽车生产性服务业融合化发展，加快建设"汽车强国"和"交通强国"，力争经过15年的持续努力，我国新能源汽车核心技术达到国际先进水平，质量品牌具备较强国际竞争力。三是汽车"轻量化、电动化、智能化、网联化、共享化"等五化进程将同步推进。"轻量化"是指在保证汽车的强度和安全性能的前提下，尽可能地降低汽车的整备质量，从而提高汽车的动力性，减少燃料消耗，降低排气污染。实验证明，若汽车整车重量降低10%，燃油效率可提高6%～8%；汽车整备质量每减少100公斤，百公里油耗可降低0.3～0.6升；汽车重量降低1%，油耗可降低0.7%，由于环保和节能的需要，汽车的"轻量化"已经成为世界汽车发展的潮流。"电动化"则是新能源汽车的一种，未来5～10年，纯电动汽车将成为新销售车辆的主流。"智能化"是指事物在计算机网络、大数据、物联网和人工智能等技术的支持下，所具有的能满足人的各种需求的属性，智能驾驶和无人驾驶是汽车智能化的重要体现。"网联化"即车联网，其是以车内网、车际网和车云网为基础，按照约定的通信协议和数据交互标准，在车与车、车与人、车与环境之间进行通信和信息传输，实现车辆智能化控制、智能动态服务和智能交通管理的一体化网络。"共享化"随着共享经济的发展，人们利用更少的资源消耗，满足更多人群的使用需求，创造可持续发展条件，汽车的共享化是"用而不买"的模式创新，随着智能网联化的发展，共享化得以推广。四是汽车市场竞争将进一步加剧。2018年已经取消了专用车、新能源汽车外资股比限制；2020年取消了商用车外资股比限制；2022年取消了乘用车外资股比限制。今后会有更多有实力的市场主体投资汽车行业，汽车品牌之间的竞争也将更加激烈。"增加销量，抢占市场，提高市场占有率"成为绝大多数车企的首要目标，车企优胜劣汰已成为市场竞争的必然结果。五是汽车服务业将加速发展。随着汽车产销量的相对稳定，汽车保有量的持续增加，使得汽车服务业或将成为未来汽车产业发展的重要利润增长点。二手车、汽车金融、汽车保险、汽车置换、汽车保养、汽车维修、汽车报废等汽车服务业将迎来快速发展期。需进一步提示的是，随着新能源汽车的发展，新能源汽车的服务模式将与传统燃料车有着重大区别，新能源汽车的服务业将成为未来汽车产业发展的又一重要利润增长点。六是政策对汽车产业的发展仍然起着重要作用。今后相关政策法规的完善对汽车产业发展将产生越来越大的影响。

三、新能源汽车发展主要趋势

未来5~10年，我国新能源汽车发展的趋势如下：一是技术路线上，当前混合动力汽车是节能汽车的主流，未来短期内（约5年）仍会有较大发展；纯电动汽车是未来新能源汽车主流，公共领域用车全面电动化，乘用车领域以电动车为主，燃料电池汽车实现商业化应用，高度自动驾驶汽车实现规模化应用，充换电服务网络便捷高效；磷酸铁锂动力电池和三元锂电池仍将并驾齐驱发展，在较长时期内（约10年）经济型电动车仍将主要装备磷酸铁锂电池，豪华型电动车则主要装备三元锂电池；在商用车领域，氢燃料电池商用车是整个氢能燃料电池行业的突破口，今后氢燃料供给体系建设稳步推进，2035年或将实现氢能及燃料电池汽车的大规模推广应用；新能源汽车将与智能网联汽车结合得更加紧密，二者同步发展。二是政策上，国家对新能源汽车生产企业的直接补贴取消后，对购买和使用新能源汽车的税收优惠将会存在一段较长的时间；国家关于新能源汽车企业的准入条件或将提高，关于车辆安全、环保、使用等方面的法规将更加严格，新能源汽车零部件的标准化建设力度将会加强，"双碳"目标的实现过程或将加速新能源汽车产业化进程。三是市场上，新能源汽车市场渗透率将快速提升。新能源整车企业之间竞争将更趋激烈；新能源汽车零部件或将在一定时期（预计5年左右）会出现供不应求情况；新能源汽车市场将更加细分，大量新能源汽车企业会在细分市场占据一席之地。四是基础设施上，新能源汽车的基础设施将会更加完善，充电、换电、快充、慢充、电池的移动补电、加氢等基础设施将会快速布局和发展，从而有效带动新能源汽车产业化发展。

第三节 研究总体逻辑框架

前已述及，湖北汽车产业的高质量发展主要目标是：实现汽车产业转型升级，打造"汽车强省"，构建"汽车新生态"，为湖北的高质量发展和我国"汽车强国"目标的实现提供有力支撑。事实上，这一目标的确立是在分析我国汽车产业发展阶段和趋势基础上得出的，同时湖北汽车产业的高质量发展又是构建湖北现代产业体系的重要组成部分。要实现湖北汽车产业高质量发展目标，主要路径是加快推进湖北汽车产业的转型升级。汽车产业的转型侧重于产业结构的转型，主要内容是产业布局、产业内部比例、产业绿色发展、产业规范发展、产业综合效益等，核心是提升汽车产业竞争力。汽车产业竞争力提升的有效路径是区域汽车产业集群的发展和竞争力的提升。汽车产业升级的内容更加广泛，包括产业链和企业两个层面，如产业链基础的升级、产业链价值升级、产业链完整性升级，以及汽车产品质量升级、产品价值升级、产品服务升级、生产方式升级、经营管理模式升级等。汽车产业转型升级的核心是汽车产业链的现代化，包括了汽车产业基础的高级化。汽车产业的集群和汽车产业链的现代化是相互融合、同步发展的，你中有我、我中有你，不能分开孤立看待，更不能各自发展，需一体化发展。汽车产业集群竞争力提升可加快汽车产业链现代化，汽车产业链现代化是形成有竞争力的汽车产业集群的支撑。区域汽车产业集群竞争力的提升主要受制于区域硬环境、区域软环境、企业经营情况、技术创新能力、相关产业支撑等因素的影响，数字的产业化能有效提升区域汽车产业集群的竞争力。汽车产业链的现代化包括汽车产业基础的高级化、汽车产业链的控制力、汽车产业链的联动性、汽车产业链的商业模式和汽车产业链的治理模式等五个方面的提升。汽车产业数字化能够有效提升汽车产业链现代化进程。事实上，汽车产业的数字化与数字产业化会整体推动汽车产业转型升级的步伐，助推实现"汽车强省"和构建"汽车生态"社会的高质量发展目标，以上逻辑框架详见图1.1。

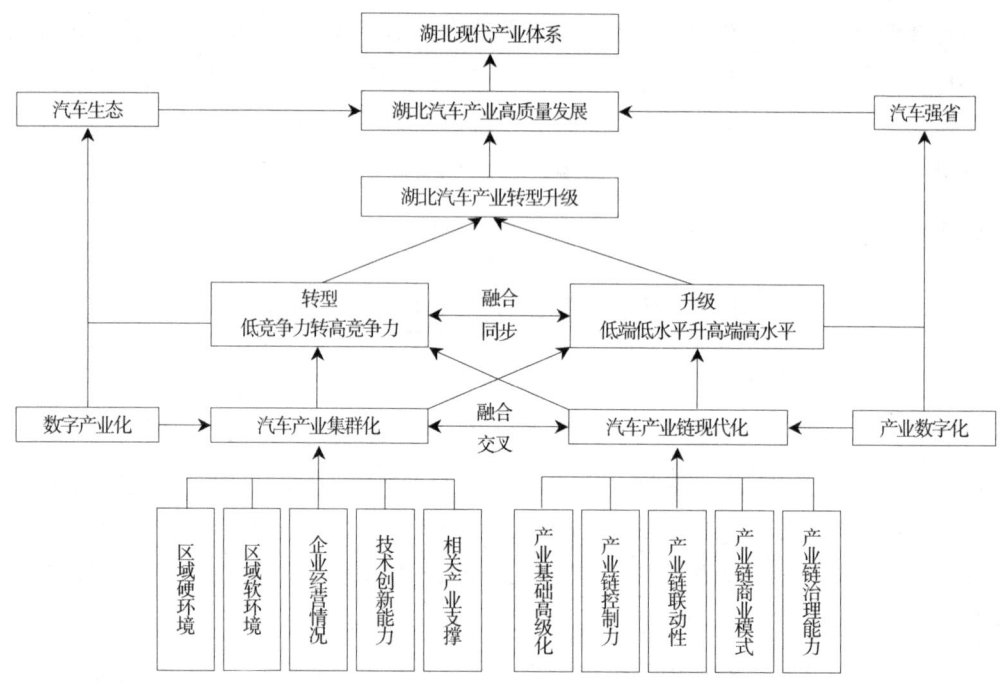

图1.1 研究的逻辑框架图

第二章 我国汽车产业发展研究

当前，我国汽车产业已进入高质量发展阶段。这一时期有着怎样的体现，应当如何认识和把握、如何加快转型升级、如何提升竞争力，是需要系统加以研究的。

第一节 我国汽车产业发展现状及主要特点

汽车产业作为我国的重要支柱产业之一，在经历过高速发展阶段后，进入高质量发展阶段，这对汽车企业提出了更高的要求，汽车产业要实现高质量发展目标，就要转型升级、提升核心竞争力。

一、我国汽车产业发展现状

概括起来，当前我国汽车产业发展现状具有如下特点：

（1）汽车制造企业体量大、贡献大。截至2020年我国汽车制造企业数量为15686个，零部件制造企业约9万家；2021年汽车制造业的营业收入为86706.2亿元，同比增长6.7%，利润总额为5305.7亿元，同比增长1.9%；2021年汽车制造业工业增加值同比增长5.5%，汽车类零售额超过4万亿元，达到4.4万亿元，同比增长7.6%，占全国社会消费品零售总额的9.9%。

（2）汽车产销量趋于稳定。我国自2009年以来，汽车产销量一直位居全球第一。2020年我国生产汽车2522.5万辆，同比下降2.0%；销售汽车2531.1万辆，同比下降1.9%。2021年我国汽车产销量分别完成2608.2万辆和2627.5万辆，同比分别增长3.4%和3.8%，见图2.1。2022年，我国汽车产销量分别完成2702.1万辆和2686.4万辆，同比分别增长3.4%和2.1%。其中，乘用车产销量分别完成2383.6万辆和2356.3万辆，同比分别增长11.2%和9.5%。商用车产销分别完成318.5万辆和330万辆，同比下降31.9%和31.2%。

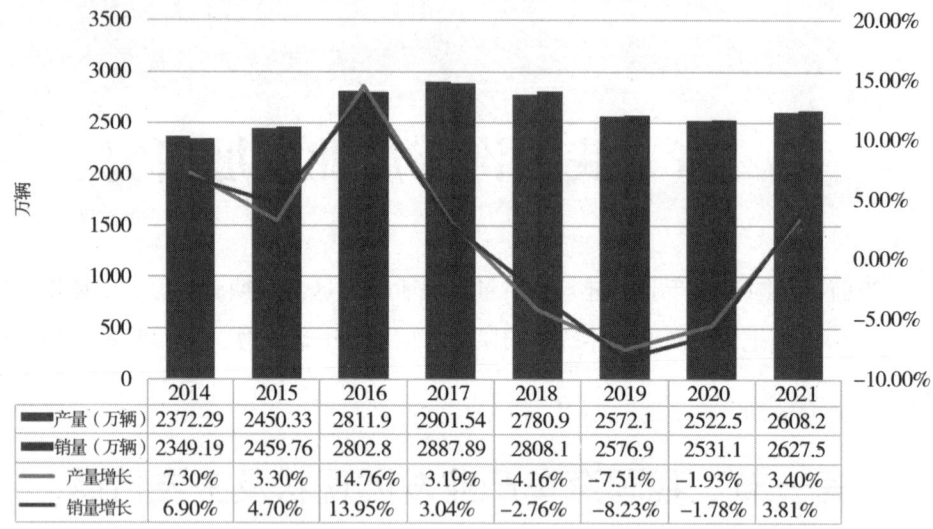

图2.1 2014～2021年中国汽车产销量图

（3）每年乘用车与商用车的产销量占比相对稳定。中国乘用车产销量长期占据汽车总产销量七成以上的比例。2021年中国乘用车产量占全国汽车总产量的82.08%，商用车产量占全国汽车总产量的17.92%；2021年中国乘用车销量占全国汽车总销量的81.76%，商用车销量占全国汽车总销量的18.24%。2022年，我国乘用车销量为2356.3万辆，占全国汽车总销量的87.7%；商用车销量为330万辆，占全国汽车总销量的12.3%，乘用车数量与商用车之比为87.7:12.3。

（4）新能源汽车始终处于增长状态。2020年我国新能源汽车产销分别完成136.6万辆和136.7万辆，同比分别增长7.5%和10.9%；2021年我国新能源汽车产量达354.5万辆，市场占有率13.4%，较之上一年增加8%，我国新能源汽车销售完成352.1万辆，同比增长1.6倍；2022年，我国新能源汽车产销量分别达到705.8万辆和688.7万辆，同比分别增长96.9%和93.4%，其中，纯电动汽车销量536.5万辆，同比增长81.6%；插电式混动汽车销量151.8万辆，同比增长1.5倍。新能源汽车市场占有率达到25.6%，高于上年12.1个百分点，我国连续8年新能源汽车产销位居全球第一。此外，截至2021年底，我国累计建成充电桩261.7万个，换电站1298座，形成了全球最大的充换电网络。

（5）汽车市场集中度变化不大。2020年汽车销量排名前10位的企业集团销量合计为2264.4万辆，占汽车销售总量的89.5%。2021年，全国汽车销量排名前10位的企业集团销量合计为2262.1万辆，占汽车销售总量的86.1%。2022年，全国汽车销量排名前十位的企业（集团）依次是上汽集团、中国一汽、东风公司、广汽集团、长安汽车、比亚迪股份、北汽集团、吉利控股、奇瑞汽车、长城汽车。共销售2314.8万辆，占汽车销售总量的86.2%。

（6）中国品牌汽车市场占有率稳步提升。2020年中国品牌乘用车累计销量为774.9万辆，其市场份额为38.4%。2021年中国品牌汽车市场份额超过44%，接近历史最高水平；2022年，中国品牌乘用车共销售1176.6万辆，同比增长22.8%，占乘用车销售总量的49.9%，占有率比上年同期提升5.4个百分点。

（7）汽车出口数量增长明显。2020年我国汽车出口量为99.5万辆。2021年我国汽车出口201.5万辆，同比增长1倍，占汽车销售总量的比重为7.7%，其中新能源汽车出口31万辆，同比增长3倍。2022年，我国汽车出口量为311.1万辆，同比增长54.4%，其中乘用车出口量为252.9万辆，同比增长56.7%；商用车出口量为58.2万辆，同比增长44.9%；新能源汽车出口量为67.9万辆，同比增长1.2倍。

（8）二手车交易处于增长期。2020年全国累计完成交易二手车1434.14万辆，二手车的交易量达到了新车销量的56.7%；2021年二手车交易量为1758.51万辆，二手车的交易量达到了新车销量的66.93%。2022年，全国二手车累计交易量1602.78万辆，同比下降8.86%，与同期相比减少了155.7万辆，累计交易金额为10595.91亿元，二手车的交易量达到了新车销量的59.7%。

（9）汽车保有量持续增加。2020年中国汽车保有量达2.81亿辆，同比增长8.08%，新能源汽车保有量达492万辆，同比增长29.13%；2021年中国汽车保有量达3.02亿辆，较2020年增加了0.21亿辆，同比增长7.47%，其中新能源汽车保有量达0.08亿辆，占汽车总保有量的2.6%。截至2022年底，机动车保有量达4.17亿辆，其中汽车保有量达3.19亿辆，占机动车总量76.59%；全国新能源汽车保有量达1310万辆，占汽车总量的4.10%，扣除报废注销量比2021年增加526万辆，增长67.13%。其中，纯电动汽车保有量1045万辆，占新能源汽车总量的79.78%。

（10）新的造车势力开始发力。2020年有确切销量的10家造车新势力是：蔚来、理想、小鹏、威马、哪吒、零跑、国机智骏、爱驰、云度和新特。2021年，新势力造车企业共销售汽车94.7万辆，同比增长2.2倍，市场占有率为3.6%，比上年提高 2.4 个百分点。2022 年，广汽埃安、哪吒、理想、蔚来、小鹏、零跑等销售均超过了 10 万辆，分别为 271156 辆、152073 辆、133246 辆、122486 辆、120757 辆、111168 辆。

（11）产业科技投入稳步提高。数据显示，2021 年一汽研发总投入 214.2 亿元，同比增长 3.9%；上汽集团合计研发投入为 205.95 亿元，其中费用化研发投入 196.68 亿元，同比增长 46.83%；长安汽车研发投入达到 42.17 亿元，同比增长 24.51%；广汽集团全年研发投入超 52 亿元，研发投入占营业收入比例为 6.83%；比亚迪研发投入为 106.27 亿元，同比增长 24.2%；长城汽车研发投入为 91 亿元，同比增长 76.05%；吉利汽车研发投入总计 55 亿元，同比增长 16.1%；蔚来汽车研发投入为 45.9 亿元，同比增长 84.6%；小鹏汽车研发投入为 41.1 亿元，同比增长 138.4%；理想汽车研发投入为 32.9 亿元，同比增长 198.8%。

（12）产业科技水平迅速提升。我国已经形成了"政、产、学、研、用"一体化的技术研发和成果转化体系，并取得了显著成果，如在传统燃油车技术领域，汽车行业主流企业开发的发动机产品，性能与合资品牌相当；在变速箱领域，中国品牌整车企业掌握了 DCT、CVT 技术，我国自主研发的 9AT 变速箱实现了量产；在新能源汽车领域，我国已成为全球最大的动力电池出口国家，并正在逐步打破国外龙头企业在 IGBT 技术上的垄断；在智能网联领域，基于人工智能、5G 通信等新技术在汽车领域实现广泛应用。

尽管进入高质量发展阶段以来，我国汽车产业发展取得了巨大成就，但也面临一些困境，一些汽车制造企业经营面临困难甚至倒闭破产。根据乘联会公布的数据显示，2019 年销量跌幅超过的 50% 的车企数量达到了 22 家。2020 年 4 月雷诺公司宣布转让其在合资公司东风雷诺所持的 50% 股权；2020 年 6 月江苏赛麟汽车上海公司、如皋工厂先后被查封；2020 年 6 月成立 4 年但尚未有车辆量产的博郡汽车发布公告宣布造车失败；2020 年 8 月杭州市余杭区人民法院裁定受理杭州长江汽车有限公司破产；2020 年底华晨汽车集团正式进入破产重整程序，2021 年 8 月华晨集团部分资产被宝马收购；2021 年 3 月原"重庆长安铃木汽车有限公司"已经正式更名为"重庆铃耀汽车有限公司"，铃木正式退出中国市场；2022 年北京宝沃汽车股份有限公司破产。此外，新冠疫情防控常态化的影响，工业"四基"的相对薄弱，关键核心"卡脖子"硬件技术及芯片等相应软件技术尚没有完全掌握，企业原材料、人工、能源、物流等经营成本持续加大，企业获取人才留住人才不易，汽车零部件制造企业与整车制造企业之间的关系不够和谐等因素制约着我国汽车产业的高质量发展。这与实现"汽车强国"的战略目标还有较大差距。

二、对我国汽车产业发展的认识

在了解我国汽车产业发展的总体情况和未来发展趋势的基础上，可对我国汽车产业发展得到如下几点认识。

（一）我国长期是全球最大的汽车市场

虽然我国汽车市场自1990年以来经历了28年增长后，于2018年首次为负增长，之后连续几年产销量呈下降状态，2021年我国汽车产销量又恢复小幅增长，但中国的汽车产销量一直位居全球第一，中国的汽车市场依然是全球的最大的市场，超过全球汽车销量的1/3。2022年1至10月全球汽车销量为6591万台，我国为2197.5万辆，占全球汽车销量的33.3%。2022年1~9月，全球电动汽车累计销量超过680万，市场占有率达13%，我国新能源汽车销量达到了456.7万辆，其中出口38.9万辆，市场占有率达23.5%，约占全球的67.2%。

（二）我国仍然是汽车大国并非"汽车强国"

判别是否为"汽车强国"的标准至少有以下六个方面：①拥有若干大型汽车制造商和世界知名的自主汽车品牌；②自主掌握汽车的核心技术，拥有可持续的研发能力；③拥有成熟的汽车零部件工业和汽车服务业；④汽车消费市场足够大，汽车管理水平足够高；⑤拥有成熟的汽车文化，自主品牌占据多数份额；⑥在海外市场设立生产基地，汽车国际贸易发达。当前，尽管我国汽车产销量一直位居全球第一，但我国汽车产业尚未达到以上大部分标准，因此，建设"汽车强国"之路任重道远。

（三）转型升级是实现汽车产业高质量发展的重要路径

汽车产业的高质量发展既是目标，也是要求。这一目标要求服务于"汽车强国"的国家战略。为实现高质量发展这一目标和实施"汽车强国"战略，需要转型升级。汽车产业的转型升级主要涉及三个层次：一是国家层面汽车产业的转型升级，包括国家汽车产业结构的布局和优化、汽车产业基础的高级化、共性技术的提升与推广、关键核心技术的掌握、汽车产业链的完整性、汽车产业国内国际双循环的畅通，以及汽车产业高端化、数字化、融合化、绿色化；二是区域层面汽车产业的转型升级，包括区域汽车产业的结构的布局和优化、汽车产业集群化，以及区域层面汽车产业高端化、数字化、融合化、绿色化；三是汽车企业层面的转型升级。这主要体现在有转型升级基础的汽车企业通过技术、管理、模式等变革实现智能化生产和数字化管理，通过绿色生产方式，生产出适合市场需求的高价值的智能网联汽车产品。通过汽车龙头企业、科技型企业、专精特新"小巨人"企业和单项冠军企业实施汽车产业领航企业培育工程，培育一批具有生态主导力和核心竞争力的龙头企业，通过龙头企业的转型升级带动区域汽车产业和制造业的转型升级。

（四）产业链现代化和产业集群发展是汽车产业转型升级的重要支撑

汽车产业链现代化则需要对关键核心技术的掌控和安全性的保障。李政（2022）等认为，如何加强对产业链上游关键零部件与关键技术的控制，是汽车企业平稳发展尤其是防止在激烈的市场竞争中被竞争对手"卡脖子"的重要课题。党的二十大报告指出，着力提升产业链供应链韧性和安全水平。产业集群作为一种新的极具特色的产业空间组织形态，已成为区域经济发展的重要组成部分；产业集群的产业链间各成员之间的分工协作和协同创新，即创新型产业集群，对于构建现代产业新体系，提升地区经济实力和竞争力意义重大。汽车产业集群化发展，可以带动汽车产业链节点企业整体转型升级。党的二十大报告指出，推动战略性新兴产业融合集群发展，这就使汽车产业与信息产业、数字产业等相融合，形成融合型产业集群发展，更加带动整个区域汽车产业的转型升级和经济的高质量发展。

第二节　我国汽车产业供给侧结构性改革研究

党的十九大报告指出，必须坚持质量第一、效益优先，以供给侧结构性改革为主线，推动经济发展质量变革、效率变革、动力变革。党的二十大报告指出，我们要坚持以推动高质量发展为主题，把实施扩大内需战略同深化供给侧结构性改革有机结合起来。可见，供给侧结构性改革是推动经济高质量发展和实施扩大内需战略的重要举措。而经济高质量发展的主要体现是产业结构优化，主要路径是转型升级，这就需要实施供给侧结构性改革。产业结构优化需要企业兼并重组或者关停并转，需要提升高端制造业和现代服务业水平，需要加快互联网、大数据、人工智能与新兴制造业深度融合,进而大力发展新兴产业。经济发展转型升级需要改造提升传统制造业,需要掌握关键共性技术、前沿引领技术、现代工程技术,增强自主创新能力,需要加快新旧动能转换和内生增长动力培育,需要建立新的机制和体制,协调发挥政府与市场对经济发展的不同作用,破除制约市场化改革的体制障碍,使得自然资源、劳动力、资本、技术等要素实现市场化高效配置和有效供给。事实上,供给侧结构性改革可以加快产业的转型升级,进而实现经济的高质量发展。汽车产业亦是如此,随着供给侧结构性改革的深入,可以有效地促进整个产业的转型升级,进而实现汽车产业的高质量发展目标。

一、相关文献综述

由于中央是从 2015 年提出供给侧结构性改革的,关于汽车产业供给侧结构性改革的研究不多,主要有赵瑾璐、朱文哲(2016)从提升产业整体竞争力、促进汽车产业发展良性循环等方面提出汽车产业供给侧结构性改革。李玉生(2016)对供给侧结构性改革下中国重型汽车产业技术发展现状、趋势、存在的主要问题进行了分析,提出了相应的建议[1]。刘胜勇(2017)从把握机遇、转观念优结构、化解过剩产能、自主创新、海外投资和智能化制造等六方面,给出了"新常态"阶段汽车产业供给侧结构性改革的建议。马力(2017)从继续切实加强行业管理、鼓励跨界联合重组、继续扶持新能源汽车发展、重点突破关键技术、不断强化精品意识、扎实做好信息化工作、智能化发展切忌过度等 7 个方面提出了汽车产业供给侧结构性改革的建议[2]。杨天学(2018)对供给侧结构性改革下交通运输经济循环模式建设进行了初步研究。胡健(2019)对陕西省关中地区高端装备制造业的供给侧结构性改革新路径进行了研究[3]。关于汽车产业高质量发展研究主要有工信部苗圩(2018)部长提出新能源汽车产业高质量发展的思路。王中亚(2018)提出了推动河南汽车制造业高质量发展的对策建议。吕永权(2018)对广西制造业的高质量发展进行了探讨[4]。徐春武(2018)对汽车金融公司的高质量发展进行初步研究。朱盛开(2019)对我国电动汽车服务业高质量发展进行研究,提出加快建设开放、智能、互动、高效的服务体系,打造电动汽车服务新业态、新模

---

[1] 李玉生.供给侧结构性改革下中国重型汽车产业技术发展分析研究[J].重型汽车,2016(3):3-8.
[2] 刘胜勇.新常态下汽车产业的供给侧结构性改革[J].汽车工业研究,2017(7):30-37.
[3] 马力.关于汽车产业供给侧结构性改革的建议[J].湖北政协,2017(7):27-28.
[4] 杨天学.供给侧结构性改革下交通运输经济循环模式建设研究[J].青海交通科技,2018(3):31-33.

式，促成共生共荣的行业生态圈[1]。广汽集团董事长曾庆洪提出要在质量变革、效率变革、动力变革这三个关键环节上有所作为，使得汽车企业高质量发展。国家发展和改革委员会副主任林念修提出了推动智能汽车行业高质量发展的方法。王海洋，陈海峰，许广健对我国汽车流通领域的高质量发展进行了初步探究[2]。王瑞祥（2018）提出以绿色、智能为主攻方向，推进我国汽车工业提质增效升级，加快进入高质量发展阶段[3]。

以上研究表明，一些学者已经就汽车产业的供给侧结构性改革进行了初步研究，但缺乏系统性，没有从供给侧结构性改革的必要性以及如何通过供给侧结构性改革实现汽车产业高质量发展的视角进行研究。

二、供给侧结构性改革的内涵

供给侧结构性改革是指通过供给侧要素和体制机制的结构性改革，达到要素实现最优配置，调整经济结构，提升经济增长的质量和数量的目标。供给侧结构性改革有两个核心要素："供给侧改革"和"结构性改革"，"供给侧改革"是相对于"需求侧改革"而言的，"需求侧改革"主要有投资、消费、出口三驾马车，"供给侧改革"主要是通过劳动力、土地、资本、制度、机制、创新等要素的改革，实现最优配置，达到最优效率。"结构性改革"既包括经济结构（资源配置的结构），也包括体制机制的结构，重点是体制机制的结构。供给侧结构性改革就是要在适度扩大总需求的同时，去产能、去库存、去杠杆、降成本、补短板，从生产领域加强优质供给，减少无效供给，扩大有效供给，提高供给结构适应性和灵活性，提高全要素生产率，使供给体系更好适应需求结构变化。

三、以供给侧结构性改革促进汽车产业高质量发展的必要性

供给侧结构性改革是指通过供给侧要素和体制机制的结构性改革，达到要素实现最优配置，调整经济结构，提升经济增长的质量和数量的目标。供给侧结构性改革有两个核心要素："供给侧改革"和"结构性改革"，"供给侧改革"是相对于"需求侧改革"而言的，"需求侧改革"主要有投资、消费、出口三驾马车，"供给侧改革"主要是通过劳动力、土地、资本、制度、机制、创新等要素的改革，实现最优配置，达到最优效率。"结构性改革"既包括经济结构，即资源配置的

---

[1] 胡健.构筑国内先进的关中高端装备制造业新高地探索省域供给结构改革新路径 [J].西安财经学院学报，2019(1):5-11.
[2] 选自苗圩在2018年中国电动汽车百人会论坛上的演讲。
[3] 王中亚.河南汽车制造业高质量发展问题研究[J].河南牧业经济学院学报，2018（4）：10-14.

结构，重点是体制机制的结构。供给侧结构性改革就是要在适度扩大总需求的同时，去产能、去库存、去杠杆、降成本、补短板，从生产领域加强优质供给，减少无效供给，扩大有效供给，提高供给结构适应性和灵活性，提高全要素生产率，使供给体系更好适应需求结构变化。

（一）供给侧结构性改革可以推进汽车产品的有效供给

虽然，自2009年以来，我国汽车产销量一直位居全球第一，但也存在着"产能过剩""库存过多"和"有效供给不足"的问题。2015年，占我国汽车产量98%的37家主要汽车企业形成整车产能就已经达到了3122万辆。其中乘用车产能2575万辆，产能利用率为81%；商用车产能547万辆，产能利用率仅为52%。2017和2018年，我国汽车产销量均超过2800万辆，但其产能已经达到了6358万辆[1]。中国汽车流通协会发布的数据显示，2018年每个月我国汽车经销商库存系数均位于警戒线1.5以上[2]。就汽车产品结构而言，经过供给侧结构改革，新能源汽车比例明显增加。2019年全国新能源汽车产量达124.2万辆，仅占全国汽车当年总产量的4.57%，2020年全国新能源汽车产量达136.6万辆，仅占全国汽车当年总产量的5.42%，2021年和2022年我国新能源汽车产销量大幅提升，详见表2.1：2014~2022年我国新能源汽车产销量及占比情况表。随着消费升级，人们对汽车产品的需求更高，如对新能源汽车要求更高的续航里程、更便捷的充电方式和更优惠的价格，对汽车智能化网联化的要求更高、对汽车的产品及服务价格的透明度要求更高。事实上，新时代下我国居民消费需求已经从数量型转向质量型，消费品供给结构升级已成为供给侧结构性改革的首要切入点。

表2.1 2014~2022年我国新能源汽车产销量及占比情况表（单位：万辆）

指标名称	2022	2021	2020	2019	2018	2017	2016	2015	2014
新能源汽车产量	705.8	354.5	136.6	124.2	127	79.4	51.7	34.0	7.85
新能源汽车产量增长率	99.1%	159.5%	9.98%	-2.2%	59.9%	53.6%	52.1%	333.1%	348.6%
新能源汽车产量占全国产量比率	26.1%	13.59%	5.42%	4.83%	1.09%	2.74%	1.84%	1.39%	0.33%
新能源汽车销量	688.7	352.1	136.7	120.6	125.6	77.7	50.7	33.1	7.48
新能源汽车销量增长率	95.6%	157.6%	13.35%	-4.0%	61.6%	53.3%	53%	342.5%	325%
新能源汽车销量占全国销量比率	25.6%	13.4%	5.40%	4.68%	4.47%	2.69%	1.81%	1.35%	0.32%

[1] 吕永权.论推动广西制造业高质量发展[J].经济与社会发展，2018（5）：1-7.
[2] 徐春武.积极顺应新时代要求，推动汽车金融公司行业高质量发展[J].中国银行业，2018（12）：60-62.

（二）供给侧结构性改革可以优化汽车产业结构

当前，我国汽车产业存在着发展不平衡、产业结构不合理等问题，主要体现在以下三个方面：

（1）汽车服务业规模有较大提升空间。国家统计局发布的数据显示，2018年汽车制造业全年营业收入达83372.6万亿元，位于41个工业行业的第2位，而2018我国汽车服务业市场规模约为12790亿元，汽车制造业与汽车服务业之比约为8:1。在成熟国家的汽车产业链中，汽车后市场的占比在50%~60%，而我国目前为11%左右，因此我国汽车服务业规模有很大的提升空间；

（2）产业集中度仍有提升空间。数据统计显示，截至2018年12月，我国专用汽车公告内企业达到1400余家，在产企业1200家，其产业集中度急需提升。企查查数据显示，截至2022年底，我国现存汽车制造相关企业42.18万家，其中2022年新增16.6万家，同比增长44.9%，但规模普遍较小，市场集中度偏低；目前我国销量前五乘用车企（上汽大众、上汽通用、一汽大众、上通五菱、吉利汽车）合计市占率为37%，而美、日、德主要乘用车市场集中度已达70%左右；

（3）制度和机制供给有较大提升空间。当前，我国对汽车市场主体和汽车产品的管理体制仍然是公告制和认证制，事前管理较为严格，缺乏事中和事后的监管；各地都在发展汽车产业，过度重视汽车产业在拉动经济和带动就业方面的积极作用，相对忽视汽车产业在地方的整体布局和环保方面的消极作用，竞争力差、效益低的中小汽车生产企业大量存在；多变的政策使得汽车企业难以适应；地方政府注重对汽车产业投资者的引进，相对忽略简化流程、一网通办、人才引进、机制改革等市场机制的建立和营商环境的优化。供给侧结构性改革正是通过有效的要素供给、产品供给和制度供给，实现产业结构的优化，供给水平和质量的提升，以及供需的平衡。

（三）供给侧结构性改革可以促进汽车产业绿色低碳可持续发展

绿色低碳发展要求汽车产业的发展不以高污染、高消耗、高排放为代价，不仅汽车产品本身是节能环保的，汽车产品的设计、汽车产品的研发、汽车产品的制造、汽车产品的服务、汽车产品的报废、汽车产品的回收等汽车产业价值链的整个过程也是符合环保和低排放标准的。可持续发展要求汽车产业发展不能盲目扩张，不能粗放方式增长，不能一味提高增长速度，要防止杠杆率过高。要实现汽车产业的可持续增长，需综合考量资源消耗、道路建设、交通状况、社会承受、市场需求等多种因素，为后续发展留有余地，处理好眼前利益与长远利益、企业利益与国家利益的关系。通过供给侧结构性改革，可以加快汽车产业的转型升级和新旧动能转换，促进汽车界新业态、新模式、新技术的融合，实现绿色低碳和可持续发展。

（四）供给侧结构性改革可以弥补汽车企业的短板

纵观我国汽车企业发展现状，至少存在着以下六个方面的短板：①整车和零部件企业对关键核心技术掌握不够；②汽车企业新动能培育力度不够；③不少汽车企业设备陈旧，产品质量不高；④汽车生产企业采购成本、人工成本、运营成本较高；⑤汽车民营企业融资困难；⑥汽车企业应对国家政策风险和市场风险能力不够。

"补短板"是供给侧结构性改革的重点任务之一，其是优化供给结构和扩大有效需求的结合点，是保持经济平稳运行和推动经济高质量发展的结合点，也是发展经济和改善民生的结合点。国家出台政策重点在关键核心技术攻关和新动能培育方面补短板，在引导传统企业转型升级上补短板，在支持企业投融资方面补短板，在优化营商环境等制度供给方面补短板。

（五）供给侧结构性改革可以提升汽车产业链水平

虽然，我国目前是全球公认的汽车大国，但却不是汽车强国。我国要迈入汽车强国之列，至少应提升汽车产业链水平。汽车产业链水平的提高主要取决于以下八个因素：①高水平的汽车设计能力；②智能化的汽车制造水平；③掌握高水平的汽车核心技术；④高水平的汽车服务能力；⑤有影响力的汽车自主品牌；⑥完善的汽车报废回收体系；⑦成熟的汽车文化；⑧发达的汽车国际贸易等。事实上，提升产业链水平是供给侧结构性改革的重要目标之一，通过供给侧结构性改革能够促进汽车企业注重技术创新和机制创新，形成新的竞争优势，加快解决关键核心技术"卡脖子"问题，促进互联网、大数据、人工智能与汽车产业的深度融合，提升汽车企业管理水平和服务水平，创新商业模式，拓展汽车消费国际市场，推广成熟的汽车文化，进而提升整个汽车产业链价值水平。

四、以深化供给侧结构性改革促进我国汽车产业高质量发展对策

（一）提高深化汽车产业供给侧结构性改革对汽车产业高质量发展重要性的认识

供给侧结构性改革是党中央在深刻分析、准确把握我国现阶段经济运行主要

矛盾基础上作出的重大决策，是重大理论和实践创新，是适应我国社会主要矛盾和经济发展阶段变化的必然要求。满足人民日益增长的美好生活需要、解决发展不平衡不充分问题、推动经济高质量发展，都要求深化供给侧结构性改革。汽车产业的高质量发展更是如此，其"结构性矛盾"突出，需要"去产能、去库存、去杠杆、降成本、补短板"，提高供给体系质量和效率，提高投资有效性。也需"破、立、降"，即大力破除无效供给；大力培育新动能，强化科技创新，推动传统汽车产业优化升级；大力降低汽车企业成本，降低制度性交易成本。需进一步"巩固、增强、提升、畅通"，即巩固供给侧结构性改革取得的成果；增强微观主体活力，建立公平开放透明的市场规则和法治化营商环境；提升汽车产业链水平，注重利用技术创新和规模效应形成新的竞争优势；畅通汽车产业流通体系和服务体系，加快建设面向"一带一路"的统一开放、竞争有序的现代汽车市场体系。

（二）明确深化供给侧结构性改革促进汽车产业高质量发展的主线

深化汽车产业供给侧结构性改革是促进汽车产业高质量发展的主线：

（1）以绿色发展理念指引汽车产业发展。高质量发展阶段，与之相匹配的发展理念是："创新、协调、绿色、开放、共享"，绿色发展是汽车产业高质量发展的基本要求，在整个汽车产业链中无论是汽车企业，还是汽车产品都要求达到环保的标准，如燃气车从2019年7月1日起全面实施国六标准。柴油车、公交、环卫、邮政等城市类车辆从2020年7月1日起全国实施国六标准，到2021年7月1日，所有车辆全部实施国六标准；

（2）以优化产业结构为重点促进汽车产业可持续发展。汽车产业结构的优化有赖于产业集中度的提升和汽车服务业的繁荣，产业集中度的提升意味着一批企业在是市场机制的作用下需"关、停、并、转"，重点企业的核心竞争力得到明显提升。汽车服务业的繁荣意味着汽车服务业创造价值的比例提高，汽车服务业的质量得到提升；

（3）以有效供给指导汽车产业转型升级。汽车产业转型升级的主要目标之一是增加汽车产品的有效供给。供给侧结构性改革解决的主要问题之一是生产的产品不能满足消费者的需求，导致"过剩产能"和"过多库存"；

（4）以技术创新和制度创新促进高效率增长。高效率增长是指以较少的投入获得较大的收益，高质量发展是指高效率增长。高效率增长离不开技术创新和制度创新。技术创新需人才、资金与机制的融合，可建立政企校（所）合作机制，促进汽车企业的技术创新。制度创新主要体现在股权结构、管理制度、运行机制、激励措施上，汽车企业应当依据其规模、产品、性质等实际改革企业经营管理机制，以适应市场变化的需求，获取更大的利润空间，实现资源的最有效配置和投入的最大产出；

（5）以智能化网联化和新能源汽车发展促进汽车产业中高端结构增长。智能化、网联化是汽车产业发展的重要趋势之一，无论是传统能源的节能汽车还是新能源汽车产品，无论是乘用车产品还是商用车产品均需高度的智能化网联化，这是消费者对汽车产品提出的需求。智能化网联化也为汽车产业创新驱动提供了广阔空间。新能源汽车作为战略新兴产业无疑是培育新动能的有力引擎，围绕新能源汽车发展，技术创新、机制创新、模式创新应运而生。当然，汽车产业中高端结构增长还有赖于现代汽车产品制造业和现代汽车服务业的大力发展；

（6）面向"一带一路"延伸汽车产业链。汽车产业发展的国际化趋势愈加强烈，在国内外汽车企业激烈竞争下，惟有走出国门，走向世界才能高质量发展。充分运用国家政策，面向"一带一路"沿线国家和地区延伸汽车产业链，可以拓宽其经营区域，增加其价值和盈利。

（三）弥补汽车企业短板是促进汽车产业高质量发展的基础

汽车企业与汽车市场是汽车产业的两大主要要素。汽车企业活力的增强，必然促进汽车产业的高质量发展。就企业而言，存在内外两方面因素制约着汽车企业缺乏活力。

就内部因素而言主要有：①股权结构不科学；②核心技术缺乏；③经营机制不灵活；④员工激励机制单一；⑤采购成本和人工成本过高；⑥应对政策变化能力较弱；⑦融资困难；⑧用工荒与留人才难并存。

就外部因素而言有：①税费负担较重；②政策变化较快；③各类考核频繁；④同业竞争更趋激烈；⑤人才流动更加频繁，人才竞争更加激烈；⑥法规监管趋向严格导致的不适应。

供给侧结构性改革注重通过"降成本"和"补短板"增强企业的活力。尤其在降低企业成本方面，政府采取了大规模结构性减税举措取得了好的成效，如清理规范各类涉企收费，推动降低用能、用网和物流等成本；取消了一批行政许可事项，"证照分离"改革在全国推开，企业开办时间大幅压缩，工业生产许可证种类压减三分之一以上，制度性交易成本大幅下降；"互联网＋政务服务"得到普遍推广，极大提高了企业办理纳税申报、项目审批的效率。2016年至2021年全国新增减税降费累计超8.6万亿元❶，2022年全年，我国新增减税降费及退税缓税费超过4.2万亿元❷。

前已述及，汽车企业存在的主要短板，要弥补这些短板，需从企业自身和外部环境提供两个方面进行。就汽车企业自身而言，重点是建立起适应市场需求的股权机制以解决汽车企业经营短板；建立激励机制以解决人才不足的短板；建立大数据市场分析与客户需求及时掌控机制，以解决汽车产品有效供给不足的短板；建立创新机制以解决企业核心技术不足的短板；建立市场风险防范机制，以解决汽车应对市场风险不足的短板。就外部环境提供而言，政府应当为汽车企业提供足够宽松的融资环境以解决融资难的短板；政府应当为汽车企业建立完善公平的市场体系，以解决竞争不公平的短板；政府应当为汽车企业建立良好的营商环境，以解决汽车企业应对各类风险不足的短板；政府支持多主体联合研发机制的建立，以解决研发能力不足的短板。

（四）深化政府对汽车产业"放管服"改革是促进汽车产业高质量发展的关键

供给侧结构性改革的核心是对政府如何引导、管理、服务市场主体的改革。"放管服"，就是简政放权、放管结合、优化服务的简称。说到底是政府应当采用哪些措施保障和充分发挥市场机制的作用，而不是干预和阻碍市场机制作用的发挥。事实上，在一些地方，政府有关部门总是在想办法通过行政方法"帮助"汽车企业发展，虽然从地方经济发展角度考虑无可厚非，但政府的这些"帮助"可能导致汽车企业对政府产生依赖或者无法退出市场。一些地方政府部门，考虑到地方经济的发展，在落实对地方汽车产业扶持政府中，采取"大水漫灌"的做法，没有体现政策的精准性，以致地方的汽车产业和汽车企业均未能高质量发展。政府对汽车产业"放管服"改革的核心是让汽车企业在公平完善的市场体系中充分发展。政府的政策应当具有"延续性"和"稳定性"。政府对汽车企业的管理重点是依法依规进行市场准入、市场退出与市场监管，对违法违规企业进行依法处罚，对破产退出的企业员工进行社会保障。政府对汽车企业的服务重点是建立公平完善的市场体系和对良好营商环境的营造，而非主动服务企业。汽车企业在高

---

❶ 王雨萧. 六年全国新增减税降费超8.6万亿元 明年还将这么干[EB/OL].http://www.gov.cn/xinwen/2021-12/31/content_5665700.htm.

❷ [中国网财经：国家统计局：2022年新增减税降费及退税缓税费超4.2万亿[EB/OL]. https://baijiahao.baidu.com/s?id=1759041039891351898&wfr=spider&for=pc].

质量发展中需面对政府和市场两类风险,不少企业反映,由于信息不对称和政策变化太快,企业往往对市场的风险反应较快,有着较好的应变能力,但对政府政策的风险防控能力较差,由政策风险导致的损失往往无能为力。政府对企业的过多管理和服务,恰恰是影响企业高质量发展的重要因素之一。因此,要深化政府对汽车产业"放管服"的改革,切实转变政府职能,大幅减少政府对资源的直接配置,强化事中事后监管,凡是市场能自主调节的就让市场来调节,凡是企业能干的就让企业干。

(五)新兴产业的带动是促进汽车产业高质量发展的有效抓手

新能源汽车是我国的战略新兴产业之一,也是我国汽车产业高质量发展的集中体现。其融合了绿色发展、创新驱动、新动能培育、模式变革、机制创新、有效供给、人才汇聚等多种高质量发展元素。然而,在新能源汽车产销数量高速增长的当代,我国新能源汽车发展遭遇了瓶颈,主要体现在以下几方面:

(1)新能源汽车政策变化较快,不少新能源汽车企业由于政策的原因,补贴资金到位不及时,资金压力大,利润大幅度降低,有的甚至出现了亏损。如2017年安凯客车、海马汽车等多个新能源汽车整车企业业绩下降甚至出现亏损,2018年随着补贴退坡,许多新能源车企的利润大幅度下降,一些电池和整车企业甚至停产或关闭;

(2)新能源汽车的电池成本和技术制约着电动汽车的发展。新能源汽车价格之所以高,主要是电池成本较高约占整车价格的50%。但在3~5年的使用周期内,电池使用的价值降为20%~30%,使用期结束之后,电池价值约为10%。换言之,电池的成本高,但实际使用约占其总价值的30%,70%的电池价值并没有使用,可见,电池成本高但技术尚未达到要求。且对电池的研发水平还不够高,核心技术还被国外企业掌握,如在燃料电池系统方面,目前我国电堆的科研水平与国外的产品及水平相比,存在着明显差距,在电驱动系统领域,高速轴承、IGBT控制芯片等基础元器件仍然依赖进口;

(3)新能源载货车是新能源汽车发展的突出短板。在乘用车和商用车领域均有较为成熟的新能源汽车,但是商用车领域的新能源汽车主要是客车,新能源载货车特别是重型载货车和一些专用车则较少。实际上,传统能源的载货车的生产制造过程和尾气排放对环境污染远大于乘用车,新能源载货车的市场需求更大,对电池技术的要求更高;

（4）基础设施的不完善制约着新能源汽车的普及。关于这一点已有共识，在此不赘述。

综上，以新能源汽车产业发展带动整个汽车产业的高质量发展首先要有稳定的政策扶持，扶持的政策应当能够尽快取得实效，当前政策刺激仍然是现阶段促进我国新能源汽车发展的不可或缺因素；其次是实施多样的新能源汽车技术路线。当前，我国新能源汽车主要有三种：纯电动汽车、插电式混合动力汽车、燃料电池汽车。事实上，新能源汽车的种类较多，除以上三种外，还有太阳能汽车、氢气汽车等。在重点扶持以上主要的三种新能源汽车外，可鼓励其他种类新能源汽车的研发和试制生产，实施多样的新能源汽车技术路线，以满足不同的消费需求；应着重进行新能源汽车技术的研发和应用，特别是聚焦车用氢燃料电池关键核心技术，以及制氢、储氢、加氢等核心技术的研发，强化先进动力电池技术，下一代电子器件技术等，以解决电池的安全、成本和续航里程问题。注重对新能源货车的研发和运用，建立多主体联合研发平台，集中力量攻关解决核心技术问题，建立对研发技术的知识产权保护和推广应用机制。同时加大对自动驾驶与智能汽车关键核心技术进行深入研究，开展自主无人车辆、智能技术、多移动群体智能协同控制、无人车辆支撑平台等重大项目攻关。将新能源汽车技术的研发和应用作为整个汽车产业技术创新和培育新动能的主要抓手，以此促进整个汽车产业的转型升级和产业链水平的提高；第四着重进行新能源汽车产品的推广。新能源汽车产品的推广既有赖于汽车企业提供满足市场需求的高质量产品，又有赖于政府出台鼓励新能源汽车购买和限制传统能源汽车消费的政策，归根结底是实施供给侧结构性改革，使政府与市场双轮驱动；第五是注重对新能源汽车产业基础设施的完善，以满足新能源汽车产业发展的需求。基础设施的不完善是制约新能源汽车产业发展的主要短板之一，其完善更多地依赖于政府的投入和鼓励，唯有将其纳入整个城镇和道路发展规划，并加以实施方可较好地解决这一问题。

当前我国经济运行当前的主要矛盾仍然是供给侧结构性的，高质量发展必须坚持以供给侧结构性改革为主线不动摇。高质量发展是体现新发展理念的发展，突出高质量发展导向。高质量发展不是不要增长速度，数量与质量是辩证统一的，高质量发展是建立在一定增长速度基础上的质量。汽车产业的高质量发展更是建立在具备相当规模基础上的发展。我国是汽车大国，每年汽车产销量全球第一，也是全球最大的汽车市场，然而，我国汽车产业在高速发展之际，也存在着效益不高、效率不高、创新驱动不足等质量不高的现象,有必要通过供给侧结构性改革促进汽车产业的高质量发展,为实现"汽车强国"梦想打下坚实基础。

第三节　我国汽车产业核心竞争力提升研究

前已述及,通过供给侧结构性改革可以促进汽车产业转型升级,进而实现汽车产业高质量发展目标。汽车产业实现了高质量发展其产业整体竞争力也相应也得到了提升。然而,就企业和产业而言,应当注重培育核心竞争力,始终在竞争中保持一定优势,使整个汽车产业的高质量发展具有持续性。

一、核心竞争力内涵

(一)竞争力的内涵

竞争力,是参与者双方或多方的一种角逐或比较而体现出来的综合能力。它是一个相对指标,必须通过竞争才能表现出来,是对象在竞争中显示的能力,是一种随竞争变化并通过竞争而体现的能力;竞争力包含对象的现在状况,以及未来可以展示的能力;要测定竞争力需要确定测定时间。简言之,竞争力具有相对性、变化性、可比性、可测性。就产业而言,就某一产业测度或不同区域相同产业的比较中存在竞争力的问题,产业之竞争力包括产业结构、产业效益、产业方式、产业链完整性、产业链价值等方面。就企业而言,企业的竞争力包括企业的硬资源与软资源,硬资源包括企业的资本资源、人力资源、设施资源、科技资源、原料资源等;软资源包括企业的治理资源、文化资源、信息资源、环境资源、品牌资源、客户资源等。

(二)核心竞争力的内涵

核心竞争力是美国经济学家普哈拉德和哈默尔于1990年在《哈佛商业评论》上提出的,也有说是在其合著的《公司核心竞争力》一书中提出的。他们认为"就短期而言,公司产品的质量和性能决定了公司的竞争力,但长期而言,起决定作用的是造就和增强公司的核心竞争力"。就企业而言,核心竞争力是指能够为企业带来比较竞争优势的资源,以及资源的配置与整合方式。随着企业资源的变化以及配置与整合效率的提高,企业的核心竞争力也会随之发生变化。凭借着核心竞争力产生的动力,一个企业就有可能在激烈的市场竞争中脱颖而出,使产品和服务的价值在一定时期得到提升。首先核心竞争力应该有助于公司进入不同的市场，它应成为公司扩大经营的能力基础。其次，核心竞争力对创造公司最终产品和服务的顾客价值贡献巨大，它的贡献在于实现顾客最为关注的、核心的、根本的利益。最后，公司的核心竞争力应该是难以被竞争对手所复制和模仿的。张维迎教授曾对企业核心竞争力总结如下"偷不去、买不来、拆不开、带不走和留不下"五个特点，后来有人加了第六个特点"变不了"。可见，企业核心竞争力的识别标准有四个：价值性、稀缺性、不可替代性、难以模仿性。因此，一般而言，企业能够在市场中生存发展都有其一定的竞争力，但并非每个企业都具有核心竞争力。通常情况下，企业核心竞争力的测度指标包括：资源、能力、品牌、文化等。

就产业而言也存在着核心竞争力问题，其主要是指反映产业具有较高竞争力的核心要素。"钻石模型"是由美国哈佛商学院著名的战略管理学家迈克尔·波特提出的。波特的钻石模型用于分析一个国家某种产业为什么会在国际上有较强的竞争力。波特认为，决定一个国家的某种产业竞争力有四个因素：一是生产要素，包括人力资源、天然资源、知识资源、资本资源、基础设施；二是需求条件，主要是本国市场的需求；三是相关产业和支持产业的表现，这些产业和相关上游产业是否有国际竞争力；四是企业的战略、结构、竞争对手的表现等，详见图2.2。一般而言，众多企业的核心竞争力支撑产业的核心竞争力，产业的核心竞争力主要体现在企业上。

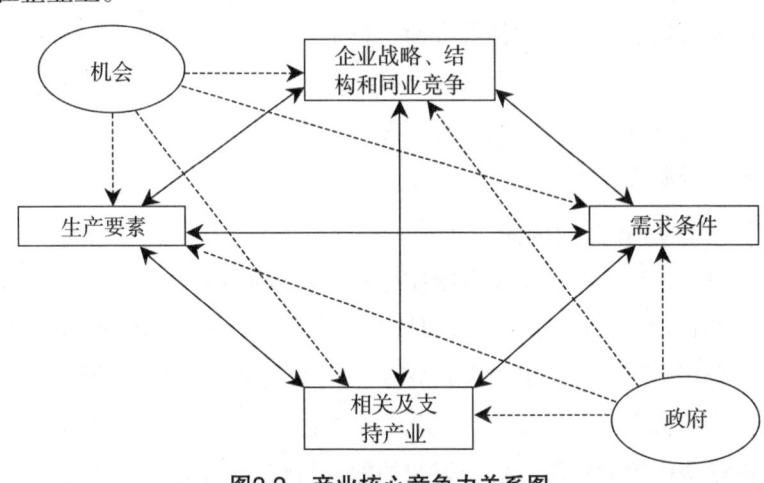

图2.2　产业核心竞争力关系图

（三）汽车产业核心竞争力内涵

由上可知，汽车产业核心竞争力是指汽车产业比较竞争优势的核心要素资源。其包括汽车产业的生产要素和需求条件、与汽车相关产业和支持产业的状况、汽车企业的核心竞争力及竞争企业的表现等。不同区域汽车产业的核心竞争力是可测度的。

二、当前我国汽车产业核心竞争力优势分析

就我国汽车产业总体而言，具有以下几方面的核心竞争力。

（一）汽车产业链完整

我国汽车产业链完整，涵盖了汽车设计、制造、营销、服务、报废等所有环节，详见图2.3。事实上，当今汽车产业已不再仅仅是产业链条，已经构成了产业网络。链条的每一个环节都在向外辐射，特别是通过移动互联网这一载体，辐射的范围已超过汽车产业本身，辐射的速度超乎想象。汽车产业链的完整性使得我国汽车产业在2020年经受住了新冠疫情的考验，在国内形成了畅通的产业循环。

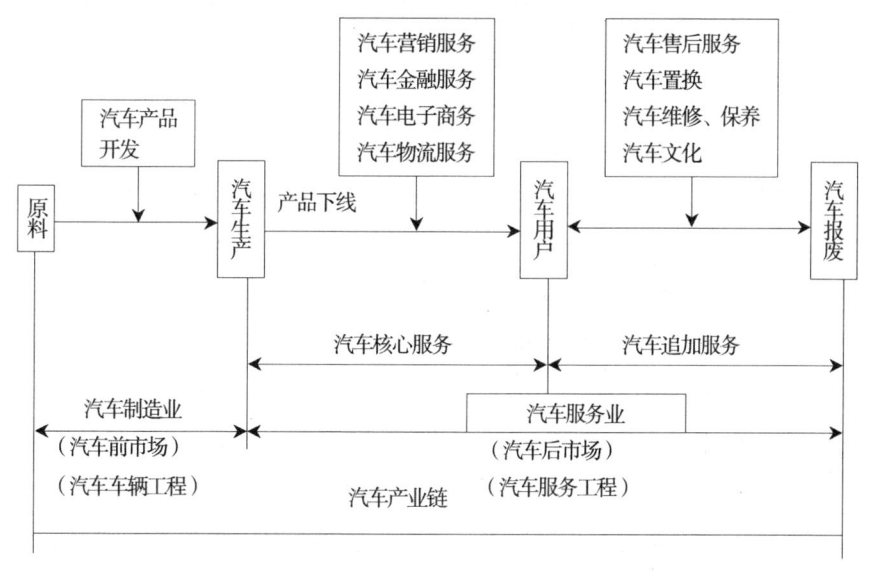

图2.3 汽车产业链示意图

（二）国内汽车市场需求潜力大

当前，我国是世界上最大的汽车市场，也是未来最富潜力的汽车市场。2019年和2020年我国人均GDP均超过了10000美元，我国社会生产力水平不断提升，人民生活质量和消费水平进一步提高。截至2020年，中国汽车保有量已经达到2.81亿辆，但中国每100个人中只有20个人有汽车。然而，美国每100个人中就有85个人有车，日本和德国每100个人中有60人有汽车。因此，作为全球经济发展动力强劲、发展态势良好的国家，每百人的汽车保有量却远低于经济发达

国家，我国汽车市场仍有着巨大的潜力。

（三）汽车产业规模大

前已述及，2022 年，我国现存汽车制造相关企业达到 42.18 万家，汽车制造业完成营业收入 92899.9 亿元，同比增长 6.8%，占规模以上工业企业营业收入总额的比重为 6.7%，汽车制造业利润 5319.6 亿元，同比增加 0.6%，占规模以上工业企业利润总额的比重为 6.3%，我国汽车制造业增加值占整个工业增加值 7% 左右，汽车在社会消费品零售总额中占比达 10% 左右。汽车产业已成为我国的支柱产业。汽车产业如此巨大的规模使得汽车产业自身发展韧性足，能够经受住国内外经济下行压力带来的挑战。

（四）形成了六大汽车产业集聚区

就主要区域而言，当前我国基本形成了六大汽车产业集聚区，分别是长三角汽车产业集聚区、珠三角汽车产业集聚区、京津冀汽车产业集聚区、中三角汽车产业集聚区、成渝西部汽车产业集聚区、东北汽车产业集聚区。长三角汽车产业集聚区以江苏至上海为中心，聚集了 100 多个年工业产值超过 100 亿元的产业园区，包括上汽集团、吉利集团、众泰集团以及东风系客车、卡车、乘用车等在内的数千家大型汽车企业。珠三角汽车产业集聚区聚集了广汽集团、广汽本田、广汽丰田、比亚迪等大型汽车企业。京津冀汽车产业集聚区以北京至天津为中心，聚集了北汽集团、北汽福田、长城汽车、北京现代、天津一汽等大中型传统车企。中三角汽车产业集聚区以武汉为中心，形成"汉随襄十"汽车工业走廊，辐射南昌、赣州、上饶等地，聚集了东风集团、标致雪铁龙、神龙汽车等大型车企，吸引了吉利汽车、上汽通用等车企的投资。成渝西部汽车产业集聚区以重庆为中心，拥有长安集团、长安福特、长安铃木、力帆汽车等车企，吸引了吉利汽车、比亚迪、北汽集团、长安新能源、车和家等大型车企在此投资。东北汽车产业集聚区以长春为中心，包括一汽集团、一汽大众、华晨宝马、哈飞集团等汽车企业。这六大汽车产业集聚区又各自形成了多个汽车产业集群，有力带动着本区域汽车产业的高质量发展。

（五）汽车产业整体技术水平显著提升

自主研发能力不断提高，集中体现在汽车产品取得了长足的进步，已基本形成了自主研发能力。技术创新体系初步形成，我国汽车产业初步形成了包括政府、行业、企业以及高校等研究机构在内的技术创新体系。汽车产业关键技术领域取得重大突破，如在先进动力总成、动力电池及驱动电机、燃料电池动力系统和整车轻量化等关键技术领域，近年来我国都在不同程度上取得了重大突破，部分技术接近或达到了国际先进水平。潍柴动力股份有限公司开发出满足欧六排放的新型发动机，在可靠性、可用工况范围等方面均达到了业界领先水平。宁德时代新能源科技有限公司、精进电动科技（北京）有限公司等企业的动力电池、驱动电机技术已达到国际先进水平，产品远销国外。

（六）汽车生产方式智能化变革

当前，信息、能源、材料、人工智能等技术不断取得突破性进展，并与汽车产业加快融合，带来了汽车产品形态和生产方式的深度变革，汽车工业由传统的规模化和批量化生产转变为智能生产。汽车生产方式向充分互联协作的智能制造体系演进，生产资源实现全球高效配置，研发制造效率大幅提升，产业上下游关系更加紧密，消费者掌握的信息更加充分。

（七）汽车的商业模式发生变革

随着互联网等新业态、新模式的发展，汽车正从交通工具转变为大型移动智能终端、储能单元和数字空间，共享经济的蓬勃发展，共享汽车开始推广普及，"以顾客为中心"的理念被企业广泛接受，在保证质量的同时，消费需求成为导向，为满足消费需求，对汽车由"重拥有"转变为"重使用"，涌现出多种新的商业模式。技术变革推动商业模式的创新，商业模式的创新需技术变革的支撑。

（八）相关支持产业发展好

汽车生产涉及钢铁、冶金、塑料、陶瓷等原材料行业，以及电子、电器等10多个产业部门，这些行业与汽车产业关系密切。目前世界钢材产量的约15%，铝产量的约25%，橡胶产量的约50%，塑料产量的约10%，石油产量的约35%都用于汽车产业。事实上，与汽车产业相关及支持的产业主要是制造业、服务业和战略性新兴产业。"十四五"期间国家将加快推进制造强国、质量强国建设，深入实施智能制造和绿色制造工程，发展服务型制造新模式，推动制造业高端化、智能化、绿色化；促进先进制造业和现代服务业深度融合，强化基础设施支撑引领作用，构建实体经济、科技创新、现代金融、人力资源协同发展的现代产业体系；同时聚焦新一代信息技术、生物技术、新能源、新材料、高端装备、新能源汽车、绿色环保以及航空航天、海洋装备等战略性新兴产业，推动战略性新兴产业融合化、集群化、生态化发展。制造业的转型升级、先进制造业和现代服务业深度融合以及战略性新兴产业的发展有力支撑了汽车产业的高质量发展。

（九）人才资源有力支撑汽车产业发展

"人才是第一资源"，我国是人力资源大国，人才资源也较为丰富。据不完全统计，在我国汽车制造业的从业人数约460万人。汽车产业汇聚了众多高端人才、工匠人才、技术人才、管理人才等各层次各领域的人才。同时依法保护企业家的财产权和创新收益，发挥企业家在产业发展中的重要作用，形成了尊重劳动、尊重知识、尊重人才、尊重创造的氛围。丰富的人力资源有力地支撑汽车产业的高质量发展。

三、当前我国汽车产业核心竞争力不足分析

（一）我国尚未建成汽车强国

关于汽车的一些关键核心技术我国尚没有真正完全掌握，世界知名的自主汽车品牌商没有形成，智能制造的生产方式尚没有普及，汽车企业数字化的管理尚没有建立；高水平现代化的汽车服务体系尚不够健全，新能源汽车产业尚不够发达；汽车文化氛围不够浓厚，汽车文化产业不够成熟；自主品牌汽车的市场份额尚不够高；汽车国际贸易尚不够发达和均衡；高水平高层次的汽车人才跟汽车产业发展的需求相比较还比较缺乏；生态化的汽车社会尚没有形成。

（二）汽车技术研发能力不足

我国汽车工业研发投入不足。以2017年为例，大众汽车集团、戴姆勒、宝马研发投入分别为131.35、87.11、61.08亿欧元，研发投入占营业收入比分别为5.7%、5.3%和6.2%，而国内研发费用最高的三家汽车企业是：上汽集团、比亚迪（包含其在电子、手机部件等业务投入）和广汽集团，研发投入分别为61.65、37.19、17.07亿人民币，占营收比分别为1.33%、6.87%和4.59%。可见，就汽车企业而言，我国汽车企业无论是在研发投入的数额上，还是比例上与国外知名车企有着较大差距。此外，国内车企对关键核心零部件技术掌控力薄弱，如自动变速器、发动机、汽车电子、动力电池、车载雷达等关键核心零部件的技术均被外资掌握，对外资或合资品牌依赖严重。

（三）汽车技术创新体系不够完善

对汽车产业和技术战略咨询研究不够；缺乏跨产业、跨学科的高端智库平台；汽车产业创新国际化能力较弱；创新链不完整，基础研究和原始创新严重不足，在基础研究和产业化技术之间，缺少一个能够打通基础研究和产业化的应用技术

研究机构；在打通以高校为主的基础研究和企业为主体的产业化应用方面，缺乏有效的汽车产业应用技术供给；现有创新要素和平台存在投入分散、缺少协同等现象，特别是"产""学""研"以及企业和企业间的战略合作不够等。

（四）技术创新与成果转化不够顺畅

"产""学""研"创新主体定位不明确，创新资源分散重复，未形成稳定创新链；产业技术转化价值链的各个环节相对薄弱，甚至存在相互割裂、断档的情况，尤其是从基础研究到产业化之间的工程转化能力不强，转化率不高。

（五）我国整体工业基础薄弱

工业基础主要包括基础材料、基础零部件、基础工艺和技术基础。工业基础是一个国家制造业发展的共性基础，也是汽车产业做强的基石和技术创新的支柱。如汽车轻量化等技术对基础材料提出更高要求；我国基础工艺水平不高，关键高端装备缺乏，制约汽车高端制造业形成；汽车技术发展受制于基础零部件制造技术薄弱，附加值高的关键零部件仍大部分依靠进口或外资独资在国内生产，如动力总成电控系统、底盘电控系统、发动机后处理器等；都存在较大的技术缺失；技术基础欠缺，如标准化制度欠缺、技术数据库建设不够等，制约汽车的技术标准体系建设和汽车技术数据库的建立。

（六）汽车制造企业的收入及盈利水平整体不高

据国家统计局数据显示，2019年我国汽车制造业规模以上工业企业营业收入约80846.7亿元左右，利润总额为5087亿元，利润率为6.29%。2020年全国汽车制造业营业收入为81557.7亿元，利润总额为5093.6亿元，利润率为6.25%。据万联研究所对171家汽车上市公司（乘用车12家、客车6家、货车5家、零部件138家、汽车销售及服务企业10家）统计数据显示：2019年行业整体毛利率为14.66%，2019年行业整体销售净利率为3.33%，2019年行业整体净资产收益率为6.91%。此外，一些汽车企业经营面临困难，甚至已经关闭或者进入了破产清算程序。

（七）汽车生态关系还需优化

就汽车产业内部而言，汽车零部件制造企业与整车制造企业之间关系不够和谐，零部件制造企业过于依赖整车制造企业，承受着整车制造企业的不公平对待，零整关系需优化。就汽车产业外部而言，相应标准法规不够健全，市场竞争规制不充分，汽车产业与信息、能源、环境、交通、服务等产业融合不够，绿色低碳发展能力不足。

四、提升我国汽车产业核心竞争力对策

（一）提升我国汽车产业核心竞争力的战略

为提升我国汽车产业核心竞争力需实施创新战略、融合战略、融入战略、数字化战略和品牌战略等五大战略。

1. 实施创新战略

党的十九大报告指出，创新是引领发展的第一动力，是建设现代化经济体系的战略支撑。习近平总书记在党的二十大报告中强调，坚持创新在我国现代化建设全局中的核心地位，加快实施创新驱动发展战略，加快实现高水平科技自立自强，加快建设科技强国。就汽车产业和汽车企业技术创新而言，可从以下几方面进行：①可出台政策激励行业和产业加大技术创新的投入，同时探索以市场发展红利反哺技术创新的形式；②汇聚政府、汽车企业、高等院校和研究机构的力量突破汽车产业基础性和前瞻性的共性技术瓶颈，掌控关键核心零部件技术，提升汽车企业自主创新能力；③通过组建网络化技术创新中心，加强成果转化和应用技术的供给，打通技术从理论到市场化应用的创新链条；④在有条件的区域可依托当地政府建立汽车产业投资基金，在对技术知识产权保护的基础上，推动关键核心技术商业化推广；⑤鼓励科技中介企业的发展，提升其创新支撑的服务能力。就汽车企业的运营及商业模式创新而言，需认识到，未来汽车企业将以电动化、智能化、网联化、共享化、轻量化等"五化"为驱动，创新创建用户驱动的新价值链生态、大数据驱动的制造生态、数字化驱动的管理生态、政产学研联动的环境生态，并以新能源汽车为重点，实施运营及商业模式的创新，参与城市绿色智慧生态建设，进而带动汽车产业全面转型升级。新能源汽车产业的升级将促进"分时租赁"这一商业模式的发展与变革。随着互联网技术的普及和发展，线上和线下相结合的运营及商业模式得到推广，当然，如何将线上与线下更好地结合需要"因企不同、因车而异"。

2. 实施融合战略

信息、能源、材料、人工智能等技术不断出现突破性进展，并与汽车工业加快融合，带来了汽车产品形态和生产方式、汽车社会生态的深度变革，新兴需求和商业模式加速涌现，产业格局和生态体系深刻调整。第一是经营理念的融合，

汽车制造企业不应只考虑制造的技术、质量、成本等因素，还应考虑为新颖化的汽车设计、精准化的营销推广、定制化的保养服务、个性化的保险套餐、透明化的维修服务、差异化的用车体验、汽车产品的回收和循环等方面提供互联互通与便利性。第二是技术的创新需要跨界融合和协同创新。第三是模式的创新需要跨界融合。当前，汽车百年形成的原有分工模式正在被颠覆，制造业与服务业正深度融合，汽车与数字技术、信息通信、互联网领域正跨界融合，这些融合必将产生汽车生产、制造、服务和使用的新模式。第四是人才的需求具有融合性。《新能源汽车产业发展规划（2021—2035年）》中指出：随着汽车动力来源、生产运行方式、消费使用模式全面变革，新能源汽车产业生态正由零部件、整车研发生产及营销服务企业之间的"链式关系"，逐步演变成汽车、能源、交通、信息通信等多领域多主体参与的"网状生态"。相互赋能、协同发展成为各类市场主体发展壮大的内在需求，跨行业、跨领域融合创新和更加开放包容的国际合作成为新能源汽车产业发展的时代特征，极大地增强了产业发展动力，激发了市场活力，推动形成互融共生、合作共赢的产业发展新格局。

3. 实施融入战略

汽车产业的发展需融入新时代对汽车产业发展的新要求中。如何融入整个产业的绿色发展要求、如何融入汽车生态社会的构建、如何融入新规的要求等。2020年7月1日国务院第99次常务会议通过并自2020年9月1日起施行的《保障中小企业款项支付条例》，这一条例的出台，或将使得大型整车制造企业不得不考虑应当建立怎样新型的整零关系。2020年11月2日国务院办公厅印发了《新能源汽车产业发展规划（2021—2035年）》，规划中提出的发展愿景是："到2025年，我国新能源汽车市场竞争力明显增强，动力电池、驱动电机、车用操作系统等关键技术取得重大突破，安全水平全面提升。纯电动乘用车新车平均电耗降至12.0千瓦时/百公里，新能源汽车新车销售量达到汽车新车销售总量的20%左右，高度自动驾驶汽车实现限定区域和特定场景商业化应用，充换电服务便利性显著提高"。这一愿景为汽车产品转型升级和汽车制造企业发展的指引方向。未来，政府将对汽车产业的发展有着更高的要求，更多的法规或将出台，这需要汽车产业和汽车企业主动融入，构建良好的汽车生态。

4. 实施数字化战略

加快传统汽车企业数字化转型步伐，发展线上线下融合的业务发展模式，提升企业发展活力。落实 2020 年 4 月国家发展改革委、中央网信办发布的《关于推进"上云用数赋智"行动,培育新经济发展实施方案》(发改高技〔2020〕552 号)的措施,建立政府—金融机构—平台—汽车企业联动机制,发展普惠性"上云用数赋智"。以数据流引领物资流、人才流、技术流、资金流,形成汽车产业链上下游和跨行业融合的数字化生态体系,构建设备数字化—生产线数字化—车间数字化—工厂数字化—企业数字化—产业链数字化—数字化生态的典型范式。打造数字化汽车企业。在汽车企业"上云"等工作基础上,促进企业研发设计、生产加工、经营管理、销售服务等业务数字化转型。构建数字化产业链,打通汽车产业链上下游企业数据通道,促进全渠道、全链路供需调配和精准对接,以数据供应链引领物资链,促进产业链高效协同,有力支撑汽车产业基础高级化和产业链现代化。培育数字化生态,打破传统汽车企业商业模式,通过汽车产业与金融、物流、交易市场、社交网络等生产性服务业的跨界融合,构建"生产服务 + 商业模式 + 金融服务"汽车数字化生态。

5. 实施品牌战略

2014 年 5 月 10 日,习近平总书记在中铁装备视察时首次提出,推动中国制造向中国创造转变、中国速度向中国质量转变、中国产品向中国品牌转变[1]。品牌是企业发展和利润增长的真正源泉。根据长期品牌管理理论,企业应在品牌两重性上建立两个基本战略:一方面要有恒久坚守的品牌核心价值作为品牌基因;另一方面,要注重创新,不断保持品牌活力和动能。事实上,汽车企业核心竞争力的提升就是品牌价值的提升。品牌战略内涵丰富,包括企业的基础系统、经营管理和品牌战略的顶层设计,以及商业模式和持续创新。品牌战略的实施包括两个变量,一是品牌成长的变量,由盈利能力、员工忠诚、品牌关系质量、顾客黏性、品牌导向等要素构成;二是业务扩张的变量,包括营业收入、企业规模、品牌知名度、顾客流量、市场导向等。

(二)提升我国汽车产业核心竞争力的路径

1. 明确汽车技术创新是我国汽车产业核心竞争力提升的根本路径

我国汽车产业核心竞争力提升是为实现汽车产业转型升级和形成汽车社会新生态服务的,我国汽车产业技术创新主要体现在新能源汽车、智能网联汽车、智

---

[1] 翁杰明. 强化创新引领 加快"三个转变"更好推动中国制造高质量发展 [N]. 学习时报,2021-05-24.

能交通等三大领域，其分别对应能源利用国家战略、制造强国国家战略和人工智能国家战略、信息安全国家战略，涉及车辆关键技术、核心支撑技术、汽车产业集群建设、制造业强基工程、信息通信技术、大数据应用技术、基础设施信息化、智能化交通管理等具体技术，通过技术创新实现汽车产业转型升级和形成汽车社会新生态的汽车强国战略目标，详见图2.4。

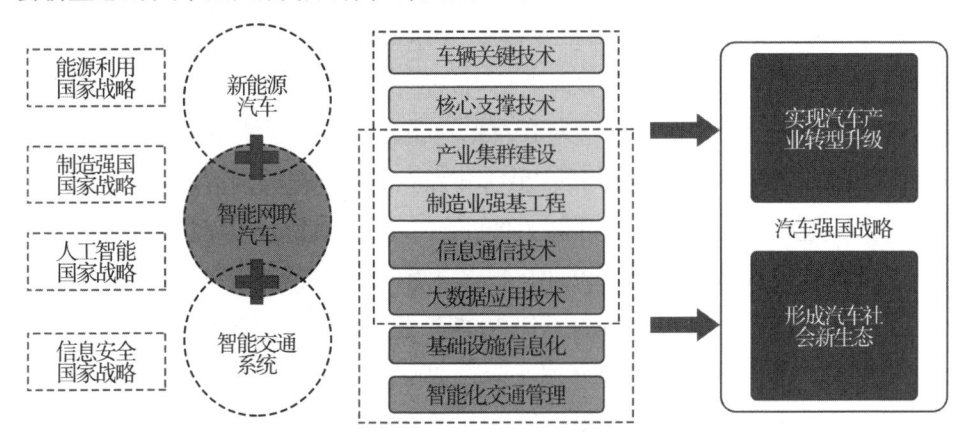

图2.4 汽车产业技术创新领域及战略目标图

2. 构建跨界融合的多层次技术创新政策体系促进汽车企业核心竞争力的提升

通过建立跨界融合的技术创新体系，可以有效地跨行业跨部门统筹协调资源，形成协同创新的合力。为此需大力发展大数据、轻量化技术、自动驾驶技术、信息通信、智能交通技术、无线充电技术、3D打印技术等先进技术，以科技创新引领汽车产业转型升级和形成汽车社会新生态。汽车产业技术创新政策既涉及科技政策，又涉及税收政策、人才政策等，这些政策之间相互关联、相互作用。可根据中国汽车产业发展状况和发展目标，构建系统化的具有中国特色的汽车产业技术创新政策体系，并因时、因地制宜地及时调整汽车产业技术创新政策。同时建立促进技术创新政策实施的运行机制。良好的政策运行机制能够运用一定的方法和方式使各功能主体、物质、资金等条件的潜力发挥到极致，从而达到推动技术创新政策有效实施的目的。可逐渐构建和完善汽车工业技术创新的激励机制、协调合作机制、保障机制、监督反馈机制、约束机制等。

3. 确立低碳化、节能化、智能网联化的汽车工业技术创新路线提升汽车产业核心竞争力

2015年9月《中国制造2025重点领域技术路线图（2015年版）》发布，其对节能汽车、新能源汽车、智能网联汽车2025年和2030年的技术路线图进行了规划。2018年1月《中国制造2025重点领域技术创新路线图（2017年版）》发布，其对2015版技术路线图进行了修改。2020年10月《节能与新能源汽车技术路线图2.0》发布，该技术路线图重点强调汽车产业碳排放要降下来，提出新能源汽车在2025年市场渗透率达到20%的目标；同时提出到2035年节能汽车与新能源汽车年销量各50%，汽车产业实现电动化转型，氢燃料电池汽车保有量达到100万辆左右，商用车实现氢动力转型；各类网联式高度自动驾驶系统在国内广泛运行，中国方案智能网联汽车与智慧能源、智能交通、智慧城市深度融合；提出至2025年、2030年、2035年新车平均油耗分别达到如下目标：乘用车（含新能源）4.6L/100km、3.2L/100km、2.0L/100km，传统能源乘用车（不含新能源汽车）5.6L/100km、4.8L/100km、4.0L/100km，混合动力乘用车5.3L/100km、4.5L/100km、4.0L/100km，到2035年载货汽车油耗较2019年水平降低15%~20%，客车油耗较2019年水平降低20%~25%。2020年11月《智能网联汽车技术路线图2.0发布》，提出将以五年为周期以发展期、推广期、成熟期三个阶段实现形成一批引领世界的智能网联汽车整车和零部件厂商的发展目标。其中2020—2025年建立较为完善的智能网联汽车自主研发体系，生产配套体系以及创新产业链体系，拥有在世界排名前十的供应商企业1~2家，通过北斗高精度时空服务实现全覆盖，"人—车—路—云"系统达到初步协同。在市场应用方面，路线图设定的目标是，2020~2025年L2-L3级的智能网联汽车销量占当年汽车总销量的比例超过50%，L4级智能网联汽车开始进入市场，C-V2X终端新车装配率达到50%，并且在特定场景和限定区域开展L4级车辆商业化应用；到2026~2030年，L2-L3级的智能网联汽车销量占比超过70%，L4级车辆在高速公路广泛应用，在部分城市道路规模化应用；到2031~2035年，各类网联汽车式告诉自动驾驶车辆广泛运行。

4. 提升汽车企业全方位的自主创新能力是提升汽车企业核心竞争力的关键环节

汽车企业创新能力的提升重点在两个方面。一是自主创新能力的提升。即企业拥有自己的研发团队和科技成果的转化与激励机制，引进消化和自主研发的能力强，其拥有的核心技术与知识产权主要不是通过购买方式获取的，当然，委托中介机构研发也是必要的途径。二是汽车的自主创新是全方位的，除了技术创新外，在生产方式、经营管理、市场营销、服务模式等方面均具有创新性，且是持续创新。核心竞争力是动态的、相对的，缺乏全方位的持续创新，核心竞争力的优势将不再明显，最终不复存在。

5. 完善汽车技术创新成果转化机制是提升汽车产业核心竞争力的必然要求

为完善汽车技术创新成果转化机制需做好以下三方面的工作：①进一步明确"产""学""研"创新主体定位，深化"产""学""研"融合和一体化改革，建立基础研究到产业化之间的工程转化机制，通过获取一定比例技术成果转化收益，提升技术人员技术转化的积极性；②联合汽车领域的重点实验室、工程技术研究中心、高校、科研机构、社会组织等创新主体，推动在科研设备、基础条件、知识产权、创新人才等方面的创新资源共享平台建设，探索共享、众创、众包等合作机制，提升创新资源利用效率；③大力推动新型研发机构的建设，通过新型研发机构加大汽车技术的应用与转化，甚至以企业和市场需求为导向，在技术研发阶段就与市场需求相对接。

6. 重点发展新能源汽车产业是提升汽车产业核心竞争力的有效抓手

汽车产业实现绿色发展的关键是重点发展新能源汽车产业。2014年5月24日，习近平总书记在上海汽车集团考察时指出，发展新能源汽车是我国从汽车大国迈向汽车强国的必由之路❶。2015年10月，李克强总理对全国节能与新能源汽车产业发展推进工作座谈会作出重要批示："加快发展节能与新能源汽车，是促进汽车转型升级、抢占国际竞争制高点的紧迫任务，也是推动创新、推动绿色发展、培育新的经济增长点的重要举措"❷。新能源汽车技术重点是：全面掌握高能量密度动力电池、高效驱动电机、先进电控系统、全新整车平台以及低成本燃料电池等新能源汽车关键技术，并达到国际先进水平。以技术突破为支撑，推动新能源汽车销量不断提升，助力中国汽车产业低碳化进程。此外，新能源汽车应当与智能化、网联化紧密相连。重点发展新能源汽车产业还体现在新能源汽车的推广使用、基础设施完善、经营管理模式的创新、产业链的协同发展等诸多方面。

7. 实施汽车工业强基技术战略是提升汽车产业核心竞争力的基础

无论是传统的节能汽车发展，还是新能源汽车的发展；无论是传统的技术改造，还是基于智能网联汽车的技术研发，均需要汽车工业基础技术的支撑，包括

---

❶ 习近平：发展新能源汽车是迈向汽车强国的必由之路.http://www.xinhuanet.com/politics/2014-05/24/c_1110843312.htm.

❷ 李克强对全国节能与新能源汽车产业发展推进工作座谈会作出重要批示．中国政府网，2015-10-22.http://www.gov.cn/guowuyuan/2015-10/22/content_2952071.htm.

基础材料（包括基础研究和应用材料）、基础工艺（包括基础研究和应用工艺）、基础零部件（包括基础元器件、整车关键零部件、整机关键零部件）、技术基础（包括共性基础技术、整车零部件技术支持）等，强基的重点领域主要集中在低碳技术和新能源、汽车电子与控制、汽车智能化、汽车网联化等。为此，在技术基础方面，重视共性基础研究；在基础关键零部件方面注重整车关键零部件；在基础工艺和基础材料方面注重基础与应用的结合。

8. 持之以恒推进汽车人才建设是提升汽车产业核心竞争力的保障

人才是最宝贵的资源，是成就一切事业的核心力量。人才是汽车可持续发展的力量源泉，汽车强国建设的根基还在于人才。优秀的人才来源于高效的人才培养体系，当前我国需针对汽车发展需求建立多层次、跨领域人才培养体系，加强人力资源的开发，坚持引进与培养相结合，推动管理、研发、技能、营销、服务等一系列的汽车高水平、专业化人才队伍建设。同时强化职业教育和技能培训，打通普通教育与职业教育的流动通道。加强汽车学科专业建设，建议提升"车辆工程"为一级学科。汽车人才建设需要工业信息化、科技、教育、人力资源、社会保障等部门共同发力、协调推进。

第三章　湖北汽车产业发展研究

湖北是引领中国汽车产业的代表省份之一，是全国重要的汽车及零部件生产基地，形成了全国知名的汽车及汽车零部件产业集群。对湖北汽车产业的发展整体情况进行研究是湖北汽车产业链现代化和产业集群研究的基础。

第一节　湖北汽车产业发展现状

湖北省是引领中国汽车产业的代表省份之一，2021年，湖北汽车产量居全国第4位，达到209.90万辆。2022年湖北汽车产量为189.6万辆，位居全国第5位。湖北汽车工业总产值占湖北省制造业产值的17.06%，汽车制造企业是湖北省制造业的核心产业。近几年，尽管国内外宏观经济形势以及新冠疫情对湖北的汽车产业造成了较大影响，但湖北汽车产业发展仍然取得了显著成效，当然也存在一些问题，需要加以分析，提出加快转型升级对策。

一、湖北汽车产业发展取得的主要成效

湖北省是引领中国汽车产业的代表省份之一。近几年，湖北汽车产业发展取得了显著成效，主要体现在以下几个方面：一是汽车产量相对比较稳定。2021年，湖北汽车产量达到209.90万辆，同比增长0.2%，其中新能源汽车12.16万辆，同比增长3.8倍，见图3.1。二是汽车产业链完备且汽车企业数量众多。湖北除汽车产品覆盖"重、中、轻、轿、专、特、改"等多系列外，汽车产业链涵盖设计、研发、制造、销售、维修、金融、保险、文化等几乎全部环节，产业链完备。就新能源汽车产业而言，具备纯电、混动、燃油"三纵"整车研发生产能力和电机、电控、电池"三横"关键零部件开发能力。2018年湖北省统计局数据显示：湖北规模以上汽车制造企业达到1578家，约占全国的9.8%；湖北汽车零部件企业约1.2万家，约占全国的13%；东风汽车集团公司是支撑湖北汽车产业发展的龙头企业。三是形成了"一谷""两带"发展格局。"一谷"即"中国车谷"武汉，武汉市已经聚集了东风本田、神龙公司、东风乘用车、东风云峰、岚图汽车、上

汽通用、路特斯、小鹏汽车八大乘用车企业和扬子江客车、武汉开沃、武汉客车厂三大客车企业，共有508家规模以上零部件企业。截至2021年，武汉市汽车产业产值已经超过3300亿元。其中，新能源汽车保有量超过10万辆，在非限购城市中位居前三；燃料电池汽车推广应用规模达188辆，新能源汽车及零部件产业产值100亿元左右。武汉市在湖北汽车产业发展格局中发挥着"龙头"引领作用。"两带"即"汉孝随襄十"与"宜昌—荆州—荆门—黄石—黄冈"两大汽车走廊带。"汉孝随襄十汽车工业走廊"带有效地支撑了"汉孝随襄十制造业高质量发展带"的建设，且形成了一批有影响力的汽车之城，如随州作为"专用车之都"、襄阳作为"新能源汽车之都"、十堰作为"国际商用车之都"的品牌影响力不断提升。"宜昌—荆州—荆门—黄石—黄冈"汽车产业带是新兴的汽车产业带，重点发展汽车零部件和新能源汽车。四是汽车技术创新体系基本形成。湖北依托华中科技大学、武汉理工大学、湖北汽车工业学院等高校特色汽车学科，汽车产业初步形成了包括企业、大学、科研机构、社会组织、政府等在内的协同技术创新体系。2019年5月，在武汉成立了"湖北省汽车产业技术创新联盟"，该联盟由80多家企业和20多家高等院校及研究机构构成。五是支撑汽车产业发展的人才资源丰富。湖北高校众多，汽车学科特色突出，优势明显，在汽车设计、研发、制造、管理、营销、服务等产业链环节均能培养相应人才，形成了完备的汽车人才链条；据不完全统计，湖北汽车产业从业人员超过50万人。总之，在全国各大汽车基地中，湖北汽车产业专业化和集聚化发展的水平均位居前列，产业集群式发展的优势明显、潜力巨大。

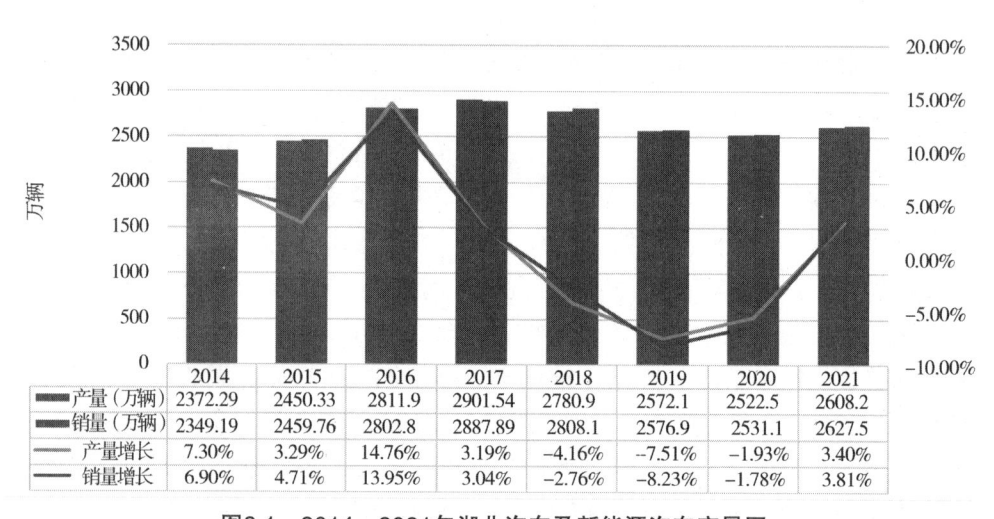

	2014	2015	2016	2017	2018	2019	2020	2021
产量（万辆）	2372.29	2450.33	2811.9	2901.54	2780.9	2572.1	2522.5	2608.2
销量（万辆）	2349.19	2459.76	2802.8	2887.89	2808.1	2576.9	2531.1	2627.5
产量增长	7.30%	3.29%	14.76%	3.19%	-4.16%	-7.51%	-1.93%	3.40%
销量增长	6.90%	4.71%	13.95%	3.04%	-2.76%	-8.23%	-1.78%	3.81%

图3.1　2014~2021年湖北汽车及新能源汽车产量图

二、湖北汽车产业国内地位分析

2021年，广东省的汽车产量为294.91万辆，位居全国第1，其次是上海、吉林、湖北、重庆、广西、安徽、北京。与之对应，我国形成了六大汽车产业集群，分别是珠三角汽车产业集群（以广东省为代表）、长三角汽车产业集群（以上海市为代表）、东北地区汽车产业集群（以吉林省为代表）、中部地区汽车产业集群（以湖北省为代表）、西部地区汽车产业集群（以重庆市为代表）、京津冀汽车产业集群（以北京市为代表），见表3.1。

自2017年始，湖北汽车产量稳居全国第4位。依据2019年中国汽车产业相关数据，赛迪顾问汽车产业研究中心研究表明，湖北在汽车产业发展潜力全国省份排名第1位，汽车产业生产竞争力排名第2位（第1位是广东），汽车产业研发竞争力排名第3位（第1位是上海，第2位是广东）[1]。但就六大汽车产业集群而言，以湖北为代表的中部地区汽车产业集群综合竞争力则处于第4位[2]，排在长三角、珠三角、东北、京津冀之后。需要特别指出的是，2021年安徽省汽车产量达到150.3万辆，居全国第7位（北京第8位），新能源汽车产量达到25.2万辆，居中部省份第1、全国第4位。此外，湖北新能源车的年产量在全国处于中游水平，2021年湖北新能源汽车占当年全省汽车产量的5.79%，远低于全国13.59%的平均水平。

湖北新能源汽车占比之所以不高，主要原因有：①湖北主要依赖的东风汽车集团新能源汽车市场渗透率不高，在2021年国内新能源乘用车生产企业产量排名中，东风未进入前14名，且在前14名车企中，唯独没有中部地区汽车产业集群的企业；②货车新能源化进程较慢制约了湖北新能源汽车的快速发展。在湖北的汽车产量中，货车的占比相对较高，目前货车大多采用传统能源，新能源货车尚处于起步阶段；③湖北关于新能源汽车的关键核心技术和重要零部件供给不足，政府、企业、院校（研究机构）协同推进新能源汽车技术研发和成果转化在本省成效不够突出；④新能源基础设施建设不足，省内新能源汽车充电站、充电桩、加氢站等数量不足、覆盖面较低，制约了新能源汽车在省内的销售和使用。

---

[1] 李育贤，左培文.汽车产业集群竞争力评价研究及实证分析[J].汽车工业研究，2012（1）：20-25.

[2] 2021年全国新能源汽车产量为354.5万辆，全年我国汽车总产量为2608.2万辆，新能源汽车产量占全年汽车总产量的13.59%。

表3.1 全国六大汽车生产省份情况表

序号	省市	汽车产量（万辆）及排名	新能源汽车产量（万辆）及占比	近期汽车产业发展规划类主要文件	支撑的汽车产业集群及省份	产业集群代表性汽车企业
1	广东	338.46（排名1）	53.5（15.81%）	《广东省发展汽车战略性支柱产业集群行动计划（2021—2025年）》	珠三角汽车产业集群（广东、广西）	以广汽集团、比亚迪、小鹏汽车、上汽通用五菱等为代表，聚集了整车企业28家以及1191家规模以上汽车零部件企业
2	上海	283.32（排名2）	22.31（7.87%）	《上海市加快新能源汽车产业发展实施计划（2021—2025年）》	长三角汽车产业集群（上海、江苏、浙江、安徽）	以上汽集团、吉利、威马等汽车企业为代表，聚集了整车企业61家以及5843家规模以上汽车零部件企业
3	吉林	242.41（排名3）	暂未公布	《长春国际汽车城规划（2020—2035年）》	东北地区汽车产业集群（吉林、辽宁、黑龙江）	以一汽集团、一汽大众、华晨宝马、哈飞集团等企业为代表，聚集了整车企业20家以及814家规模以上汽车零部件企业
4	湖北	209.90（排名4）	12.16（5.79%）	暂未公布	中部地区汽车产业集群（湖北、湖南、江西）	以东风汽车集团为代表，聚集了整车企业53家以及2346家规模以上汽车零部件企业
5	重庆	199.80（排名5）	10.8（5.41%）	《重庆市加快汽车产业转型升级的指导意见》《重庆市加速构建完善的智能新能源汽车产业生态行动计划（征求意见稿）》	西部地区汽车产业集群（重庆、四川）	以长安汽车集团、一汽大众、一汽丰田、沃尔沃等为代表，聚集了整车企业45家以及1418家规模以上汽车零部件企业
6	北京	135.47（排名8）	暂未公布	《北京市氢能产业发展实施方案（2021—2025年）》《北京市"十四五"时期高精尖产业发展规划》	京津冀汽车产业集群（北京市、天津市、河北省）	以北汽集团、北京理想、长城汽车等为代表，聚集了整车企业52家以及1012家规模以上汽车零部件企业

注：上表中汽车产量、新能源汽车产量及占比均为2021年公布数据。

三、湖北汽车产业存在的主要问题及原因分析

（一）主要问题

尽管湖北汽车产业发展取得了显著成效，但也存在一些问题，主要如下：一是汽车产业结构不够优化。湖北一些地方整车及零部件企业数量过多，竞争力不强，产业集中度不高；汽车服务业发展不足，汽车设计、汽车研发、汽车文化、汽车报废回收等方面发展缓慢，"汉孝随襄十汽车工业走廊"与"宜昌—荆州—荆门—黄石—黄冈"两大汽车走廊发展很不平衡；除武汉外，尚未形成处于国内第一梯队的区域汽车产业集群。二是新能源汽车发展缓慢。2018年至2022年湖北新能源汽车产量占全省汽车产量的比例均远低于全国平均水平❶，传统零部件企业向新能源汽车配套转型能力欠缺，与新能源汽车相匹配的智能化、网联化程度不高。三是转型升级缺乏实力。除东风汽车公司外，大型汽车企业实施自主创新缺乏资金投入，中小汽车企业本身没有自主创新的实力，转型升级的压力更多来自企业外部，面临"有转型升级之心，无转型升级之力"的困境。四是汽车产业链水平不高。大量汽车零部件企业生产处于自动化或半自动化，智能化刚起步，产业数字化和数字产业化发展不够；自动变速器、发动机、汽车电子、动力电池、车载雷达等关键核心零部件技术均被外资掌握，缺乏研究平台对汽车共性技术、基础技术和前瞻技术进行研究；成果应用和转化不通畅，在技术研究和转化之间，缺少顺畅的平台和相应的机制。五是汽车企业经营活力不足。一方面，汽车企业面临原材料、辅助材料、能耗、用工成本不断上涨以及汽车芯片供应不足的压力；另一方面，汽车企业本身经营管理水平不高，经营模式缺乏创新，市场竞争更趋激烈，企业效益持续下降；六是受疫情防控常态化影响较大。疫情导致汽车产业全球供应链、销售链和海外拓展受到影响，如2021年汽车芯片供应不足的主要原因之一是受疫情的影响，当然，由于我国疫情防控工作富有成效，2021年湖北的新能源汽车出口增长了90倍。

---

❶ 2018年湖北省新能源汽车产量67147辆，占全省当年汽车产量的2.8%，同期全国新能源汽车产量占全国当年汽车产量的4.57%；2019年湖北新能源汽车产量达到60554辆，占全省当年汽车产量的2.7%，同期全国新能源汽车产量占全国当年汽车产量的4.83%；2020年湖北新能源汽车产量达到3.2万辆，占全省当年汽车产量的1.5%，同期全国新能源汽车产量占全国当年汽车产量的5.42%；2021年湖北新能源汽车产量达到12.16万辆，占全省当年汽车产量的5.79%，同期全国新能源汽车产量占全国当年汽车产量的13.59%；2022年湖北新能源汽车产量达到29.3万辆，占全省当年汽车产量的15.5%，同期全国新能源汽车产量占全国当年汽车产量的26.1%。

（二）主要原因分析

对于制约湖北汽车产业发展的因素，究其原因主要有以下六个方面：一是全省缺乏对汽车产业高质量发展的具体谋划，如缺乏汽车产业高质量发展目标、整体布局、发展路径、重点任务、政策支持等全盘谋划；二是政府在促进全省新能源汽车和智能网联汽车发展的政策体系不够完善，思想观念解放不够，措施方法创新不够，政策实施效果不够明显；三是全省汽车产业的设计、研发端发展不够，未能有力支撑全省汽车产业转型升级；四是全省汽车产业服务端发展不够，未能挖掘汽车服务业创造的价值；五是汽车企业的经营管理水平不高，经营模式缺乏创新，产业数字化和数字产业化发展不够；六是汽车产业人才欠缺。湖北虽然学校众多，培养了大量不同层次的汽车产业人才，但湖北的汽车企业却仍面临着用工困难。一方面汽车企业人工成本在加大，另一方面汽车企业面临着"用工荒"，从专业人员到一线技师和技工都较为缺乏，且企业人才流失严重。某种意义上讲，湖北成了其他区域汽车产业人才培养的基地，特别是高层次人才往往朝沿海城市和地区转移。"培养人才、引进人才、留住人才"成为湖北汽车产业高质量发展的重大瓶颈因素之一。

四、加快湖北汽车产业高质量发展的对策

湖北汽车产业的高质量发展的目标是通过实现汽车产业转型升级，打造成"汽车强省"，构建优良"汽车生态"，为"汽车强国"战略目标的实现和将湖北努力建设成为全国构建新发展格局先行区，加快"建成支点、走在前列、谱写新篇"提供有力支撑。特提出如下主要对策。

（一）加大硬件与软件技术创新的力度

技术创新是汽车产业新变革的主导因素，汽车产业的技术创新可分成硬件和软件两大部分，硬件主要是指汽车产业的"五基"基础技术、关键技术、核心技术与"卡脖子"技术等；软件主要是指数据、程序、算法等集合。当前，汽车主要还是硬件主导定义产品，各个不同的汽车品牌也主要基于硬件性能区分各自的产品定位和差异；由于软件的创新更为活跃且更能改变产业状态，从而受到市场欢迎，当然，汽车的硬件技术和软件技术是不可分割的，硬件技术汽车的根基和必要条件，软件技术则是汽车的灵魂和充分条件。技术的创新也导致模式的创新，如电动汽车就有换电模式和充电模式之别，新的软件技术催生了汽车的共享模式。湖北可通过产业发展专项资金、创新基金等途径，加强政策和资金支持，

鼓励企业加大研发和新技术推广应用力度，促进湖北汽车企业在"三电"、车规级芯片、高精度激光雷达、高端计算机仿真测试系统等领域创新发展，提升核心能力。

（二）聚焦新能源和智能网联汽车发展

充分发挥"中国车谷"和"中国光谷"的作用，在智能网联汽车产业发展方面构建"双龙戏珠"的发展格局。推动武汉经济技术开发区整车企业与武汉经济技术开发区互联网头部企业、ICT（信息、通信和技术）龙头企业、人工智能"独角兽"企业的跨界合作，利用科技公司的品牌和智能系统开发能力提升整车智能化水平。以东风公司为龙头，大力推进汽车产业自主创新，锻造自主可控的产业链，加快发展新能源和智能网联汽车产业，加快推进新能源汽车向产业链价值链的高端发展，不断推动从制造向创造转变、从速度向质量转变、从产品向品牌转变，积极打造世界级万亿级汽车产业集群。

（三）持续增强汽车产业链供应链韧性和竞争力

扎实开展汽车产业高质量发展三年行动，加快建设全国重要的汽车研发和生产基地。加快提升汽车产能，加大对外招引力度，推动重点项目尽快建成投产，支持车企扩产增产，持续扩大产业规模。支持东风公司开展关键核心技术攻关和示范应用，同时带动湖北和中部地区上下游企业协同发展，加快培育一批零部件专精特新企业和"隐形冠军"，增强产业链供应链的韧性，实现中部地区产业"同链"。加快汽车产业集群发展，着力推进延链补链强链，增强产业链韧性和供应链自主可控能力；加强关键核心技术攻关和前瞻性技术布局，不断增强产业发展动能。推动汽车产业价值链则转向"制造+服务"集成。"服务"的价值链贯穿于汽车设计研发、采购物流、生产制造、销售及售后服务的各个环节，包括设计端的软硬分离、众筹众包，制造端的分散式制造、模块化分工，销售服务端的用户画像、精准营销以及全新的汽车维修、汽车养护、汽车检测、汽车保险、汽车金融、汽车报废回收等。

（四）构建"下一代汽车"产业生态圈

湖北省拥有80名院士、130所高校和180多万名在校大学生，武汉市具有全国影响力的科创中心正加快建设。此外，湖北省在新能源汽车领域集聚了12名院士、6个国家级智能网联研发平台、600多家国家高新技术企业，为构建"下一代汽车"产业生态圈提供了良好的条件。为此，可强化上下游协作、产供销配套,构建"科创+产业+金融+数字"产业系统,同步推进智路改造、智车升级、智网融合协同发展。同时用好2000亿元长江产业基金、1000亿元人工智能产业投资基金、500亿元投资引导资金,推动汽车产品、技术、用户体验、商业模式和应用场景等创新,助力"下一代汽车"产业生态圈的打造。

(五)引进和培养各层次的汽车人才

汽车产业的高质量发展既需要大批的工匠人才,也需要大量的高层次人才;既需要大批技术人才,也需要大量管理人才;既需要大批技术工人,也需要大量服务人员。人才是最宝贵的资源,汽车产业的高质量发展离不开各类各层次人才。大力弘扬科学家精神、企业家精神、工匠精神,完善人才"引、育、用、留"机制,努力造就一支人数众多、梯队衔接的科研型、产业型、实用型、管理型人才队伍。深化高校和科研院所创新体制改革,培育战略科技力量;着力建立企业主导的现代产业技术创新体系,搭建"政产学研金服用"一体化平台,加快科技成果转化应用,打通从科技强到产业强的通道;着力创新人才评价激励机制,加强"高精尖缺"人才引用育留,实施更加精准的人才激励,充分释放科研人员创新活力。以产教融合实现人才的有效供给,促进教育链、人才链与产业链、创新链有机衔接,推动教育优先发展、汽车产业创新发展相互贯通、相互协同、相互促进。可进一步优化职业教育的专业布局,实施产教融合,为湖北汽车产业培养上手快、留得住的技术工人;可依据汽车产业发展需求,调整相应的学科专业,实施产教融合,大力发展智能汽车、网联汽车、智能制造、高端装备、信息技术、新能源、新材料以及研发设计、数字创意、现代交通运输、高效物流、电子商务、区块链等汽车产业紧缺的学科专业;可给予相应政策扶持,在汽车行业建设一批产教融合型企业,引企入校,共建共享一批生产性实训示范基地。

第二节 新冠疫情对湖北汽车产业的影响及对策

新型冠状病毒肺炎(Novel Corona Virus Pneumonia, NCP),简称"新冠肺炎",是指2019新型冠状病毒感染导致的肺炎。2020年2月11日,世界卫生组织总干事谭德塞在瑞士日内瓦宣布,将新型冠状病毒感染的肺炎命名为"COVID-19"。抗击疫情持续了3年,虽然疫情病毒本身对人体的危害在明显减弱,但疫情防控不仅常态化,而且呈现点多、线长、面广的复杂态势,具有疫情传播速度快、波及范围广、局部聚集性爆发等特点。新冠疫情对全球的经济和社会发展都产生了巨大影响。

一、新冠疫情对湖北汽车产业的影响分析

（一）湖北汽车企业经营更加困难

2022年，疫情对湖北汽车企业的影响是重大的，随着疫情的反复和防控的常态化，湖北汽车企业的经营困难有所增加。主要体现在以下几个方面：一是企业成本增加导致经营困难。疫情使得企业的经营成本增加，且一些税收优惠和社保减免政策2021年已不再执行。二是在激烈的市场竞争中处于劣势导致经营困难。湖北不少汽车企业，特别是零部件企业本身基础薄弱，竞争力不强，受疫情影响，在原材料采购、物流成本、人工成本等方面有所增加。三是汽车企业人才不足导致经营困难。调查显示，受疫情防控影响，湖北不少地区汽车企业招收本地工人已不再困难，但招收高素质的熟练技术工人和高层次人才则异常困难。人才缺失已成为制约不少汽车企业发展的主要瓶颈之一。本次疫情必将使得地区之间、企业之间的人才竞争更加激烈。武汉等一些城市在留住人才和引进人才方面承载更大压力，以致影响当地汽车企业的发展。四是非公有制汽车企业面临困境导致经营困难。截至2018年，湖北非公有制汽车制造企业数量接近1400家，约占全省的94%。非公有制汽车制造企业虽然数量多，但大多规模不大，特别是中小汽车零部件生产企业，其本身抵御风险能力较弱，又将面临"人才难、融资难、市场难、成本高"等困境，这些困境使得民营汽车企业的经营更加困难，有的甚至有倒闭风险。

（二）湖北汽车产业链拓展遇阻

疫情使得湖北汽车产业链拓展遇阻，主要体现在以下4个方面：一是疫情导致汽车产业供应链受阻。汽车制造涉及采购、物流、生产、销售等多个链条，出于疫情防控的需要，汽车产业的供应链是中断的，供应链中断使得汽车企业也不能持续生产。在2022年，上海疫情较为严重实施封闭式管理期间，由于供应链终端，湖北的大部分汽车企业均受到严重影响，有的处于停产状态。二是疫情导致汽车销售链受阻。主要是受疫情影响，乘用车和商用车的需求均明显下降，影响到汽车的销售。三是疫情使得汽车产业链的国外拓展受阻。2018年，湖北省规模以上汽车制造企业出口交货值为121.09亿元，占制造业出口交货值比重的6.46%。然而，2020年，湖北省规模以上汽车制造企业出口交货值不足100亿元，使得汽车产业链向国外延伸受阻。四是疫情使得汽车服务业拓展受阻。疫情使得

二手车、汽车保险、汽车金融、汽车维修、汽车租赁等汽车服务业的发展受到严重的影响。疫情期间，以上业务几乎处于停滞状态。

（三）湖北汽车产业转型升级更加不易

湖北汽车产业高质量发展的关键是转型升级，转型升级主要体现在创新驱动和绿色发展上。就创新驱动而言，疫情期间难以进行技术和管理的创新，疫情之后重点放在了"恢复生产"上，技术和管理创新需从长计议。此外，疫情将会严重影响到地方的财政收入，政府或将没有更多的财力支持汽车技术的研发和管理的创新。疫情防控进入常态化阶段后，对汽车技术的基础研究更多地将由高校和科研机构承担，这就使得助推汽车产业的创新驱动更加不易。就绿色发展而言，疫情对汽车产品的轻量化、电动化、智能化、网联化、数字化等"五化"发展也产生了重大影响：①企业对"五化"研究的投入短期内有所减少；②受购买力和相关政策的影响，人们对汽车消费的需求短期内会明显下降，但对汽车"五化"的要求却大幅度提高；③汽车企业产品之间"五化"的竞争会更加激烈，特别是2020年2月《智能汽车创新发展战略》发布后，湖北省外地方政府对本地汽车企业"五化"支持的力度进一步加强，这对湖北的汽车企业压力会进一步加大。当然，汽车产业的绿色发展除汽车产品的"五化"外，还涉及发展理念、生产方式、汽车使用、汽车回收、汽车文化等诸多方面，疫情使得湖北汽车产业绿色发展更为不易。

总之，疫情期间，湖北的汽车产业处于"停摆"状态。疫情基本控制，进入常态化防控阶段后，湖北汽车产业将面临着企业经营更加困难、转型升级更加迫切、市场竞争更加激烈、国家政策更加严格的"多重压力叠加"的严峻局面。就全国而言，汽车制造业增加值占整个工业增加值的7%左右，湖北汽车工业总产值却占湖北省制造业产值的17.06%。汽车制造企业是湖北省制造业的核心产业，湖北汽车产业的恢复必将促进和带动整个制造业和现代服务业的振兴。

二、疫情防控常态化背景下湖北汽车产业发展对策

2020年3月12日湖北省人民政府印发了《湖北省促进经济社会加快发展若干政策措施》，这些措施使得湖北汽车企业同样受益。此外，为使疫情对湖北汽车产业影响降至最低，在继续有效防控疫情的情况下，为振兴湖北汽车产业，特提出如下对策。

（一）采取措施尽可能提升湖北的汽车产量

可考虑采取以下措施助推湖北汽车产量的提升：一是出台专门鼓励汽车消费的政策。习近平总书记指出"要积极稳定汽车等传统大宗消费，鼓励汽车限购地区适当增加汽车号牌配额，带动汽车等相关产品消费"[1]。截至2020年，湖北平均私人汽车保有量为每千人不足80辆，远低于全国每千人106辆的平均水平。湖北居民对汽车的购买力还有着较大的潜力，湖北可在汽车购买和使用、汽车下乡、二手车置换等方面出台鼓励汽车消费的政策。实际上，湖北之外的一些地方政府已经出台了扶持地方汽车产业发展的政策，如广州、深圳、杭州等城市已经增加了购车指标，南京、长沙、南昌、宁波、长春等城市开始实施购车补贴。二是重点扶持汽车零部件企业提高产量。零部件供应是汽车产业链的关键环节，可通过资金扶持、税费减免、稳岗补贴和纾困帮扶等措施重点扶持汽车零部件企业。充分发挥政府系统组织公信力的作用，帮助零部件企业稳定客户，开拓市场，提升零部件的产销量。三是大力发展新能源汽车产业。疫情之后，绿色发展理念更加深入人心，对新能源汽车的需求会有所提升，可借机大力发展新能源汽车产业，提高新能源汽车产量，充分发挥政策的促进和引导功能，加快推进湖北省新能源汽车产业化进程。工信部发布的《新能源汽车产业发展规划（2021—2035年）》中提出：新能源汽车新车销售量达到汽车新车销售总量的20%左右。2019年全国新能源汽车销量为120.6万辆，仅占当年全国汽车销量的4.68%，而湖北省新能源汽车销量约占当年全省汽车销量的2.63%，远低于全国平均水平。四是抓住机遇发展市场需求的商用车和专用车。为尽量减少疫情对国家经济和社会发展造成的损失，在疫情防控常态化阶段，国家会出台政策加大项目的投资和建设力度，特别是新基建的兴起将有效带动商用车和专用车的需求。此外，应鼓励省内汽车企业研发生产负压防疫车、医疗转运车、消杀车等专用车，疫情期间这些防疫急需的专用车均是湖北省外汽车企业的生产的。

（二）采取措施切实解决汽车企业经营困难

自疫情发生以来，国家税务总局出台了增值税、企业所得税等方面的税收优惠，还出台了自2020年2月至6月对湖北参保企业免征养老、失业、工伤等社保的规定。对这些规定的贯彻执行可以有效地降低企业成本，建议这些税收和社保的优惠政策延长至2021年底。除此之外，还可采取以下措施切实解决汽车企

---

[1] 杨忠阳.经济时评：稳定汽车消费需要新思路[N].经济日报，2020-04-02.

业的经营困难：一是加大对汽车企业融资扶持的力度。除降低银行贷款利息外，湖北可考虑建立产业发展基金，对汽车企业进行低息和无息贷款，帮助解决资金问题，使其渡过难关。二是加大对汽车企业用工扶持的力度。如可援助企业解决疫情防控所需的物资，降低企业员工疫情防控支出，可考虑在一定条件下对汽车企业招募员工给予补贴等。三是加大对汽车企业投资扶持力度。可加大对汽车企业设备更新投资补助的力度，鼓励企业更新设备。此外，还应特别加大对湖北非公有制汽车企业帮扶纾困的力度。数据显示，2018年湖北外商和港澳台投资的汽车企业和私营汽车制造企业创造的工业总产值达到了5174.2亿元，是国有控股汽车企业和集体汽车制造企业创造工业总产值的1.74倍。能否切实有效地解决非公有制汽车企业的经营困难，决定了湖北汽车产业能否尽快恢复和实现高质量发展。

（三）采取措施加快湖北汽车产业转型升级

此次疫情对湖北汽车产业发展是一次严峻挑战，也是对汽车产业转型升级的一次难得机遇。可考虑采取以下措施加快湖北汽车产业转型升级的步伐：一是就汽车产业布局而言，打造全国领先的汽车制造业集群。按照现代产业集群的理念实施汽车制造业改造，提升汽车制造业的智能化水平，使汽车制造业与现代服务业深度融合。二是就汽车产业发展方向而言，要加快产业数字化进程。构建数字化产业链，培育数字化生态，以数字化平台为依托，促进汽车产业与金融业和生产性服务业的跨界融合，以新的业态促进汽车产业转型升级。三是就汽车企业而言，可实施数字化转型和多元化经营。积极推进汽车产业链相关企业"上云"工作，在研发设计、生产制造、经营管理、销售服务、物流供应等方面数字化转型，以重庆小康汽车企业为例，其在2020年元宵节之后就已基本上复工，在生产一线主要是机器人作业和企业内部管理方式主要是数字化管理。可将汽车企业的业务延伸至制造业，疫情期间上汽通用五菱、比亚迪等一些汽车企业已经开始生产口罩，东风汽车公司设备制造企业也开始生产口罩机，当然，这些企业也同时从事汽车产品的生产。四是就汽车产品而言，应注重提升汽车产品的智能化水平，2020年2月，我国《智能汽车创新发展战略》发布，智能汽车已成为全球汽车产业发展的战略方向。五是就汽车经销商而言，线上网络营销成为新趋势。以视频连线、直播看车的形式使消费者更便捷地了解车辆信息。加上送车服务、上门维修保养服务，使得大量传统线下营销环节均可在线上实现。

（四）采取措施提升湖北汽车产业链现代化水平

某种意义上讲，高质量发展更体现在价值上。可采取以下措施提升湖北汽车全产业链现代化水平：一是加大对汽车技术创新的力度。应加大对汽车产业基础和关键技术研发的扶持，鼓励汽车产业技术研究院等新兴研发机构的建立，主要依托技术创新和成果推广实现转型升级。虽然，汽车制造的大部分技术国内车企均已掌握，但仍有一些核心技术没有掌握，随着疫情全球化的发展，不排除拥有这些关键与核心技术的零部件进口困难。因此，借此机会加大对汽车关键和核心技术的研发与掌控，掌握现代汽车制造全部技术，并不断更新这些技术是非常必要的。二是加大汽车产业与战略性新兴产业的融合。汽车产业从设计、制造，到营销、服务等整个产业链与战略新兴产业高度融合，形成汽车设计定制化、汽车生产环保化、汽车制造智能化、汽车设备高端化、汽车材料轻量化、汽车技术信息化、汽车使用节能化、汽车营销精准化、汽车服务数字化，则汽车产业链的价值会大幅提升。三是重点支持发展汽车零部件产业。实际上，汽车整车制造业的发展受制于汽车零部件的供应，汽车产业价值主要来源于零部件的技术水平，汽车的新能源化和智能化首先体现在零部件上，应借机重点帮助零部件企业实施技术创新，提高零部件的技术附加值。四是加大汽车服务业发展，提高汽车服务业价值水平。应以客户为中心，提升服务水平，充分运用数字化技术，在汽车物流、二手车、汽车金融、汽车保险、汽车文化等领域创造新价值。

（五）采取措施提升湖北汽车产业集群竞争力

汽车产业的高质量发展归根结底需要汽车产业集群的带动。湖北汽车产业集群竞争力的提升，至少需要从三个方面进行考量：一是湖北全域汽车产业集群竞争力的提升。需要优化湖北汽车产业布局和汽车产业结构，将湖北汽车产业发展融入国家战略和国内国际双循环中；二是湖北区域汽车产业集群竞争力的提升。需要大力发展区域汽车产业的头部企业、骨干企业、名优特精企业、单项冠军企业，提升汽车产品质量和附加值，打造汽车产业知名品牌；三是通过产业数字化和数字产业化提升汽车产业集群竞争力。以产业数字化提升汽车产品智能网联化水平，加快适应市场需求的多种形式新能源汽车产业发展；以数字产业化加大对汽车产业集群的支撑，运用湖北数字产业特有优势，加大数字产业与汽车产业的融合，以低成本和高效率提升湖北汽车产业集群竞争力。

（六）采取措施解决人才供给不足的矛盾

疫情之后，百业待兴，人才是关键。一些汽车企业由于招不到高层次人才和技术熟练的高素质工人，其增强核心竞争力，提高盈利水平的愿望就难以实现。为此，可采取以下措施解决汽车产业人才问题：一是在全省范围的汽车产业之间调动人才资源。以东风汽车集团为例，大量东风公司熟练的技术工人调到十堰东风商用车和越野车公司工作。全省可建立汽车产业人才供需信息平台和人才调配机制，鼓励汽车人才在省内高效率流动；二是利用湖北高校的优势，开展产教融合，大力培养各类各层次汽车产业人才。使得人才链与产业链、价值链、市场链、创新链协调推进和深度融合；三是出台政策激发人才干事创业。牢固树立和践行"人才是第一资源"的理念，此时的湖北比以往任何时候都更加需要人才。"内防流失，外强引入"，除了从待遇上吸引人才和留住人才外，更需要从根本上建立激发人才活力的机制，通过制度和机制创新最大限度得激发人才干事创业。

湖北汽车产业高质量发展的目标是实现汽车产业转型升级和结构进一步优化，形成汽车生态社会，成为"汽车强省"，为湖北的高质量发展和"汽车强国"目标的实现提供有力支撑。新冠疫情虽然对湖北汽车产业的发展造成了严重影响，但也提供了发展机遇，湖北汽车产业的高质量发展需要政府、企业、研究机构等不同类型主体协同推进，需整合政策、市场、资金、技术、信息、人才等各种要素资源，实施技术和管理创新，不断提高湖北汽车产业的智能化与数字化水平。

第三节　湖北汽车产业发展谋划

为加快湖北汽车产业转型升级，实现高质量发展，应当系统谋划未来 5～10 年湖北汽车产业发展的目标、战略和主要任务。

一、湖北现代产业体系构建谋划情况

湖北省第十二次党代会提出，坚持创新驱动发展，加快建设现代产业体系；不断增强产业链供应链韧性和竞争力；产业基础再造和产业链提升稳步推进，产业体系核心竞争力明显提高。湖北"十四五"规划中提出，加快形成战略性新兴产业引领、先进制造业主导、现代服务业驱动的现代产业体系。就战略新兴产业而言，提出实施战略性新兴产业倍增计划，推动形成要素优化配置和产业链高度

配套的良好发展生态，促进产业由集聚发展向集群发展全面提升，打造产业转型升级新引擎。就先进制造业而言，提出加快发展先进制造业，推进产业基础高级化和产业链现代化，推动湖北制造向质量效率型、高端引领型转变，制造强省建设走在全国前列。就现代服务业而言，提出以满足产业转型升级需求和人民美好生活需要为导向，大力发展现代服务业，加快构建优质高效、布局优化、竞争力强的服务业新体系，增强服务业的驱动能力。

围绕着湖北省的现代产业体系构建，武汉及各地级市均提出了与之类似又具有本区域特色的现代产业体系。如武汉提出着力构建以战略性新兴产业为引领、先进制造业为支撑、现代服务业为主体的"965"现代产业体系。襄阳则提出"聚焦实体经济振兴，深入实施产业强市战略"。十堰提出构建"一主四优多支撑"现代产业体系。黄石提出实施"三个四"产业体系优化工程，加快推进产业高端化、智能化、绿色化、服务化发展，实现规模再造、能力再造、链条再造、质量再造、生态再造。咸宁提出种好产业树，以"产业树"的理念来谋划产业发展，开展建链、补链、延链、强链，不断增强产业厚度、提高产业韧性，详见表3.2。湖北省及若干城市"十四五"现代化产业体系构建一览表。

由上可知，湖北现代产业体系的构建具有如下三个特点：一是各区域现代产业体系构建都考虑到了战略性新兴产业、制造业和服务业之间的关系，产业体系的重点是实体经济。二是各城市现代产业体系构建中基本都涉及了传统产业的转型升级和战略新兴产业的发展壮大，二者是同步实施不能偏废的。三是现代产业体系的构建离不开产业基础的高级化和链现代化水平的提高以及产业聚集区的打造。四是现代产业体系的构建主体是企业，加强企业的质量和品牌建设也是构建现代产业体系不可或缺的要素。发展定位或发展目标，以区域发展布局与现代产业体系构建为支撑，区域发展布局与现代产业体系又是相互融合，同步推进的。

表3.2 湖北省及若干城市"十四五"现代化产业体系构建一览表

序号	区域	产业体系
1	湖北	加快形成战略性新兴产业引领、先进制造业主导、现代服务业驱动的现代产业体系。不断增强产业链供应链韧性和竞争力，产业基础再造和产业链提升稳步推进，产业体系核心竞争力明显提高

续表

序号	区域	产业体系
2	武汉	着力构建以战略性新兴产业为引领、先进制造业为支撑、现代服务业为主体的"965"现代产业体系；9大支柱产业集群："光芯屏端网"新一代信息技术、汽车制造和服务、大健康和生物技术、高端装备和先进基础材料、智能建造、商贸物流、绿色环保、文化旅游、现代金融；6大新兴产业领域：网络安全、航空航天、空天信息、人工智能、数字创意、氢能；5大未来产业方向：电磁能、量子科技、超级计算、脑科学和类脑科学、深地深海深空
3	孝感	提升传统产业现代化水平，全力发展战略性新兴产业，加快发展现代服务业，释放产业发展新动能，建设高效便捷数字孝感。到2025年力争培育1个千亿产业，3~5个500亿产业，一批百亿产业和独角兽企业
4	随州	把着力点放在实体经济上，以专汽之都、优质农产品生产基地、炎帝文化、风机名城为基础，深化、细化、实化产业布局，提升产业基础能力和产业链现代化水平，扩大知名度，增强美誉度，形成有名有实的大产业、新产业和强产业
5	襄阳	聚焦实体经济振兴，深入实施产业强市战略，推动产业发展由粗转细、从散到聚，加快产业基础高级化、产业链现代化，形成战略性新兴产业引领、先进制造业主导、现代服务业驱动的现代产业体系，为实现高质量发展提供强劲势能、充沛动能
6	十堰	坚持把发展经济着力点放在实体经济上，锻长板、补短板，突破性发展新能源与智能网联汽车、生态文旅康养、新型动力电池、绿色食品饮料、生物医药健康等产业，全力构建"一主四优多支撑"产业体系，打造万亿级产业集群，为湖北建设全国构建新发展格局先行区贡献十堰力量
7	神农架	全国生态文明示范区建设和国际化、品质化高质量的旅游产业
8	宜昌	构建以生物医药、新材料、航空航天、清洁能源、新一代信息技术、节能环保和新能源汽车等战略性新兴产业为引领，以精细化工、装备制造、建筑、食品饮料、绿色建材和轻工纺织等先进制造业为主导，文旅、现代物流、健康、金融和大数据等现代服务业繁荣发展的现代产业体系
9	荆门	推动传统产业转型升级，培育壮大新兴产业，突破性发展现代服务业，推动产业基础高级化和产业链现代化。滚动实施"千企千亿技改"工程，建设全国绿色能源化工示范基地。实施战略性新兴产业倍增计划，高质量建设国家通用航空产业综合示范区，打造新能源汽车全产业链和"中部锂都"，建设中部地区重要新材料研发生产、电子信息、再生资源利用与环保产业基地。实施现代服务业发展提速升级行动。实施荆门企业培育工程，加强质量品牌建设
10	荆州	坚持把着力点放在发展实体经济上，加快形成战略性新兴产业引领、先进制造业主导、现代服务业驱动的现代产业体系。增强产业链供应链自主可控能力，打造战略性新兴产业集群
11	恩施	坚持彰显特色做特"一产"、突出绿色做强"二产"、提升成色做优"三产"，大力推进"4+N"产业集群建设

续表

序号	区域	产业体系
12	黄岗	大力发展产业集群，加快形成先进制造业、现代农业、大健康产业、全域旅游、临空产业等五大主攻产业支撑、战略性新兴产业引领、现代服务业赋能的现代产业体系。做大做强五大特色优势产业：食品饮料加工、绿色建筑建材、智能家居、医药化工、纺织服装。大力发展六大战略新兴产业：高端装备制造、新能源、新材料、新能源汽车、节能环保、电子信息
13	黄石	聚焦实体经济，坚持把制造业高质量发展作为黄石产业发展的核心，实施"三个四"产业体系优化工程，加快推进产业高端化、智能化、绿色化、服务化发展，实现规模再造、能力再造、链条再造、质量再造、生态再造。力争"十四五"期间，规模以上工业增加值年均增长11%以上，打造1个过3000亿级（新材料），3个过500亿级（电子信息、生命健康、高端装备），以及3个过100亿级（新能源汽车、节能环保、纺织服装）的产业集群
14	咸宁	明确主攻方向，坚持全市一盘棋，集中资源和力量，把主导产业做大做强。优化产业结构，发挥第三产业、支撑第二产业、带动第一产业升级的重要作用，推动产业融合发展。种好产业树，以"产业树"的理念来谋划产业发展，开展建链、补链、延链、强链，不断增强产业厚度、提高产业韧性

二、湖北汽车产业发展规划情况

（一）总体规划

湖北"十四五"期间对全省汽车产业总体谋划主要体现在以下三个方面：一是提升汽车产业链现代化水平。实施产业链提升工程，锻造产业链供应链长板。引导优势汽车企业兼并重组，提升产业链控制力和主导能力。二是实施产业基础再造工程，补齐产业链供应链短板。加快汽车产业转型升级和创新发展。三是实施技改提能工程，推动产业链迈向中高端。加快汽车企业智能化改造，推进智能工厂和数字化车间建设，推动清洁生产，加快发展再制造产业。大力发展服务型制造，开展两业融合试点，推动汽车先进制造业和现代服务业双向深度融合。四是调整优化汽车产业结构。发挥汽车整车产能和零部件配套优势，促进协同发展，打造万亿级汽车产业集群。总体而言，"十四五"期间，湖北对汽车产业的总体规划是：加速向高端化、电动化、智能化转型，充分发挥整车企业带动作用，完善零部件协同研发制造体系，提升新能源汽车比重和零部件本地配套比例，建立健全智能汽车创新发展体系，推进新能源与智能网联汽车产业基地建设，形成以"汉孝随襄十"汽车走廊为核心，宜昌、荆门、黄冈等地协同发展，具有国际影响力的万亿级汽车产业集群。

（二）发展方向规划

乘用车的发展方向是加强汽车节能环保和智能化技术的研发及应用，积极开发乘用车动力、线控、制动、转向系统等先进总成，重点发展中高档轿车、多功能乘用车、商务车。

商用车和专用车的发展方向是推动中重型商用车低碳绿色发展，降低燃油消耗和尾气排放，探索新能源商用车发展路径。推动轻型商用车专用化发展，提升专用车型开发和制造能力。大力发展具备特种功能、高性能的应急救援专用车。

新能源汽车的发展方向是推进新一代模块化高性能新能源整车平台研发，加强纯电动汽车底盘一体化设计、多能源动力系统集成、燃料电池电堆等技术攻关。

智能网联汽车的发展方向是加快5G、物联网、北斗系统在智能网联汽车上的应用，加强环境感知、大数据云控、车路协同等基础平台建设和关键技术研发，在物流、商贸等特定应用场景取得率先突破，形成L3、L4级别整车制造能力。

汽车零部件的发展方向是创新发展车规级芯片、高效发动机、电控等核心高端零部件，大力发展动力电池、车载光学系统、车载雷达系统、高精定位系统、集成控制系统等新型零部件。

汽车后市场的发展方向是依托省内外汽车销售、物流、维修体系，加快发展汽车（含配件）物流、汽车维修保养、汽车美容装饰、汽车个性化服务、车载软件、车载媒体等。鼓励金融机构创新汽车领域金融服务，发展汽车金融、汽车保险、融资租赁等，延伸汽车产业价值链条。

（三）重点任务规划

1. 大力提升自主品牌发展。

支持东风、长城、吉利、小鹏等自主品牌车企会同产业链优势企业协同攻关，研制新能源汽车高端产品，提升电池、电机、电控和智能控制软硬件等关键部件自主化能力，高标准打造高附加值产品技术平台。加快东风M越野电动车、东风本田四厂、小鹏汽车、上汽纯电动车型技改、东风股份智能化技改等整车项目建设，促进整车企业产业链供应链稳定和国产化替代。依托东风云峰、东风商用车发展中高端及自主品牌乘用车、商用车。

2. 巩固商用车和专用车行业优势。

支持东风专汽、楚胜、齐星、程力、驰田、正和等聚焦物流、城乡建设、市政、公路养护和抢险救援、休闲娱乐等需求，推动物流车、工程车、市政车、环卫车、公路养护车等专用汽车差异化、特色化发展。加强东风达安国家汽车质量监督检验中心，积极支持武汉市经开区设立国家缺陷汽车产品召回技术中心。

3. 着重提升汽车零部件配套水平。

依托东风汽车零部件公司、武汉菱电电控、湖北光瑞、湖北银瑞车轮锻压、襄阳东华科技、双星东风轮胎等，加快突破动力电池、核心零部件、电控技术等整合提升汽车零部件产业，支持逸飞激光等研发制造高安全性智能化动力电池制造装备。引导东风公司等整车企业与三环、恒隆等省内零部件企业在研发、采购等层面深度合作。鼓励襄阳轴承等汽车零部件企业提升智能制造技术装备和软件系统，建设智能示范工厂。积极推广东风汽车集团公司与十堰市房县建立的产业协作模式。

4. 组织实施动力电池产业链协同攻关。

依托武汉中航锂电、荆门亿纬动力、鄂州容百锂电，推进动力电池产业链强链补链，提升新一代动力电池在温域、充电、能量密度等方面的关键性能和安全性，减少稀缺性贵金属材料的使用，提升动力电池先进正负极材料、驱动电机耐电晕绝缘的原材料、油冷兼容绝缘材料的研发及产业化能力。依托宜昌宁德时代邦普、骆驼新能源电池、格林美等建立报废电动汽车及动力电池回收、安全环保高效拆解和资源化利用体系。

5. 加快发展新能源和智能网联汽车。

适度超前推进新能源汽车充换电网络建设，支持东风商用车开展重卡换电规模化示范应用。依托武汉市政府、同济大学和中国地质大学（武汉）三方共建的氢能汽车产业创新发展平台、黄冈格罗夫氢能汽车产业园，加强燃料电池汽车用催化剂、质子交换膜、碳纸、双极板、膜电极、电堆、空压机、氢气循环系统等产业链弱势环节的研发及产业化。加快国家智能网联汽车（武汉）测试示范区、国家智能网联汽车质量监督检验中心（襄阳）建设。

（四）主要城市规划

围绕着湖北省汽车产业的整体布局，武汉市提出推进汽车产业基础高级化和产业链现代化，推行战略性新兴产业倍增计划。孝感提出以新能源汽车及零部件等5大战略新兴产业为重点，打造战略性新兴产业发展新高地。随州提出提升汽车产业基础能力和产业链现代化水平，初步建成全国重要的专用汽车生产基地。

襄阳提出强化基础性、通用性产业技术研发，加快在新能源和智能网联汽车等领域形成第一方阵的跟跑能力、策源能力。积极开展汽车电动化、网联化、智能化技术攻关，深化废旧汽车回收利用等技术研究；布局智能网联等新兴领域，推进新一代信息技术与汽车产业深度融合。强化新能源汽车"三电"技术攻关。十堰提出推动汽车生产制造智能化、数字化，加快智能网联汽车数据交互、标准及测试验证公共服务平台建设，打造国家汽车产业创新城。宜昌市提出做大汽车及零部件产业和培育智能及新能源汽车产业。荆门市提出围绕行业龙头企业完善产业链，重点打造汽车及零部件等制造业迈向中高端，长城荆门整车生产基地、玲珑轮胎高性能子午线轮胎及配套工程、雄韬锂电池生产基地及氢能产业、湖北雄汽汽车零部件生产等项目予以强力支撑。荆州提出打造汽车零部件产业基地和大力发展新能源锂电池。黄冈市将新能源汽车作为大力发展的六大战略新兴产业之一。黄石市将新能源汽车作为3个过100亿级的产业集群之一。积极发展新能源汽车产业，形成新能源汽车与智能技术相互融合、整车与零部件相互促进的发展格局，详见表3.3。

表3.3 湖北省及若干城市"十四五"汽车产业发展规划一览表

序号	区域	汽车产业
1	湖北	加速向高端化、电动化、智能化转型，充分发挥整车企业带动作用，完善零部件协同研发制造体系，提升新能源汽车比重和零部件本地配套比例，建立健全智能汽车创新发展体系，推进新能源与智能网联汽车产业基地建设，形成以"汉孝随襄十汽车工业走廊"为核心，宜昌、荆门、黄冈等地协同发展，具有国际影响力的万亿级汽车产业集群
2	武汉	推进产业基础高级化和产业链现代化，推行支柱产业壮大计划、战略性新兴产业倍增计划、现代服务业升级计划
3	孝感	大力实施"倍增计划"，以新能源汽车及零部件等5大战略新兴产业为重点，打造战略性新兴产业发展新高地。推动先进制造业集群发展，配套提升十大特色园区，加快10大产业集群升级裂变，形成各具特色、优势互补、结构合理的战略性新兴产业集群
4	随州	初步建成全国重要的专用汽车生产基地。提升汽车产业基础能力和产业链现代化水平。加强协同创新平台建设，增强企业技术创新能力，大力实施柔性引才战略

续表

序号	区域	汽车产业
5	襄阳	强化基础性、通用性产业技术研发，加快在新能源和智能网联汽车等领域形成第一方阵的跟跑能力、策源能力。积极开展汽车电动化、网联化、智能化技术攻关，深化废旧汽车回收利用等技术研究；布局智能网联等新兴领域，推进新一代信息技术与汽车产业深度融合。强化新能源汽车"三电"技术攻关
6	十堰	国家现代汽车产业重地：联合中国工程院院士专家开展高新技术与产业融合"双百行动"，构建省级以上企业技术中心、工业设计中心、工程（技术）研究中心、重点实验室、工程实验室等创新支撑平台体系，开展新产品、新技术和新工艺研究开发。以锚定产业基础高级化和产业链现代化总目标，按照"以整车制造汇聚零部件生产集散、以零部件优势叠加放大汽车制造优势、以新能源智能网联赋能汽车制造"的思路，推动互联网、大数据、人工智能等新技术同汽车产业深度融合发展，推动汽车生产制造智能化、数字化，加快智能网联汽车数据交互、标准及测试验证公共服务平台建设，打造国家汽车产业创新城。把"服务东风、提升东风、拓展东风"作为汽车产业优化升级的主抓手，发挥汽车全产业链优势，引进汽车头部企业，加快汽车轻量化、电动化、智能化、网联化、共享化发展，巩固商用车专用车整车制造地位，放大零部件生产配送优势，提升新能源智能网联汽车发展能级，打造全国商用车零部件生产基地
7	宜昌	做大汽车及零部件产业。壮大汽车及零部件产业，引入高端车型和新能源车型，招引动力总成、汽车电子、轻量化材料等核心配套项目，推动汽车及零部件产业向高端化、智能化、网联化发展 培育智能及新能源汽车产业：大力发展新能源汽车零部件、新能源动力电池、新能源汽车电动附件等产业。组织开发高效率、大容量、长寿命、安全性能高的磷酸盐系、镍钴锰三元系和固态电池等锂离子电池正极材料，推进石墨类负极材料产业化，加快耐高温、低电阻隔膜和电解液开发。适时发展新能源汽车整车制造，积极推动新能源汽车领域氢能利用和产业化
8	荆门	围绕行业龙头企业完善产业链，重点打造汽车及零部件等制造业迈向中高端。以荆门汽车产业园整车制造基地为核心，以京山市、钟祥市汽车零部件产业园为辅，推动传统汽车与新能源汽车协同发展。重点发展乘用车、皮卡、能源运输车等整车生产，培育冷链物流、环卫等特种专用车，引导汽车产业向新能源、智能网联汽车转型。围绕打造新能源汽车全产业链，配套发展电机、电控、底盘、传动及其他核心零部件企业，壮大提升动力电池产业，适时引进制取、存储、运输和应用氢能以及燃料电池技术产业化项目，同步引进新能源充电站、充电桩等基础设施制造

续表

序号	区域	汽车产业
9	荆州	汽车及零部件：依托恒隆、法雷奥、神电、均胜、美标等企业，打造汽车零部件产业基地。以中联重科、先行汽车为基础，加速发展军工装备、建筑、急救、市政作业、电力维护、物流装卸等专用领域专用车辆 新能源锂电池：依托高博科技等企业，布局全固态电池、车用动力电池管理系统、充配电系统等领域，推动固态锂电池核心材料、高能量密度固态锂电池电芯及模组全套工艺开发
10	黄岗	新能源汽车作为大力发展的六大战略新兴产业之一
11	黄石	新能源汽车作为3个过100亿级的产业集群之一。积极发展新能源汽车产业。紧扣汽车绿色化、轻量化、智能化、网联化、共享化发展趋势，以整车、汽车零部件及新能源汽车电池、电机、电控系统等为发展重点，实施超卓装备制造项目、铁流志恒汽车零部件项目、融通高科锂电池基础材料产业基地二三期等重点项目，形成新能源汽车与智能技术相互融合、整车与零部件相互促进的发展格局。优先发展中高端乘用车，培育发展物流、市政环卫、旅游观光等新能源专用车。积极参与汽车、电子信息、互联网跨产业协同创新发展，前瞻布局智能网联汽车

由上可知，就规划而言，"十四五"期间，湖北汽车产业的发展具有以下五个特点：一是就发展方向而言，新能源汽车、智能网联汽车是汽车产业的主要发展方向；二是汽车产业基础高级化和产业链现代化是转型升级的两个重要方面；三是汽车零部件产业和新能源汽车零部件产业的重要性更加凸显；四是发挥汽车整车产能和零部件配套优势，促进协同发展，打造汽车产业集群是区域汽车产业发展和汽车产业核心竞争力提升的重要和有效途径；五是汽车产业的创新和汽车产业的人才重要性提升到前所未有的高度。

三、湖北汽车产业发展战略谋划

2017年4月，中华人民共和国工业和信息化部、发展和改革委员会、科学技术部联合印发了《汽车产业中长期发展规划》，首次明确了建设"汽车强国"的总目标，提出力争经过10年持续努力，迈入世界汽车强国行列。并大致描绘出"汽车强国"的标准：关键技术取得重大突破、全产业链实现安全可控、中国品牌汽车全面发展、新型产业生态基本形成、国际发展能力明显提升、绿色发展水平大幅提高。"汽车强国"战略的提出，使得各省、自治区、直辖市在谋划本区域汽车产业高质量发展时不得不考虑如何融入这一国家战略中，通过"有为"获取"有位"。笔者提出，未来5~10年，湖北汽车产业发展战略的主要内容可以概括为：明确一个目标、发挥两类调节合力作用、实施三大战略、着重开展四项工作。

（一）明确一个目标

要明确湖北汽车产业的高质量发展目标:实现汽车产业转型升级,打造成"汽车强省",构建"汽车新生态",为"汽车强国"战略目标的实现和奋力谱写新时代湖北高质量发展新篇章提供有力支撑。这一目标至少包括三层内涵：一是"汽车产业转型升级"是近期目标,也是基础目标,是"十四五"期间应当达到的目标；二是实现"汽车强省"和"汽车新生态"目标是中长期目标,也是发展目标,是到2030年应当达到的目标；三是湖北打造"汽车强省"和"汽车新生态"在功能上是为"汽车强国"战略目标和湖北高质量发展服务的,也是其重要构成部分。

（二）发挥两类调节合力作用

发挥政府与市场两类调节合力作用。无论国内还是国外,也无论汽车产业发展到何种阶段,均需要"有形之手"与"无形之手"的共同调节和相互作用,形成合力。政府调节的重点是：引导产业布局、提升产业水平、强化绿色发展、给予政策扶持、深化"放管服"改革、持续优化营商环境、建立有序市场、实施有力监管、完善社会保障；市场调节的重点是通过价格、供求、竞争等市场要素促进汽车产业转型升级、结构优化,促使汽车企业提升质量、提高效率、兼并重组、优胜劣汰。政府调节与市场调节同等重要,需形成合力共同促进汽车产业的高质量发展。在湖北汽车产业的高质量发展瓶颈期,政府调节尤为重要。

（三）实施三大战略

实施绿色发展、创新驱动和人才支撑三大战略。绿色发展战略的主要内容是：牢固树立绿色发展理念,提高汽车生产制造的自动化与智能化,提升汽车产品的智能化和网联化,创新汽车企业经营模式和商业模式,大力发展新能源汽车产业；大力发展汽车服务业和报废回收业,大力发展汽车文化,积极倡导绿色出行方式,积极构建汽车生态社会。创新驱动战略的主要内容是：全方位支持东风公司等汽车龙头企业的自主创新和联合创新；完善政府、企业、院所协同创新的技术创新体系,分区域建立研发平台或新型研发机构,开展共性技术、基础技术和前瞻技术研究及应用工作,鼓励跨界融合,以科技创新引领汽车产业转型升级；发挥武汉在汽车工业创新上的引领与带动作用,建立武汉与相应汽车城市的对口协作机制。人才支撑战略的主要内容是：①加强汽车产业人力资源的培养和开发,推动管理、研发、技能、营销、服务等一系列的汽车高水平、专业化人才队伍建设；②继续实施和优化人才政策，充分发挥湖北人才摇篮的优势，坚持引进与培养相结合，将"汽车工匠"人才与汽车"专门人才""高层次人才"的培养、引进、留住并重；③进一步树立"人才是第一资源"的理念，创新人才利益分配机制，建立以人为本的激励制度，鼓励高技术人才、高级管理人才参与公司治理和增值分享，采用股权激励、期权激励等工具建立有竞争力的人才制度。

（四）着重开展四项工作

着重做好产业结构优化、转型升级加快、企业竞争力提升、汽车社会新生态构建等四项工作。

可从以下四方面优化产业结构：①优化产业布局。增强"汉孝随襄十汽车工业走廊"的带动和辐射效应，夯实"宜昌—荆州—荆门—黄石—黄冈"汽车走廊的基础，大力发展新能源汽车和智能汽车；②提高产业集中度。主要通过市场机制整合现有汽车企业，特别是零部件企业，增强企业竞争力；③提升汽车产品的"四化"（电动化、智能化、网联化、共享化）水平。无论是乘用车还是商用车，整车还是零部件，研究机构还是汽车企业，均应将汽车产品"四化"水平的提升作为发展的重点方向；④大力发展汽车服务业。重点是汽车文化产业和汽车报废回收产业的发展。

可从以下五方面加快转型升级：①出台政策引导和扶持汽车产业转型升级。主要针对汽车产业的主要瓶颈出台相应的政策，提升政策的精准性和有效性，帮助汽车企业尽快实现转型升级；②通过对基础技术、共性技术、前瞻技术的共同研发和推广使用，以汽车产业现代化推动汽车产业的转型升级；③通过大力发展新能源汽车和智能网联汽车等中高端产品促进汽车产业的转型升级；④通过拓展汽车产业链空间加快转型升级。深度融入"中部崛起""长江经济带""汉江生态经济带""京津冀协同发展"和"一带一路"等国家战略拓展汽车产业链，加快汽车产业转型升级；⑤通过提升汽车产业链价值加快转型升级。注重从汽车设计、汽车研发、汽车技术、汽车制造、汽车营销、汽车服务、汽车报废、汽车回收、汽车文化等完整产业链上提升价值和水平，加快汽车产业转型升级。

可从以下五方面提升企业竞争力：①企业自身建立创新机制以解决关键核心技术掌握不足的短板；②企业自身建立市场风险和政策风险防范机制，以解决应对市场风险和政策风险不足的短板；③企业自身建立适应市场需求的经营机制和管理模式,以解决汽车企业经营成本较高,管理效率不高的问题;④企业自身建立大数据市场分析机制,以解决汽车产品有效供给不足的问题;⑤企业自身建立约束激励机制,以解决人才不足的问题。

可从以下三方面构建汽车社会新生态:①构建政府、企业之间新生态。政府主要通过相关政策和法规的实施管理、引导和服务汽车企业,逐步降低汽车企业的相应税费,为汽车企业创造宽松融资环境,加大对本省汽车企业智能网联化研发投入的支持,进一步加大对新能源汽车企业的扶持力度,建立完善市场机制保障汽车企业的公平竞争;②构建汽车与社会之间新生态。当前发展的重点是汽车与能源资源、环境、道路安全、城市交通以及相关领域的协同发展。增强汽车文化软实力建设,引导汽车向创新、节能、环保、绿色、安全、便捷方向发展;③构建汽车企业之间新生态。全省整车与零部件企业之间形成命运共同体,充分发挥区域汽车企业之间的关联和带动作用,推进汽车产业数字化进程,形成"关键零部件—整车—产业链—产业集群"的区域汽车产业发展格局,打造一批具有全国竞争力的区域汽车产业集群。

第四章　湖北汽车产业链现代化研究

我国"十四五"规划提出，坚持自主可控、安全高效，推进产业基础高级化、产业链现代化，保持制造业比重基本稳定，增强制造业竞争优势，推动制造业高质量发展。规划进一步提出坚持经济性和安全性相结合，补齐短板、锻造长板，分行业做好供应链战略设计和精准施策，形成具有更强创新力、更高附加值、更安全可靠的产业链供应链。湖北省"十四五"规划提出，推进产业基础高级化和产业链现代化，推动湖北制造向质量效率型、高端引领型转变，制造强省建设走在全国前列。湖北省第十二次党代会指出，产业链供应链优化升级是稳固国内大循环主体地位、增强在国际大循环中带动能力的迫切需要，必须大力推进科技创新，加快建设现代产业体系。

第一节　汽车产业链现代化概述

一、产业链现代化的内涵及意义

（一）产业链现代化的内涵

产业链是产业经济学中的一个重要概念，它是指各个产业部门之间基于一定的技术经济联系而客观形成的链条式关联形态，包含价值链、企业链、供需链和空间链等四个维度，涵盖产品生产或服务提供全过程，包括原材料生产、技术研发、中间品制造、终端产品制造乃至流通和消费等环节，是产业组织、生产过程和价值实现的统一。产业链现代化的实质是产业链水平的现代化，包括产业基础能力提升、运行模式优化、产业链控制力增强和治理能力提升等方面的内容。

关于产业链现代化的内涵已有不少学者进行了研究。吴金明、邵昶等（2006）提出产业链是由需求链、供给链、知识链、企业链、空间链和价值链有机组合而成的链条。魏然（2010）指出产业链的理论起源于亚当·斯密的产业分工和马歇尔的企业协作理论。盛朝迅（2019）指出经济学界就产业链的概念内涵存在三个主流观点,即"过程论"(一个产业产品生产或服务提供从原材料到消费者手中的完整产业过程)、"价值论"(产业价值转移和创造的过程,上下游企业之间的产品交换和信息传递,能够进一步开发新用户、生产新产品)和"组织论"(一种基于分工经济的产业组织形态,包括从供应商到制造商再到分销商和零售商所有节点企业的分工合作关系),并提出现代化的产业链一般具有以下特征:强大的创新能力、高端的引领能力、坚实的基础能力、良好的协同能力、较强的全球产业链控制力和治理能力、较高的盈利能力、完善的要素支撑能力和可持续的绿色发展能力。刘志彪(2019)认为产业链现代化具体可以从研发和技术创新能力、企业链、创造价值的能力、产业体系要素协同等多个维度分析。罗仲伟,孟艳华(2020)等提出产业链现代化是产业现代化内涵的延伸、细化,其实质是用当代科学技术和先进产业组织方式武装、改造产业链,使产业链具备高端链接能力、自主可控能力和领先于全球市场的竞争力水平。从产业链维度看,产业链现代化体现在价值链各环节的价值增值、企业链上下游分工的有序协同、供需链连接性的效率与安全均衡、空间链区域布局的集聚与扩散协调。从产业链运转形式看,产业链现代化体现在产业链韧性、产业链协同和产业链网络化三个方面。中国社会科学院工业经济研究所课题组(2021)提出从主体层面,产业链供应链现代化水平提升应包含以创新能力更强、附加值更高、更加数字化、更加可持续等维度;从产业链供应链结构的角度考虑,产业链供应链现代化水平提升具体应包含更加安全可靠、更加公平、更加协调顺畅等维度。郑江淮,戴玮,冉征(2021)提出产业链现代化是一个持续的动态过程,即在产业链的演变过程中不断提升既有企业的技术能力和附加值率,将新的企业纳入生产网络中,构建更加稳定的企业间联系,以此来提高生产网络中企业的生产效率,增强企业盈利能力,实现生产网络整体的现代化演进。臧培华(2021)提出,现代化的产业链应具备如下特征:①技术创新自主可控;②全球价值链治理和控制能力强;③供应链绿色化、智能化;④供应链灵活、高效、富有弹性;⑤产业链上下游和生产制造各环节等衔接紧密、有高度协同性。

笔者认为,产业链的现代化是相对传统产业链低端化而言的,产业链之实质为产品和服务从无到有,从设计到生产,从制造到销售,从销售到售后服务,从使用到报废,这一全流通环节呈链条状、环环相扣、环环关联,其体现了产品和服务全生命周期的过程,也体现了与产品服务相关联的系统观念。这一产业链条可以是初级水平，反映在产品和服务低端化、附加值低、生产制造落后、管理服务水平低、信息化数字化缺乏、污染相对严重、资源消耗相对较高等。我国经济在进入高质量发展阶段之前主要是依靠这种初级水平的产业链带动产业的发展和经济的发展。然而，进入高质量发展阶段后，产业的发展面临着转型升级，就需要产业链现代化，即先进的设备、现代化的手段提升产品的质量和服务的水平，在保护环境、节约资源的同时更好地满足市场和消费者的需求。产业链现代化体现在过程层面上就是产业链每个环节的链接更加现代化；产业链现代化体现在价值层面上就是产业链每经过一个环节就会有较高的价值增值；产业链现代化体现在组织层面，即市场主体上就是企业经营管理的现代化。若将产业链置入国内国际循环考虑，则涉及产业链的安全和韧性，即产业的发展是否受制于人，产业链是否有足够的抗冲击能力，这就要求产业链在国内国际双循环中体现现代化。就产业链现代化层面而言，包括产业基础能力提升层面、产业运行模式优化层面、产业链控制力增强层面和产业治理能力提升层面；就产业链现代化主体而言涉及到政府部门、企业、中介机构、研究机构、各类人才等；就产业链现代化维度而言，包括安全维度、韧性维度、价值维度、关联维度、绿色维度、完整维度、发展维度、数字维度等。

（二）产业链现代化的意义

2019年7月30日，中共中央政治局会议首次提出，提升产业基础能力和产业链水平。2019年8月26日，中央财经委员会第五次会议要求打好产业基础高级化、产业链现代化攻坚战。党的二十大报告指出，要着力提升产业链供应链韧性和安全水平"。可见，产业链现代化具有国家战略意义，具体如下：

一是产业链现代化是我国经济进入高质量发展阶段的必然要求。高质量发展要求不仅考虑到经济的增长速度，更要考虑到经济的增长质量，即通过更少资源的消耗和最大环境的保护实现更高质量的发展。这就需要对原有初级水平产业链进行升级改造，使其现代化，产业链现代化生产的产品具有更高价值和更具市场需求。

二是产业链现代化是构建以国内大循环为主体、国内国际双循环相互促进的新发展格局的必然要求。2021年1月11日，习近平总书记在省部级主要领导干部学习贯彻党的十九届五中全会精神专题研讨班上发表重要讲话并特别强调要

"加强创新链和产业链对接""推动我国产业转型升级"[1]。虽然,经过多年的建设和发展,我国产业基础能力和产业链水平实现了大幅提升,但关键核心技术缺失、产品附加值较低、产业结构不优、资源环境承载压力大等问题还较为突出,总体处于中低端水平。特别是产业链控制力不强,关键技术领域"卡脖子"瓶颈凸显。由此导致我国产业附加值偏低,在全球价值链上的增值能力较弱。因此,在构建以国内大循环为主体、国内国际双循环相互促进的新发展格局中产业链现代化攻坚战势在必行。

三是产业链现代化是"实体经济+互联网"发展的必然要求。当今实体经济的发展已经与互联网深度融合,大数据、云计算、云平台的产生正深刻改变着实体经济的运行模式,存在于实体经济中的产业链在互联网的广泛应用中正发生着深刻的变化,正是互联网加速了产业链现代化,使得产业的运行模式更加优化,治理能力更加提升。

四是产业链现代化是产业转型升级建设现代产业体系的必然要求。任保平、豆渊博(2021)认为一直以来我国存在许多无效和低端供给,产业链处于全球价值链的中低端发展水平,新经济的发展需要现代化产业体系和完整的产业链支撑。产业的转型升级是经济高质量发展的有效路径,产业链现代化是产业转型升级的必然要求,反之,惟有通过产业链现代化才能实现产业转型升级的目标。我国"十四五"规划提出坚持把发展经济着力点放在实体经济上,加快推进制造强国、质量强国建设,促进先进制造业和现代服务业深度融合,强化基础设施支撑引领作用,构建实体经济、科技创新、现代金融、人力资源协同发展的现代产业体系。党的二十大报告指出:建设现代化产业体系,坚持把发展经济的着力点放在实体经济上,推进新型工业化,加快建设制造强国、质量强国、航天强国、交通强国、网络强国、数字中国。产业链的现代化是实施制造强国战略,推动制造业高质量发展的必要措施。

二、汽车产业链现代化的内涵

汽车产业链是指汽车产品生产或服务提供的全过程,包括汽车设计、原材料生产与供应、技术研发、汽车产品制造、汽车产品销售、汽车产品流通、汽车产品消费、汽车产品进出口贸易、汽车产品服务、汽车产品报废回收、汽车文化、

---

[1] 李倩文. 习近平在省部级主要领导干部学习贯彻党的十九届五中全会精神专题研讨班开班式上发表重要讲话[EB/OL]. 新华网, 2021-01-11.http://www.npc.gov.cn/npc/kgfb/202101/d4a0a4b3b31a4f42b1f488e2b054213e.shtml.

汽车相关产业支撑，是汽车产品组织、生产过程和价值实现的统一。通常情况下，汽车产业链主要由五大部分组成，分别是汽车整车制造业，汽车零部件制造业，零部件制造相关工业，汽车服务贸易业和汽车产业支撑体系。汽车服务贸易领域，包括汽车销售、维修、金融等服务业。此外，汽车产业链的各个环节都有完善的配套体系，包括法规标准体系、实验研发体系、认证测试体系等，这些是汽车产业链的汽车产业的支撑体系。

  汽车产业链现代化是指汽车产业链水平的现代化，至少包括汽车产业基础能力提升、汽车产业链控制力、产业链联动发展、汽车产业链的韧性和安全性、汽车产业商业模式优化、汽车产业治理能力提升等方面的内容。汽车产业基础能力包括汽车一线技术、汽车零部件和材料、汽车企业基础设施、汽车产品质量标准、汽车产业政策环境、汽车产业人才支撑多要素，汽车产业的基础决定了汽车产业链整体水平的高低。可实施汽车产业基础再造工程，重点加大对汽车基础零部件、关键材料、工业软件、检验检测平台和新型基础设施等领域的投入力度，组织实施汽车产业基础能力攻关工程，加快补齐汽车产业基础短板，大力发展新能源汽车和智能网联汽车产业，支撑汽车制造业数字化、网络化、智能化、绿色化发展。

  汽车产业链控制力是指掌控汽车产业发展的能力，其包括汽车产业全产业链控制、关键环节控制、标准和核心技术控制三种形态。是否拥有国际一流的汽车主导企业、是否拥有关键核心"卡脖子"技术的汽车零部件供应企业，是决定汽车产业链控制能力的关键之所在。因此，提升汽车产业链控制力的重点是汽车企业和汽车企业家，关键是培育汽车产业生态主导企业和核心汽车零部件企业，增强汽车全产业链、关键环节、标准和核心技术的全面控制力。

  汽车产业链联动发展包括汽车产业链上下游的联动发展，汽车产品供给侧结构性改革与满足市场需求的联动发展，汽车贸易国内标准和国际标准衔接的联动，汽车产业"政产学研资"紧密合作从事技术研发和成果转化的联动，汽车产业信息、技术、知识、人才等要素协同联动发展，政府引导和市场机制相结合的联动，力争建设一批有影响力的世界级汽车产业集群。

  产业韧性多作为经济韧性的影响因素在相关文献中提及，是经济韧性研究的副产品，但同时产业韧性也能够从经济韧性中细分出来。产业韧性的研究多从与制造业相关的供应链角度分析韧性（Sonietal，2014）。Junaid等（2019）通过一个汽车行业的案例研究，选择供应链韧性、供应链敏捷性和供应链稳健性作为供应链风险管理的标准，认为供应链韧性是管理供应链风险最重要的标准。产业链韧性主要表现为产业链的抵抗能力和恢复能力。产业链应对冲击扰动时，抵抗能力和恢复能力同时存在、相互影响，共同决定产业链韧性强度，提升产业链韧性是产业安全的根本保证。汽车产业链的韧性是指汽车产业链对抗冲击的抵抗能力和恢复能力，韧性强则产业链不易中断，或者是产业链遭受冲击后，能够迅速从冲击中恢复、调整及转型的能力。汽车产业链安全性是指汽车产业链国内的可控性，尤其是核心技术的掌控。汽车产业链的韧性和安全性主要是着眼汽车产业链在国内国际双循环中保持安全通畅。事实上，自 2020 年年初开始，受新冠疫情、芯片紧张、原材料价格上涨、俄乌冲突等多种因素影响，全球汽车供应链时常中断。数据显示，截至 2022 年 5 月，全球因缺芯导致汽车减产量约 1200 万辆。汽车产业链韧性和安全性的关键是强化"产业生态圈"建设，通过补链、延链、固链、强链建立较为完备的产业链体系。

汽车产业商业模式优化包括生产模式、管理模式、运营模式、营销模式、服务模式的优化。模式，通常指事物的标准样式，也是主体行为的一般方式。所谓商业模式，是一种基于交易过程的参与者之间的信息、资金和物流解决方案。这种解决方案的某种范式就是商业模式。换言之，商业模式是企业经营活动各个环节的运作方式，包括经营资源的获取方式，经营资源的组织方式，产品与服务的销售方式等。商业模式则反映了企业与企业之间、企业的部门之间、乃至与顾客之间、与渠道之间各种各样的交易关系和连结方式。商业模式优化，就是在经营资源的获取方式，经营资源的组织方式，产品与服务的销售方式等三个环节中任何一个环节或者几个环节联系起来的经营活动整体构建模式的优化。汽车产业商业模式的优化可以理解为汽车产业经营资源的获取方式（汽车产业链供应端）、经营资源的组织方式（汽车产业链的生产端）、产品与服务的销售方式（汽车产业链消费端）三个环节中任何一个环节或者几个环节方式的优化。

汽车产业治理能力提升包括两个方面，一是汽车产业总体上高质量发展，如汽车产业结构优化、汽车标准法规健全、汽车产业政策有效、汽车行业协会作用发挥好等。二是汽车企业治理能力提升。如汽车企业股权结构设置科学、经营管理高效、成本费用控制较好、企业效益较高、具备较好的品牌影响力，企业充满活力。

三、产业链现代化的文献综述

当前关于产业链现代化的研究主要集中在以下六个视角：一是产业链现代化的相关理论研究。这一方面的研究范围较广，成果较多，主要是从提升产业链现代化的路径或对策、产业链与产业基础的关系等、产业链现代化的风险和安全等方面进行了理论探讨。在提升产业链现代化水平的路径或对策方面马朝良（2019）提出产业链现代化需要大力支持上游企业创新，帮助上游企业解决"卡脖子"的基础产品和基础技术，逐步实现点、线、面的突破。盛朝迅（2019）提出推进我国产业链现代化的总体思路与重点任务，建议加快实施产业基础再造工程、加大产业链核心环节扶持、保持巩固完整产业链、加快培育产业生态主导企业、鼓励企业专业化发展、加大行业协会中间组织和机构建设、继续深化拓展国际合作，努力保障我国产业链安全、提升产业链水平、促进产业链现代化，提升参与全球产业分工的地位。李万（2020）在借鉴发达国家和地区的经验做法上，提出提升我国产业链现代化水平的对策建议。刘怀德（2020）提出不能沿袭传统的产业发展路径和方式，必须跟踪全球产业链演变趋势，树立现代治理思想，运用现代化理念和机制，确保产业链的稳定性和竞争力。中国社会科学院工业经济研究所课题组（2021）提出产业链供应链现代化水平提升的路径可从其动力机制终端需求、要素供给、区域产业布局和融入全球产分工体系四方面入手。杨丹辉（2021）提出应坚持创新驱动，打造绿色低碳技术创新体系，将数字化与绿色化深度融合的"新两化"作为锻造产业链长板的发展路径。戴魁早（2021）提出从实施产业基础再造工程，补齐现代化产业链短板；强化国家战略科技力量创新引领，锻造现代化产业链长板；贯彻区域协调发展战略，优化现代化产业链空间布局；实行更高水平改革开放，改善现代化产业链发展环境；大力发展数字经济，增强现代化产业链国际竞争优势等五大方面发力推动中国全产业链优化升级和产业链现代化。赵西三（2021）提出以数字化推动全产业链优化升级。王静（2021）认为提升产业链供应链现代化水平的共融路径方式有三点：①更主动地参与全球产业链供应链治理及合作；②大力支持中国企业在全球产业链供应链上全面布局；③着力推动产业链供应链绿色化发展。在产业基础与产业链现代化的关系方面盛朝迅等（2021）认为产业基础和产业链是相互关联、相互支撑的，产业基础是产业发展和制造强国建设的根基，也是提升产业链水平的前提。产业链现代化为产业基础能力提升提供丰富的应用需求，产业基础高级化则为产业链现代化提供必要的技术保障，两者相辅相成、不可分割，必须系统谋划，统筹推进。在产业链现代化风险和安全方面如李雪，刘传江（2020）分析了新冠疫情下的中国产业链风险，提出需求链、供给链、知识链、企业链、空间链和价值链等六链并举的产业链重构，并认为产业链现代化发展的大方向是"绿色创新产业链"。余典范（2021）提出应高度重视中国被固化在产业链"中低端陷阱"的风险，以畅通产业链内外循环提升产业链现代化水平，畅通"全球产业链（GIC）+区域产业链（RIC）+国内产业链（NIC）"三位一体的产业链循环。盛朝迅（2021）提出了推动产业链供应链安全稳定发展的思路与主要任务，建议优化产业链现代化发展的政策支持体系，深化产业链国际合作，努力保障我国产业链供应链安全稳定。

二是对产业链韧性和安全性研究。高运胜、孙露、张玉连（2020）认为，以拓展内需市场来提高产业链的稳定性与控制力，零整企业应该在共享供应链资源方面进行深度合作，通过建立战略联盟等方式来优化供应体系布局，通过积极参与全球供应链、产业链治理来提升供需稳定性。单媛、李红梅（2021）提出提升产业链韧性的重点是要补齐技术短板、加速产业链备份、培育"隐形冠军"和"链主"企业以及强化区域统筹协调功能等[1]。周曙东、韩纪琴、葛继红、盛明伟（2021）认为提高产业链韧性的策略是建立备份链条，对国外的供货商实行分级管理，及时修复可能出现的断链。廖涵、胡晓蕾、刘素倩（2021）认为企业是供应链的重要节点，国家层面的供应链韧性来自企业层面供应链韧性的整合，因此需加强企业尤其是中小企业和弱势企业的抗风险能力；企业也要更加重视供应链风险管理，平衡好供应链效率和供应链安全之间的关系；以核心技术创新助力我国实现供应链自主可控；拓宽国内市场以内循环增强供应链韧性[2]。金永花（2022）提出，由于缺少"链主"企业，产业链上中下游企业协同不足，难以形成供应链集约高效的区域性产业集群，因此汽车产业链韧性不足。李胜会、戎芳毅（2022）认为产业链网络组织的开放性、动态性特征以及交流载体和契约机制特征通过提升产业链的创新力、持久力、竞争力和适应力来优化产业链韧性；优化政产学研发展模式，提高知识创新效率，实现产业链韧性的根本提升。郑涛、杨如雪（2022）认为技术创新对高技术制造业韧性具有显著的正向影响，技术创新水平提升会增强产业韧性水平，其中技术创新对冲击韧性的正向影响强于对断裂韧性的正向影

---

[1] 单媛，李红梅.加快打造长三角新型更具韧性的产业链[J].宏观经济管理，2021（12）：88-95.
[2] 周曙东，韩纪琴，葛继红，盛明伟.以国内大循环为主体的国内国际双循环战略的理论探索[J].南京农业大学学报：社会科学版，2021（3）：22-29.

响；产业升级在技术创新对产业韧性的正向影响中发挥中介效应，存在技术创新通过推进产业升级，进而增强产业韧性的间接效应。陈晓东、刘洋、周柯（2022）提出应持续推进补链、延链、固链、强链等工作，依托数字经济加快产业链数字化转型，加强数字示范平台打造，着力核心关键技术突破，注重核心领军企业培育，推动产业链更完整、更稳定、更强健，加快提升产业链韧性。盛昭瀚、王海燕、胡志华（200）提出以复杂系统管理理论思维来研究供应链韧性，既可以深度揭示供应链韧性的本质属性和客观规律，也有助于丰富和完善具有中国特色的复杂系统管理理论和方法。李雯轩、李文军（2022）提出从构建新发展格局的内在需求出发完善产业链供应链安全治理机制，建立产业链供应链安全定期评估的常态机制，利用数字手段和多元化布局控制我国产业链供应链安全风险，以城市群为依托增强区域内产业链供应链韧性[1]。杨丹辉（2022）提出政府应对国际贸易政策收紧和重大风险事件的举措则强化了产业链的韧性偏好，为此要科学评估中国产业链供应链安全形势和保障能力，精准识别断点堵点，坚持创新驱动，有效市场与有为政府相结合，加紧补短锻长，不断突破产业链关键环节上"卡脖子"的核心技术和零部件，全面提升产业基础能力，实现创新链产业链互促融合。宋华、杨雨东（2022）提出尽快探索如何在国家层面建设产业链供应链安全与韧性体系，这一体系的建设需要考虑加强政府与产业之间的信息分享和透明化管理；建立综合性、协调化的产业链供应链风险管理与产业恢复机制；确立产业链供应链韧性和恢复的公共管理流程；建立综合性的"人"（劳动力保障管理）、"财"（金融政策和服务）、"物"（物流保障）管理体系以及基于重大事件的产业链供应链预警体系[2]。

三是对区域产业链现代化进行了研究。罗仲伟、孟艳华（2020）提出"十四五"时期应着眼于跨区域产业协同和产业融合来布局、实施区域高级化的产业基础和现代化的产业链。戴圣良（2020）提出从强化顶层设计、推动基础产业高级化、加强上下游企业间技术经济关联性、推动福建省内区域间制造业发展协同、提高产业链与创新链、资金链和人才链嵌入紧密度和推进产业链治理现代化等方面提出推动福建省制造业产业链现代化建设的对策建议。涂人猛（2020）认为提升湖北省产业链的现代化水平，关键在于夯实湖北省产业发展的基础，在促进产业基

---

[1] 廖涵，胡晓蕾，刘素倩.不利外部冲击下我国供应链韧性分析[J].企业经济，2021（10）：50-59.

[2] 李胜会，戎芳毅.知识产权治理如何提升产业链韧性？——基于国家知识产权示范城市政策的实证检验[J].暨南学报：哲学社会科学版，2022（5）：92-107.

础高级化的基础上,加快培育产业生态链上的主导企业,提升产业链的控制力和主导能力,实施"强链、补链、延链"工程,打造深度融合的现代化产业链条。陈心颖等(2021)对福建制造业面临产业基础高级化、产业链现代化这一重大任务现存的优势和短板约束进行提炼并提出相关对策。黄寰(2021)提出聚成渝地区的共同优势产业,通过科学规划、重新整合、细化分工等方式,进行产业链重组,推动产业协同创新发展,补链成群,强化双圈资源要素流动,承接转移补齐发展短板,形成围绕成渝"双核"的产业集群,进而实现产业一体化发展,构建成渝地区支柱产业协同发展新格局。

四是产业链现代化与人才支撑的关系研究。刘金山(2021)分析了产业基础高级化与产业链现代化的人才需求,提出要激励产业工人成为以企业为主体、市场为导向、产学研深度融合的技术创新体系的微观主体,要构建智能化新时代新型劳动关系,打造包容性新型劳动力市场。苟文峰(2021)以重庆为例对产业链现代化与人才支撑进行了研究,提出了产业链现代化的人才生态建设路径,强化产业生态与人才生态的协调融合,产业链与人才链的精准匹配,增强人才对推动区域产业链现代化和经济高质量发展的支撑作用。

五是相关产业的产业链现代化研究。郝挺雷、黄永林(2021)对数字文化产业链现代化进行了探讨,提出"数字技术应用+内需"促进数字文化产业链新链培育,"产业链协同化+平台"推动数字文化产业链企业协同,"产业链本地化+集群"优化数字文化产业链空间布局,"要素循环流通+市场"强化数字文化产业链要素支撑,"双循环新战略+措施"完善数字文化产业链政策保障。张宏伟、仝红亮(2021)提出构建现代农业产业链,多维布局推动农业产业链"延链"工作,从纵向角度出发延伸农业产业链,尽可能提高农产品销售附加值;从横向角度出发拓宽链上各产业环节,主要集中于产品功能与行业发展环节。

六是产业链现代化的评价研究。郑江淮、戴玮、冉征(2021)从产业链创新性、产业链高端化、产业链协同性、产业链可持续性、产业链自主可控性五个方面构建了产业链现代化的指标体系,并对江苏制造业产业链现代化发展水平进行了测度与分析。

当然,还有关于产业链现代化内涵和重要意义的研究,在本节第一部分已有阐述,在此不再赘述。目前关于产业链现代化的研究以相关理论研究为主,尤以宏观上提升产业链现代化水平的路径与对策较多,而聚焦于某一具体产业研究如何提升该产业链现代化水平的实证研究较少，专门研究汽车产业链现代化的很少，专门研究湖北汽车产业链现代化的也没有涉及。当然，汽车产业链现代化的研究与制造业有较多相似之处，对某一区域制造业产业链现代化研究有所涉及，如对福建制造业产业链的现代化就有所研究。湖北的汽车产业有其特别之处，对湖北汽车产业链现代化研究不仅对湖北汽车产业的高质量发展有着指导意义，对其他区域汽车产业的发展也具有较高的借鉴价值。

第二节　湖北汽车产业链现状及对策

湖北汽车产业基础较好，产业链完整，种类齐全，拥有东风汽车公司这样的头部企业，又有着良好的技术、人才支撑，有力地保障了湖北汽车集群的打造和汽车产业的高质量发展。

一、湖北汽车产业链优势分析

（一）湖北拥有较为完整和多样的汽车产业链

前已述及，湖北的汽车产品种类涉及整车和零部件，整车又包括商用车、乘用车、专用车等。如果按照我国的汽车分类标准(GB 9417—89)将汽车分八类：载货汽车、越野汽车、自卸汽车、牵引车、专用汽车、客车、轿车、半挂车，则以上8类车型湖北均有。在汽车产业链的设计环节，湖北除拥有东风公司这样大型汽车企业的汽车设计部门外，还拥有专门的汽车设计公司。如武汉麦斯威汽车设计有限公司、襄阳九州汽车有限公司、湖北安驰汽车设计有限公司、十堰坦途汽车设计、十堰坦途汽车工程设计有限公司等。在汽车产业的研发环节，武汉拥有东风汽车投资公司研发部门和东风商用车研发部门，还设有法雷奥中国研发中心、上海孚创实业发展有限公司武汉分公司、武汉新能源汽车工业技术研究院、武汉新能源与智能汽车创新中心、东风新能源产业园智新科技股份有限公司等专门的汽车研发机构；在随州有华中科技大学和随州市人民政府合作共建的湖北省专用汽车研究院；在襄阳建有襄阳倍能电动汽车技术有限公司研发中心、清研新能源汽车工程中心（襄阳）有限公司等；在十堰建有"湖北省中国工程科技十堰产业技术研究院"，该研究院设有9个技术研究所，31个企业研究室为汽车企业提供技术服务；通过汽车企业自身以及专门研发机构对汽车技术的研发，商用车和乘用车的智能化水平已达到一个新的高度，商用车均达到了国Ⅵ的排放标准，乘用车的百公里耗油量逐步降低，汽车物流更加智能化；汽车零部件配套企业也加快向"智能"高端化升级，汽车企业的数字化管理水平正大幅提升。在汽车产业链的制造环节，机器人已在一些汽车企业得到应用，自动化、智能化生产正不断提升，数字化管理正加强探索，生产一线"作业区""休息区""研讨区"合理布局，新能源汽车产业链和智能制造产业链初步形成。在汽车产业的销售环节，汽车企业与经销商的关系更加密切，整车企业对经销商的管理更加信息化，线上与线下营销结合的更加紧密，随着新能源汽车应用推广，新的营销模式不断涌现。在汽车服务环节，汽车维修、汽车保养、汽车保险、汽车金融、二手车正蓬勃发展。在汽车报废环节，报废标准更加明确，报废流程趋于完善。

（二）湖北汽车产业链中拥有龙头企业和骨干企业的带动

汽车产业链水平的提高需头部企业的带动。东风汽车集团有限公司（简称"东风公司"）是湖北汽车产业链的头部企业。东风公司现有总资产3256亿元，员工16万多名，其主营业务涵盖全系列商用车、乘用车、新能源汽车、军车、关键汽车总成和零部件、汽车装备以及汽车相关业务，事业分布在武汉、十堰、襄阳、广州等国内20多个城市，主要事业在湖北。公司位居中国汽车行业第2，销售收入超过6000亿元，居世界500强第65位、中国企业500强第15位、中国制造业500强第3位。东风公司汽车产品涵盖轿车、SUV、MPV、CUV等各类车型，覆盖高级、中级、经济型等各个级别；商用车涵盖重、中、轻、微、特全系列；新能源汽车涵盖纯电动、插电式混合动力、燃料电池等多个系列，纯电动车续航里程达到行业领先水平；东风公司建立了车联网品牌Windlink，无人驾驶乘用车和商用车已分别达到了L3和L4水平。东风自主品牌销量跨越百万辆，位居行业第三，其中商用车位居行业第一，东风自主品牌乘用车已形成东风风神、东风风行、东风风光、东风启辰等多个子品牌。东风公司研发实力雄厚，目前已形成以东风公司技术中心为主体、各子公司研发机构协同运作的复合开发体系，东风公司技术中心是国家级"企业技术中心"、国家一类科研院所、国家级"海外高层次人才创新创业基地"。乘用车形成多个整车平台和发动机平台，具备K&C试验、整车NVH试验、电磁兼容试验等试验能力；商用车具备整车、发动机、车身开发和关键总成零部件的开发能力。

除东风公司这样具有生态主导力和核心竞争力的龙头企业外，湖北还具有一批骨干汽车企业、"小巨人"汽车企业和单项冠军企业。如湖北三环汽车有限公司、湖北随州东正专用汽车有限公司、骆驼集团股份有限公司、驰田汽车股份有限公司、湖北凸凹模具科技股份有限公司等。这些有竞争力整车和零部件企业带动着湖北汽车产业链的有效运行。

（三）湖北汽车产业链中拥有得天独厚的汽车人才支撑

湖北是教育大省，武汉是全国高等院校聚集之地。截至目前，湖北有129所普通高等学校，14所成人高等学校，共有143所高校。武汉是国家重要的科教基地之一，科教综合实力居全国大城市第3位。拥有包括武汉大学、华中科技大学等83所普通高校。高校数量排名居全国第2位。华中科技大学、武汉理工大学、湖北工业大学、湖北汽车工业学院等高效均开设有汽车类或机械类的专业，已经形成了中职、高职、本科、硕士、博士等较为完整的汽车类人才培养层次体系。在汽车类人才种类上，围绕汽车产业链形成了汽车设计、汽车制造、汽车经营、汽车管理、汽车营销、汽车服务等汽车产业类人才。在汽车人才培养模式上，形成产教融合的培养模式，即学校与企业联合培养汽车类人才。

（四）湖北省政府对汽车产业的扶持有助于促进汽车产业链的畅通

2020年3月湖北省人民政府印发《湖北省促进经济社会加快发展若干政策措施》，措施中提出稳定汽车大宗消费，鼓励各地出台在充电电费、停车费以及自用充电桩建设等使用环节支持个人购买新能源汽车的综合性补贴政策。2020年10月湖北人民政府办公厅印发《稳定和扩大汽车消费若干措施》，出台12大举措促进全省汽车产业持续、健康发展。2021年4月《武汉经济技术开发区（汉南区）促进智能网联汽车产业创新发展若干措施（试行）》出台，提出支持构建智能网联汽车产业生态体系，支持智能网联汽车产业"强链""补链""延链"。2021年6月湖北省能源局印发《湖北省新能源汽车充电基础设施建设运营管理暂行办法》，该办法第六章专门规定了对新能源汽车充电基础设施建设运营管理政策支持措施。湖北省"十四五"规划提出，实施产业基础再造工程，补齐产业链供应链短板；实施产业链提升工程，锻造产业链供应链长板；实施技改提能工程，推动产业链迈向中高端；以汽车及零部件等产业链为重点，引导优势企业兼并重组，提升产业链控制力和主导能力。湖北省"十四五"规划的落实需相关政策的支持，湖北对汽车产业的扶持保障了汽车产业链的始终畅通。

（五）湖北的汽车产业集群有助于汽车产业链价值的提升

在湖北的"汉孝随襄十"与"宜昌—荆州—荆门—黄石—黄冈"两大汽车走

廊上，以城市产业园为依托，形成了区域若干汽车产业集群，如武汉智能网联车产业集群、随州专用车产业集群、襄阳新能源汽车产业集群、十堰商用车产业集群等。区域汽车产业集群使得区域内汽车企业之间的关联性更强，区域内汽车产业链的作用发挥更加凸显。随着区域汽车产业集群竞争力的不断提升，区域内汽车产业链的价值将随之提高；反之，汽车产业链价值的提高，也带动了区域汽车产业集群竞争力的提升。

二、湖北汽车产业链劣势分析

（一）湖北汽车产业基础总体处于中低端水平

由于湖北区域内汽车产业发展很不平衡，除武汉的汽车产业基础相对处于较高水平外，其余区域均处于中低端水平。特别是一些区域的汽车零部件和汽车改装企业，基本处于半自动化状态。如对丹江口市汽车零部件企业调查显示，认为汽车工业园区企业已进行了设备改造，实现了全部智能化的占1.7%，大部分智能化的占17.1%，有一些设备智能化的占47%，智能化程度一般的占10.3%，没有或者缺乏智能化的总共占24%，见图4.1。除此之外，湖北汽车工业的基础材料、基础工艺、基础零部件、技术基础等"四基"也总体上处于中低端水平，汽车产业基础高级化的任务还非常艰巨。

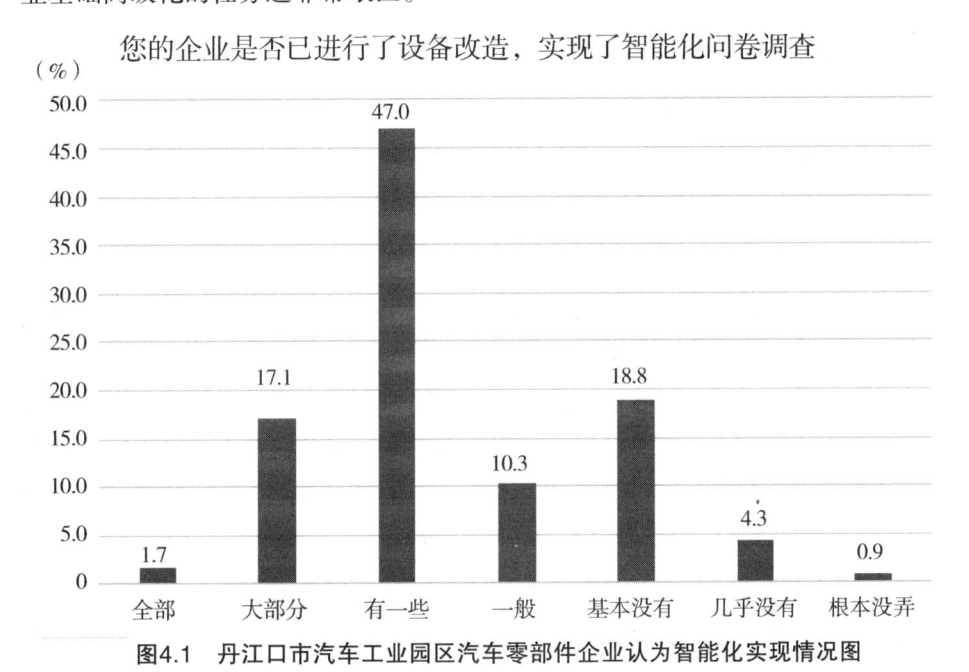

您的企业是否已进行了设备改造，实现了智能化问卷调查

类别	百分比(%)
全部	1.7
大部分	17.1
有一些	47.0
一般	10.3
基本没有	18.8
几乎没有	4.3
根本没弄	0.9

图4.1 丹江口市汽车工业园区汽车零部件企业认为智能化实现情况图

（二）汽车产业链控制力总体不强

湖北汽车产业链控制力总体不强主要体现在以下三个方面：一是汽车自主设计能力不强。湖北目前汽车设计主要来自整车企业，由于整车企业大多是合资企业，采用的是外资品牌车型，自主的设计能力不强；二是关键及核心技术没有掌握。自动变速器、发动机、汽车电子、动力电池、车载雷达等关键核心零部件技术均被外资掌握，关键零部件、元器件和关键材料国内自给率仅30%～40%，缺乏研究平台对汽车共性技术、基础技术和前瞻技术进行研究；三是湖北汽车产业没有充分融入到国内国际双循环中。湖北的汽车产业链没有充分延伸到湖北省外，融入"一带一路"、京津冀、中部崛起、长江经济带等国家战略不足。统计数据显示，2018年湖北汽车工业总产值为7289.38亿元，汽车工业销售产值6952.24亿元，其占制造业总产值的比重分别为17.06%和16.79%，然而，2018年湖北省规模以上汽车制造企业出口交货值为121.09亿元，占制造业出口交货值比重的6.46%，这与汽车工业总产值占制造业总产值的比重显然不相称。湖北的汽车产业链尚没有在国际汽车产业链的大循环中处于拥有控制力的状态。

（三）汽车产业链各环节之间联动性不足

这主要体现在两个方面：一是零部件企业与整车企业缺乏联动。整车企业往往在利润空间、付款期限等方面制约零部件企业，二者之间并没有形成和谐联动的生态关系，汽车零部件与整车企业之间的生态关系和联动汽车零部件与整车企业之间的生态关系和联动状况较之整车企业与汽车经销商之间有较大差距。与整车企业与汽车经销商之间的生态关系与联动，使得零部件企业转型升级极为困难，汽车零部件的价值难以大幅提升，汽车零部件与整车企业之间的产业链体现在仅是产品的供应上，二者之间的产业链水平长时间内得不到提升。二是研发平台与汽车企业之间缺乏联动。虽然，湖北拥有一些具备一定实力的研发机构和研发平台，但没有与汽车企业形成良性联动。它们更多关心的是能够从汽车企业获得相应的研发费用，而汽车企业正是由于本身经费有限，想通过研发机构或研发平台实施技术研发和技术革新，进而获取更多利润，从利润中再支付相应的研发费用。由于研发机制和利益分享机制没有形成，或者由于双方缺乏信任，导致研发机构、研发平台与汽车企业之间缺乏联动。三是政府与汽车企业之间缺乏联动。政府在汽车产业发展中具有举足轻重的作用。纵观世界各国，政府对本国的汽车产业发展无一不是扶持的，较少完全由市场规律支配汽车产业的发展。例如在

2008年世界金融危机时，美国通用汽车公司和克莱斯勒汽车公司申请破产，美国政府出资予以扶持。当前，汽车产业的基础技术和一些关键核心技术，仅依靠汽车企业自身在短期内无法解决，政府在汽车产业基础技术提高以及关键核心技术的研发上与汽车企业联动不足。四是汽车制造企业与汽车文化企业之间联动不足。由于汽车文化不发达，汽车制造企业之间与汽车文化之间几乎没有联动。

（四）汽车产业链韧性不足

这主要体现在以下三个方面：一是受新冠疫情影响，供应链容易中断。湖北的大量汽车零部件主要依赖我国东部沿海地区供应商的供应，例如2022年第二季度，受上海疫情的影响，零部件供应不上，导致大量汽车企业处于停产或半停产状态。二是供应链渠道单一。无论是整车企业，还是关键零部件企业，其零部件供应渠道和销售渠道均较为单一，如一些零部件企业仅对本区域的商用车配套，一旦本区域的商用车效益大幅下滑，或由于其他原因导致供应链中断从而影响生产，则配套零部件企业也面临无须供应的局面。三是新能源和智能网联汽车技术水平不高，相应新能源和智能网联汽车产业发展不充分，相应产业链韧性不足。

（五）汽车产业链商业模式优化创新不足

这主要体现在以下四个方面：一是汽车企业的商业模式优化创新不足。汽车企业在数字化时代生产方式、管理方式、运营方式、营销方式、服务方式创新不足，汽车产品的智能化水平不高，对客户的需求把握不够，对市场的分析不够精准，对客户的服务满意度不高。二是汽车零部件企业、整车企业、物流企业之间没有建立优化的生态关系。三是汽车服务业创新不足。如汽车服务设施不完善，充电桩建设相对滞后，汽车报废回收体系没有建立，汽车文化产业推广力度不够等。四是运用新媒体、互联网、大数据等现代信息化工具创新不足。

（六）汽车产业链治理能力水平不高

汽车产业链的治理能力核心是汽车产业链的安全，即汽车产业链存在着风险。汽车产业链风险是指一系列可能冲击汽车产业链某个环节，进而影响汽车产业链价值实现的不确定性。当前，湖北汽车产业链主要面临着如下不安全风险：①新冠疫情反弹的安全风险。随着新冠疫情的反弹，汽车产业链在某些环节可能会遭受冲击，影响到产业链的正常运转，更不用提产业链现代化；②核心关键技术不受掌控的风险。以新能源汽车产业为例，我国在"三电"技术上已经取得了重大突破，甚至有些技术已处于世界领先水平，但芯片技术仍没有掌握，受制于国外企业的制约；③汽车企业安全生产的风险。安全生产无小事，汽车企业生产过程中出现重大安全事故必将影响到整个汽车产业链的运转；④自主品牌汽车发展不充分的安全风险。众所周知，汽车的自主品牌不发达，形成不了"汽车强国"。而目前，我国自主品牌汽车的技术不占优势，自主品牌的汽车市场占有率还不高，自主品牌的汽车企业面临着转型升级的挑战；⑤汽车产业绿色发展不足的风险。湖北的汽车产业面临着传统汽车产业通过转型升级实现绿色发展和新兴新能源、智能网联汽车产业绿色发展的双重重任，湖北汽车产业绿色转型和发展不足势必影响国家"碳达峰、碳中和"目标的实现。

三、提升湖北汽车产业链现代化对策分析

（一）促进湖北汽车产业链基础高级化

湖北省"十四五"规划指出，实施汽车产业基础再造工程，补齐汽车产业链供应链短板。产业基础再造工程的主要目的之一是实现产业基础高级化。为此，应"强链"，即在全省着重通过技术研发和设备更新实现汽车工业的基础材料、基础工艺、基础零部件、技术基础等"四基"高端化；应"补链"，重点对汽车产业链的"断点"进行弥补，聚焦先进汽车材料、汽车核心零部件、汽车芯片、汽车电子进行"补链"，形成高效成果转化机制，加快成果转化效率；应"延链"，充分发挥湖北汽车产业优势，优化区域汽车产业生态，完善汽车产业园区配套功能，依托产业园区提升汽车产业集群竞争力。

（二）提升湖北汽车产业链的控制力

湖北省"十四五"规划指出，实施技改提能工程，推动产业链迈向中高端。全面推进新一轮技术改造升级，力争技改投资占工业投资比重达到45%以上。加快智能化改造，推进智能工厂和数字化车间建设，实现生产过程透明化、生产现场智能化、工厂运营管理现代化。推进绿色化改造，构建绿色制造体系，推动清洁生产，加快发展再制造产业。大力发展服务型制造，开展两业融合试点，推动先进制造业和现代服务业双向深度融合。实际上，提升湖北汽车产业链的控制力关键在于对汽车产业的关键核心技术突出自主可控。这就需要形成"政府、企业、研究机构"协同创新的技术研发、知识产权保护和成果推广机制，在全省打造国家制造业创新中心和创新高地，形成自主可控的技术研发、使用、保护和推广体系。惟如此，可延伸汽车产业链，深度融入"一带一路"等国家战略，在全

球汽车产业链中体现控制力。

（三）增强汽车产业链韧性和安全性

湖北省第十二次党代会提出，要不断增强产业链供应链韧性和竞争力，产业基础再造和产业链提升稳步推进，增强产业链供应链抗冲击能力，培育产业链领航企业。为此，第一，应形成较为完整的区域汽车产业链体系。由于经济全球化遭遇逆流，产业链供应链区域化、本地化特征更趋明显，"两头在外"的"世界工厂"模式不可持续，需根据汽车产业链现代化的要求，牢牢把握关键核心零部件和软件芯片的生产和供应，使生产、分配、流通、消费更多地依托国内市场形成良性循环。同时积极参与国际合作和竞争，扩大出口，拓展产业链。第二，构建良好的"汽车新生态"，建立整车、关键零部件企业、汽车服务企业、技术研发企业之间的联盟，拓展汽车企业的产业链，使汽车企业具有多渠道的供应链和销售链，对供货商实行分级管理，按照不同级别采取不同的管理策略，降低对某一供应商的依赖度，以便在某一供货商出现问题时，由其他的供应商替代。第三，及时修复可能出现的断链。一旦发现可能的断链风险，产业链核心企业要组织科技力量联合攻关，通过科技创新解决"卡脖子"的难题，研发替代产品，进行断链修复。第四，整体提升产业链现代化水平，补齐产业链短板，加速产业链备份，培育专精特新"小巨人"和"隐形冠军"企业，培育"链主"企业，鼓励开展技术创新，并以链主企业形成产业集群，提升产业集群的韧性。

（四）增强湖北汽车产业链各环节之间联动性

湖北省"十四五"规划指出，实施产业链提升工程，锻造产业链供应链长板。建立重点产业链"链长制"，分行业做好供应链顶层设计和精准施策，推动产业链优化升级。笔者认为，增强湖北汽车产业链各环节联动性的主要目的是提高汽车产业链现代化水平。为此，一是加强汽车整车与零部件的联动性。在整车和零部件之间构建和谐的汽车生态体系，通过整车提升零部件的技术含量，围绕汽车产业电动化、网联化、智能化、共享化方向，形成和谐共生的"配套支撑主机、主机带动配套"的现代化汽车产业链。二是加强汽车企业、政府、研发机构之间的联动性。使政府支持汽车企业的政策和资金更具有针对性，使政府、研发机构的技术研发和成果运用更具精准性，使企业、政府、研发机构之间的协同创新更具高效性，同时强化资金、土地、人才等要素在汽车产业链的要素保障作用，持续优汽车产业链发展环境。三是增强汽车产业与其他相关产业的联动。汽车产业链现代化离不开其他相关产业的支持，要充分发挥湖北"光芯屏端网"的优势，加大光电子信息等产业与汽车产业的联动，以数字化、服务业现代化带动和提升汽车产业链现代化。四是充分发挥汽车行业协会、汽车产业联盟、汽车中介机构的作用，加强交流合作，优化汽车产业链分工协作体系，促进汽车产业联动发展。总之，可通过建立"政府支持、企业主体、协会协助、平台参与"的汽车产业链上下游合作机制，实现主机与零部件、元器件、系统与材料、工艺、软件和设计的深度联动和协调发展，推动产业链优化升级。

（五）优化创新汽车产业链商业模式

湖北省"十四五"规划指出，实施优质企业培育工程，增强湖北企业竞争力。着力培育和引进更多头部企业和有终端产品的企业，优化产业生态圈，带动上下游企业融通创新发展。大力发展"专精特新"企业，引导中小企业突出主业，专注细分市场，打造一批竞争力强、市场占有率高的"单项冠军"。事实上，汽车产业链商业模式的创新主要取决于汽车企业商业模式的创新。此处并没有采用"运行模式"一词，主要原因是商业模式的内涵大于"运行模式"，汽车整车和零部件企业的做大做强除了技术、人才、政策等因素外，就是商业模式因素。新能源汽车的发展、智能网联汽车的普及、互联网和数字化的发展正深刻改变着企业的商业模式，也影响着汽车产业链的传统模式，需要优化和创新汽车企业和汽车产业的商业模式，以适应理念、思维、技术、方式的变化，唯如此，汽车产业的头部企业才能更具竞争力和引领性，才能涌现一批"专精特新"企业。

（六）提升湖北汽车产业链治理能力

湖北省"十四五"规划指出，深入开展质量提升行动，提升湖北产品美誉度。大力推进质量强省建设，全面提升企业产品质量标准。深入推进标准化战略，加强行业标准体系建设，引导汽车等行业龙头企业，主动参与制订国际标准、国家标准和行业标准，提升行业话语权。营造良好品牌建设环境，推进产品品牌、企业品牌、集群品牌建设，引导企业加强品牌经营，逐步将技术优势、质量优势转化为品牌优势。汽车产业链治理能力的提升关键在标准和品牌。"一流企业做标准，二流企业做品牌，三流企业做产品"。就湖北汽车产业在全国的地位而言，今后一段时期应当重点实施"品牌战略"，打造一批优势明显的汽车产品品牌、企业品牌、集群品牌，通过品牌优势进一步提升在全国和全球的影响力，推出"湖北智造"的知名品牌。在此基础上，创造条件主动参与制订与汽车相关的国际标准、国家标准和行业标准，提升湖北汽车产业在行业话语权。"品牌战略"的实施和参与标准制订，湖北汽车产业链的安全性得到保障，湖北汽车产业的绿色发展得到推行，湖北汽车企业和汽车产业链的治理能力得到提升。

第三节　以数字化提升湖北汽车产业链现代化

数字经济作为一种起源于计算机、互联网等生产工具的经济形态，其驱动产业链现代化提升的本质是以大数据、人工智能、物联网、云计算、移动互联网等数字新技术引领产业链变革。2020年4月，国家发展改革委、中央网信办印发的《关于推进"上云用数赋智"行动培育新经济发展实施方案》中指出：构建数字化产业链，打通产业链上下游企业数据通道，促进全渠道、全链路供需调配和精准对接，以数据供应链引领物资链，促进产业链高效协同，有力支撑产业基础高级化和产业链现代化。

一、汽车产业数字化内涵及意义

（一）产业数字化内涵

《中国产业数字化报告2020年》提出，产业数字化是指在新一代数字科技支撑和引领下，以数据为关键要素，以价值释放为核心，以数据赋能为主线，对产业链上下游的全要素数字化升级、转型和再造的过程。其具有六个方面的特征：①以数字科技变革生产工具；②以数据资源为关键生产要素；③以数字内容重构产品结构；④以信息网络为市场配置纽带；⑤以服务平台为产业生态载体；⑥以数字善治为发展机制条件。祝合良、王春娟（2021）认为产业数字化是传统产业利用数字技术，构建数据采集、数据传输、数据存储、数据处理和数据反馈的闭环，打通不同层级与不同行业间的数据壁垒，促进供给侧提质增效，创造新产业、新业态、新商业模式，不断满足需求侧改善体验的新需求的一种数字化转型活动[1]。笔者认为，随着互联网的普及和大数据的运用，将传统产业与信息和数据紧密结合，运用信息技术和数字科技对传统产业的设计、制造、营销、服务以及产业链进行升级改造，以此实现更高价值和效率，这就是产业数字化进程，或以数字化赋能产业转型升级。因此，产业数字化的核心要义就是数字技术在企业和产业链各环节的应用。

---

[1] 祝合良，王春娟."双循环"新发展格局战略背景下产业数字化转型：理论与对策[J].财贸经济，2021（3）：14-27.

（二）汽车产业数字化内涵

汽车产业数字化是指以互联网和信息技术为支撑的新一代数字技术在汽车产业中的运用。汽车产业数字化的目的是提升汽车产业链现代化水平，促进汽车产业链的转型升级和高质量发展。汽车产业数字化的表现形式是以互联网和数据为主线，实现汽车企业的智能制造和数字化管理，实现汽车产业链的升级再造。汽车产业数字化的价值体现是汽车产业基础高级化和汽车产业链现代化，以及汽车企业和汽车产业集群竞争力的明显提升。汽车产业数字化的组织体现是汽车产业链和汽车企业组织的优化和治理能力的提升。

（三）汽车产业数字化的意义

1. 产业数字化是推动数字经济和汽车实体经济深度融合的必然要求

2019年8月6日，中国国际智能产业博览会在重庆召开。国家主席习近平致贺信指出当前，以互联网、大数据、人工智能等为代表的现代信息技术日新月异，新一轮科技革命和产业变革蓬勃推进，智能产业快速发展，对经济发展、社会进步、全球治理等方面产生重大而深远影响。习近平总书记强调，中国高度重视智能产业发展，加快数字产业化、产业数字化，推动数字经济和实体经济深度融合❶。实际上，数字化形态已成为人与人、人与物、物与物交互的主要形态。以数字化转型整体驱动生产方式、生活方式和治理方式变革已成为发展的大势。汽车产业发展也是如此，深入实施汽车产业数字化，可以推动数字经济和汽车实体经济深度融合，实现汽车实体经济的高质量发展。

2. 产业数字化是赋能汽车产业转型升级的必然要求

我国"十四五"规划中指出，充分发挥海量数据和丰富应用场景优势，促进数字技术与实体经济深度融合，赋能传统产业转型升级，催生新产业新业态新模式，壮大经济发展新引擎。可见，汽车产业的转型升级主要依赖于数字化赋能，需要推动数据赋能全汽车产业链协同转型，以数字化提升汽车产业链现代化水平。

3. 产业数字化是实现汽车产业链现代化的必然要求

汽车产业链的现代化至少包括汽车产业基础能力提升、汽车产业链控制力、汽车产业链联动发展、汽车产业商业模式优化、汽车产业治理能力提升等5个方

---

❶ 习近平：共创智能时代　共享智能成果[J].人民网，2019-08-27.https://baijiahao.baidu.com/s?id=1642991303981316078&wfr=spider&for=pc.

面。这5个方面均存在数字化改革和融入问题。汽车产业基础能力的提升需要在工业"四基"上实施数字化提升，汽车产业链控制力增强上需要数字化研发水平，汽车产业链联动发展加强上需要数字化实现即时的数据交流和一体化发展，汽车产业商业模式的优化更是需要借助大数据云计算的支撑，汽车产业治理能力提升更是需要打造智能化的生产方式和数字化的管理运行模式。

二、汽车产业数字化文献综述

张进华、李克强（2017）提出汽车不仅是交通工具，已由机械产品逐步演变为机电一体化、机电智能化、智能网联化等高科技产品，是数据的产生、接收和智能服务的提供者和接收者。可见，汽车本身已是数据的载体。赵霞（2017）对湖北智能汽车产业发展进行了探讨，认为湖北省智能汽车产业发展无论是产业体量，还是企业规模，以及核心技术的突破等，都还处在起步阶段，湖北汽车产业应走"工业2.0"（电气化）补课、"工业3.0"（自动化）普及、"工业4.0"（数字化）示范的并联式发展道路。赵福全、刘宗巍等（2017）提出整车企业需着力提升企业的信息化、自动化、数字化程度，搭建交互平台，连接用户和资源。赵福全、刘宗巍（2018）认为汽车智能制造的升级路径可划分为三个阶段，即数字化、数字化+网联化、数字化+网联化+智能化，其中数字化是基础，将贯穿智能制造的始终；提出加强数字化工厂建设，构建形成高效、节能、环保、舒适的高度智能化新型工厂。刘宗巍、张保磊等（2019）提出汽车整车厂和配套零部件企业之间需要建立完善的物联网体系，能够在数据驱动下进行数字化生产，从而实现智能制造；汽车企业和消费者能够便捷地进行信息交互，消费者能将自身需求进行充分表达，生产企业能将客户需求进行全面解读并转化为可实现的工程需求。唐德龙、徐作圣等（2021）提出电动汽车产业全产业链的数字化转型，包括数字化研发，数字化生产，数字化采购等。李月起、杨继瑞（2021）等认为数据成为汽车产业升级的重要要素，制造业升级包括数字化、网联化、智能化三个递进层面，"数据"是在驱动汽车产品演变为智能终端、汽车生产实现智能制造、万物集成互联的核心与基础。

由上可知，虽然专门研究汽车产业数字化的成果不多，但已有的研究成果对汽车产业数字化进行了富有成效的研究，研究主要聚焦在汽车企业数字化、智能制造数字化、整车与零部件企业之间产业链如何数字化、电动汽车产业链数字化、数字化在汽车产业升级的作用等方面。专门较为系统研究湖北汽车产业链数字化的则没有涉及。

三、以数字化打造湖北汽车产业链现代化的路径

湖北省"十四五"规划指出，推动传统产业数字化转型，增强转型能力供给，促进企业联动转型、跨界合作；着力推进制造业数字化、网络化、智能化。笔者认为，可从以下八方面实施数字化打造湖北汽车产业链现代化。

（一）提升汽车设计的数字化水平

汽车设计的数字化不仅体现在用现代信息技术收集、分析和进行汽车设计，提高汽车设计的效率，还体现在汽车设计与客户的数字化链接，即可通过数字化及时了解客户汽车设计的需求，汽车设计存在的问题，甚至实现汽车设计的"私人订制"和大规模定制化生产。当然，数字化使得汽车企业设计部门与其他相关部门的联系更加便捷高效。

（二）增强汽车制造的智能化水平

调研显示，湖北汽车企业的整体制造水平还处于工业2.0时代，急需提升湖北汽车制造的智能化水平。为此，需加强汽车企业工业软件研发应用，培育形成具有国内影响力的工业互联网平台，推进"工业互联网+智能制造"汽车产业生态建设，加快"5G+工业互联网"融合应用。利用物联网技术和监控技术，可以实现全方位的工厂信息化管理，提高生产过程的可控性，减少生产线人工干预。深入推进规模以上汽车企业"上云"工程，加快设备联网"上云"、数据集成"上云"。支持龙头企业建设汽车产业"数据中台"，以信息流促进汽车产业上下游产业链和产供销协同联动发展。

（三）提升汽车研发的数字化水平

据不完全调查显示，湖北70%的汽车制造关键装备依赖进口，研发水平和能力远低于发达国家，与东部地区也有不小差距。如何提升湖北汽车的研发水平，关键是深化研发设计的数字化应用。就汽车企业而言，数字技术通过优化创新要素组合、改善创新流程、缩短创新周期等作用路径降低了研发成本，提高了研发针对性，激发企业技术创新的潜力。就汽车产业而言，数字技术的应用加快了信息交流与传播的速度，且技术创新的焦点逐渐从企业内部转移到企业与专门研发机构的合作，有助于形成政府、企业、机构、高校协同研发的机制，形成技术创新的数字平台及生态系统，进而极大提高了汽车产业的研发水平。

（四）提升汽车企业经营的数字化水平

当今，汽车的生产、经营、管理、服务、市场分析和客户管理都朝着数字化转型。通过数字技术的应用可以完成汽车企业流程、标准和管理模式的重塑与升级，使企业的内部管理调整与市场实现需求同步对接。汽车零部件企业数字化管理的嵌入可以提升数字化制造程度，并与整车企业实现即时对接，同时数字化还可以使汽车零部件企业与整车企业在设计、制造、物流等阶段深度融合，实现整零之间的一体化。此外，汽车的营销方式朝着与新媒体相结合的数字化方式转型，汽车的营销方法朝着与大数据相结合的数字化转型，汽车的营销需求已从传统的线下场景转向线下与线上全覆盖的数字化时代。

（五）提升汽车服务业的数字化水平

汽车服务业涵盖范围较广，汽车服务业的数字化不仅体现在汽车维修、汽车金融、汽车保险、二手车交易、汽车报废、汽车文化产业的数字化上，还体现在以汽车产品为载体，实现汽车产品全流通的数字化管理。通过汽车服务的数字化构建汽车产业的诚信机制，提升汽车产业市场的规范化和竞争的公平化。

（六）提升汽车产业链连接的数字化水平

涉及汽车产业链的各主体，如政府、企业、协会、研发机构、中介机构之间应当构成和谐的产业生态圈，通过数字化可以使各主体之间的链接更加紧密，有助于形成多元主体共同参与、以数字技术为基础、协调技术、人才、政策、信息等多元素共享的汽车产业生态系统。

（七）提升汽车产业集群的数字化水平

汽车产业集群的数字化建设除涉及汽车产业链外，还涉及汽车产业园区和汽车产业政策。为此，应加快汽车产业园区数字化改造，实施"上云用数赋智"行动，推动数据赋能全汽车产业链协同升级。需完善促进产业数字化发展的政策体系，通过数字化构建多方协同治理体系，推动汽车产业技术创新与商业模式创新相互促进。

（八）以数字产业化促进汽车产业数字化

产业数字化与数字产业化不是相互割裂，各自发展的。在产业发展中，数字产业化同时渗透到产业发展中，产业数字化与数字产业化会彼此叠加、相互促进，进而形成产业互联网。汽车产业互联网的重要特征之一是以数据作为驱动，利用数据进行信息交换与传递，利用数据链接汽车产业链各环节，利用数据驱动汽车产业链协同实现现代化，实现汽车产业链增值，创造汽车产业新价值、新模式、新业态。

综上，湖北汽车产业链基础高级化和产业链现代化急需实施。在实施的过程中，受制于多种因素的制约，关键核心和"卡脖子"技术以及算法和芯片上难以短时间完全掌控。然而，湖北有着强大的"光芯屏端网"支撑，已初步构建了互联网开发和应用的生态体系，为推进汽车产业数字化进程提供了扎实的基础，创造了其他省市无法比拟的优越条件，具备了以数字化打造湖北汽车产业链现代化的实力。

第五章 湖北汽车产业集群发展研究

就全国而言,湖北是全国六大汽车产业集群之一——"中三角汽车产业集群"的核心构成部分;就湖北自身而言,其本身就构成一个汽车产业集群,这一汽车产业集群以"汉孝随襄十汽车产业走廊"为基础,依托现有汽车产业及新能源汽车产业基地,在武汉、襄阳、十堰、黄冈、宜昌、孝感、随州、荆州等地布局汽车及零部件产业,在武汉、襄阳、十堰、孝感、荆州、潜江等地发展新能源汽车、智能网联汽车,在随州、孝感等地开发专用车、特种车。湖北省第十二次党代会提出,打造制造强国高地,发挥湖北汽车产业基础较好的优势,抢抓世界汽车产业向中国集聚、国家汽车产能向中西部转移的机遇,以新能源汽车、智能网联汽车为重点,打造"汉孝随襄十"为重点的万亿级汽车产业走廊,建设全国汽车产能基地。

第一节 汽车产业集群相关理论及研究现状

一、产业集群的内涵

1990年,迈克·波特在《国家竞争优势》一书首先提出用产业集群(Industrial Cluster)一词对集群现象进行分析。产业集群是指在特定区域中,具有竞争与合作关系,且在地理上集中,有交互关联性的企业、专业化供应商、服务供应商、金融机构、相关产业的厂商及其他相关机构等组成的群体。产业集群内往往集聚了产业链的上下游企业,形成较为完整的产业链。产业集群具有如下五个特点:一是具有区域性。一般而言,某一产业集群在某一区域产生。二是具有集中性。通常情况下产业集群由多个企业集中构成。三是具有关联性。产业内部企业之间具有某个或某几个显著的产业特征作为连接。四是具有相对完整性。产业在某区域形成相对较为完整的产业链。五是具有竞争力。企业之间实现采购本地化,形成整个集群的成本优势。集群产品销售具有极强的市场渗透力,从而产业集群具有较强的竞争力。

二、汽车产业集群的内涵

汽车产业集群是指在特定区域内，由具有竞争与合作关系，有交互关联性的汽车企业、专业化供应商、服务供应商、金融机构、相关产业的厂商及其他相关机构等打造而成的具有某一汽车产业主题的汽车企业群体。汽车产业集群可以按照不同的标准进行分类：一是可以按照不同的区域进行分类，区域范围可大可小，如全国可分成六大汽车产业集群，几个城市之间也可构成一定规模的汽车产业集群，一个城市内部或可由若干个汽车产业集群构成。二是可以按照汽车产品的不同划分成汽车（整车）产业集群、零部件产业集群、新能源汽车产业集群、智能网联汽车产业集群、商用车产业集群、专用车产业集群等。

汽车产业集群往往具有以下三个特征：一是具有高投入性。无论是整车汽车产业集群还是汽车零部件产业集群，政府与企业的投入均较高，属于高投入高产出的产业集群。二是高科技性。当今的汽车产业需要高科技的支撑，特别是新能源汽车和智能网联汽车产业，其融入了高科技的智能制造。三是高风险性。汽车产业集群内部企业关联性强，大量配套企业对主机厂或龙头企业依附性强，一旦主机厂或龙头企业不景气，则整个汽车产业集群会受到影响。

三、汽车产业集群的相关理论

目前，阐述汽车产业集群理论的专门研究较少，笔者认为，当前理论界高度重视汽车产业方面的研究，实业界高度重视汽车产业集群的建设，不仅基于汽车产业本身贡献度大，也是基于以下七点理论支撑：

一是汽车产业集群是由互相关联的多个汽车企业构成的。新冠疫情防控的常态化使国际国内认识到，一个大型产业或支柱产业在一个区域内形成一个相对较为完整的产业链极为重要，产业链的节点是汽车，产业链本身是企业之间的链接，相互链接的多个企业是构成产业集群的基础和必要条件。

二是汽车产业集群的整体水平主要是由构成产业集群的企业决定的。在一个区域汽车产业集群中，各汽车企业之间的地位、功能、作用不同，通常可划分成龙头企业、骨干企业、配套企业、服务企业等多个类型。在骨干企业、配套企业、服务企业中注重打造"专精特新"企业、"单项冠军"企业、"隐形冠军"企业。在一个区域汽车产业集群中，龙头企业往往起着决定性的作用，通常情况下龙头企业的发展水平决定了这个区域汽车产业集群的发展水平。龙头企业与配套企业之间的关联性极强，这又构成了一个汽车产业集群的"生态系统"，这一"生态系统"影响着汽车产业集群的发展。

三是汽车产业集群的发展态势取决于区域经济社会发展的硬环境和软环境。汽车产业集群有其建立发展的过程，这一过程中吸引企业投资，留住企业发展的吸引力主要是区域的硬环境与软环境。硬环境主要包括区域的物流便利、物流成本、基础设施、能源保障等方面；软环境则主要是指该区域的营商环境。区域硬环境和软环境的持续改善保障了汽车产业集群发展的良好态势。

四是人才是汽车产业集群发展的首要资源。"人才是第一资源"，汽车产业集群发展也不例外，这一点显而易见，不再赘述。

五是技术研发机构或平台是区域汽车产业集群发展的动力之源。一般情况下，具备一定规模的汽车企业设有研发机构，发挥着汽车设计、核心部件研发、技术改造等功能。然而，公共基础技术、关键核心的"卡脖子"技术并非是一家汽车企业能够承担的，这需要政府、企业、高校、研究机构的资源整合，形成联合研发的机制，这就需要建立区域性的研发机构或平台，为汽车产业集群的发展提供动力之源。

六是汽车产业集群的竞争力是可评价的。本书构建了区域汽车产业集群竞争力评价指标体系，其一级指标包括区域环境条件——硬环境、区域环境条件——软环境、企业经营情况、技术创新能力、相关产业支撑等五个方面，本章第二节将运用这一评价指标体系对某一区域汽车产业集群的竞争力进行测评。

七是汽车产业集群竞争力的提升有助于实现万亿级的目标。我国汽车产业的发展目标是建设"汽车强国"，汽车产业做强的前提是做大，做大与做强协调推进，想要实现区域万亿级汽车产业集群的目标，汽车产业集群就应当持续具有竞争力。在竞争力的作用下，才能满足市场需求，增加产值，不断做大做强。

四、汽车产业集群的研究现状

目前，关于汽车产业集群的研究并不多，主要集中在两个方面：一是集中在研究某一区域的汽车产业集群。如徐国林（2021）对潍坊市商用车及新能源产业发展实际进行调研，找出了存在的问题以及面临的困难，提炼了潍坊市产业发展经验，提出了未来潍坊市汽车产业发展的思路及发展方向，提出发挥潍坊市商用车产业基础雄厚和氢燃料电池技术领先的优势，加快推进氢能动力在商用车（卡、客）上的应用，加快商用车与氢能产业的融合发展。巩琦雯、甘玲云（2021）对柳州市汽车产业集群创新现状进行了分析，建议从主体创新、要素流通方式创新等方面完善柳州市汽车制造业开放式创新模式。王慧艳（2021）对广东省汽车战略性支柱产业集群发展情况进行了较为全面的研究，指出汽车战略性支柱产业集群发展存在的问题和困难主要是汽车行业发展下行压力较大，企业盈利水平有待提升；产业结构急需转型升级，自主品牌竞争力不足。针对这些问题和困难提出了促进广东汽车产业集群发展的对策建议。刘明宇、芮明杰（2021）在研究新冠疫情之后上海汽车产业面临的挑战和创新机遇基础上，提出了上海汽车产业集群高质量发展的总体思路和上海打造世界级汽车产业集群的对策，即以创新引领发展，推动汽车产业集群的升级，实现打造世界级汽车产业集群的战略目标。

二是聚焦研究汽车产业集群本身高质量发展上。如章秀琴、孔亮、吴琼、郭俊晖（2020）以芜湖市为例，探讨新能源汽车创新型产业集群发展特征及其升级路径，即"链条式产业集聚→模块式产业集群→中心——外围式创新型产业集群"。王晓晨等（2021）通过基于380家典型性上市公司统计数据的实证分析，提出加快建设包括新能源汽车产业在内的战略性新兴产业集群的具体方法：着重建立企业技术创新示范区、科技创新孵化园、高校创业基地，使优质的创新要素、优质的企业有效集中，吸引一大批国外科技企业以及世界一流科研院校机构进驻，促进集群内产业的协同发展，发挥产业集聚效应，有效推动战略性新兴产业的快速发展。

由上可知，就区域而言，尚没有关于湖北汽车产业集群的研究；就评价而言，关于汽车产业竞争力的研究不足；就机理而言，关于汽车产业集群转型升级研究不足。

第二节　湖北区域汽车产业集群竞争力评价

在湖北"汉孝随襄十汽车工业走廊"与"宜昌—荆州—荆门—黄石—黄冈"汽车走廊并驾齐驱的产业布局上形成了一批具有特色的汽车产业集群。2008年1月，湖北省政协经济委员会印发了《湖北省重点成长型产业集群管理试行办法》。该办法规定，对全省成长型产业集群，实行动态管理，每年对其进行考核调整。考核指标由业绩指标和工作指标两部分组成。业绩指标包括重点成长型产业集群内新增企业户数、新增销售收入、新增就业人数、新增上缴工商税收和核心竞争力等五项指标。工作指标包括：重点成长型产业集群所在县（市、区）政府对产业集群的工作规划及组织实施、公共平台建设、园区建设、组织机构建设和政策环境等。经考核，在最新公布的《2020年湖北省重点成长型产业集群名单》中汽车产业集群名单如下：武汉市江夏区高端装备制造产业集群、黄石市汽车零部件产业集群、襄阳市汽车及零部件产业集群、枣阳市汽车摩擦密封材料产业集群、谷城县汽车零部件产业集群、荆州市（公安）汽车零部件产业集群、十堰市商用汽车产业集群、丹江口市汽车零部件产业集群、十堰市张湾区智能装备制造产业集群、孝感市电子机械产业集群、鄂东（麻城、浠水）汽车配件产业集群、随州市专用汽车及零部件产业集群、仙桃市汽车零部件产业集群。下面以丹江口市汽车零部件产业集群为例对其竞争力进行分析。

一、指标体系的构建

在对区域和产业竞争力综合评价上，使用较为经典的是波特的钻石理论模型。波特提出决定一个区域的某种产业竞争力的有四类因素：一是需求条件；二是生产要素；三是相关产业；四是企业经营等。在四大要素之外还存在两大变数：政府与机会。结合某区域汽车零部件产业集群实际情况，对波特的钻石理论模型进行改进，决定区域汽车零部件产业集群竞争力的四类因素分别为：区域环境条件（硬环境与软环境）、企业经营情况、技术创新能力、相关产业支撑等。区域环境条件的权重为0.3，其中硬环境权重为0.15，包括物流便利、物流成本、基础设施、能源保障等4个二级指标；软环境权重为0.15，包括营商环境的便利度、营商环境的满意度、营商环境的意愿度等3个二级指标。企业经营情况的权重为0.4，选取了资产负债率、全年人均产值、销售利润率、资产收益率等4个核心指标作为二级指标。技术创新能力的权重为0.15，选取了研发人员比率、研发投入比率、高新技术产品收入比率、产品科技含量比率等4个核心指标作为二级指标。相关产业支撑的权重为0.15，选取了商用车产业支撑、物流服务业支撑、人才供给支撑等3个核心指标作为二级指标，见表5.1。表5.1中相关指标权重及数据，是通过调研的数据分析、文献查阅、专家研讨综合所得，具有较高的客观性和可信度。

表5.1 某区域汽车零部件产业集群竞争力指标

一级指标	一级指标权重	二级指标	二级指标竞争力	二级指标权重
区域环境条件 ——硬环境	0.15	物流便利	0.53	0.02
		物流成本	0.17	0.03
		基础设施	0.62	0.05
		能源保障	0.55	0.05

续表

一级指标	一级指标权重	二级指标	二级指标竞争力	二级指标权重
区域环境条件——软环境	0.15	营商环境的便利度	0.84	0.05
		营商环境的满意度	0.95	0.05
		营商环境的意愿度	0.98	0.05
企业经营情况	0.4	资产负债率	0.42	0.1
		全年人均产值	0.95	0.1
		销售利润率	0.32	0.1
		资产收益率	0.63	0.1
技术创新能力	0.15	研发人员比率	0.72	0.05
		研发投入比率	0.82	0.05
		高新技术产品收入比率	0.94	0.02
		产品科技含量比率	0.25	0.03
相关产业支撑	0.15	商用车产业支撑	0.80	0.05
		现代服务业支撑	0.60	0.05
		人才供给支撑	0.49	0.05

二、综合竞争力计算

根据表 5.1 的数据，某区域汽车零部件产业集群综合竞争力计算结果如下。

$$S = 100 \times \sum \beta_i x_i$$

式中：S——综合竞争力；

x_i——二级指标的竞争力；

β_i——二级指标的权重。

根据上述公式，计算得到某区域汽车零部件产业集群综合竞争力为：

$$S = 100 \times (0.53 \times 0.02 + 0.17 \times 0.03 + \cdots + 0.49 \times 0.05) = 64.25$$

这一结果显示，某区域汽车零部件产业集群综合竞争力处于中等水平。

三、指标竞争力分析

可利用四分图理论对某区域汽车零部件产业集群各指标的竞争力进行概括性的分析。四分图分析的基本框架是以图形的形式展示各指标的重要程度和竞争能力，具体实施起来，在坐标系中横轴为竞争力，纵轴为重要性，横轴和纵轴的交点为竞争力和重要性的总平均值，由此将坐标系分为四个象限。

第一象限为优势区：位于第一象限的指标，是竞争力评价中重要的属性，且竞争能力较高，是产业聚集的优势指标，落入该区域的指标应该注意巩固和加强，属于继续保持区。

第二象限为修补区：位于第二象限的指标，是竞争力评价中重要的属性，但是竞争能力较低。落入该区域的指标对产业聚集至关重要，应尽快找出竞争力低的原因，加大投入，积极改善，不断提升，对这些竞争力较低的指标进行修补，尽量使该区域的指标往第一象限转移。

第三象限为机会区：位于第三象限的指标，是竞争力相对重要的属性，但是竞争能力较低。对于落入该区域的指标可能短期内难以改变，需持续投入，逐步提升。这一区域指标体系的改善可以有效提升综合竞争力。

第四象限为维持区：位于第四象限的指标，是竞争力相对比较重要的属性，并且当前竞争能力较高。落入该区域的指标，考虑到资源的有效分配，可在短时期内维持。若该区域综合实力强，具备充足的资源和条件，也可同步提升该区域指标，进而增强该区域产业的综合竞争力。

依据表5.1的数据信息，以二级指标的权重为纵轴，竞争能力为横轴，建立坐标系绘制出四分图。评测的18项指标竞争力总平均数为0.643，权重的总的平均数为0.056，基于(0.643, 0.056)将四分图分为4个象限，可以得出四分图的各个区域指标情况如下，见图5.1 竞争力——权重结果四分图。

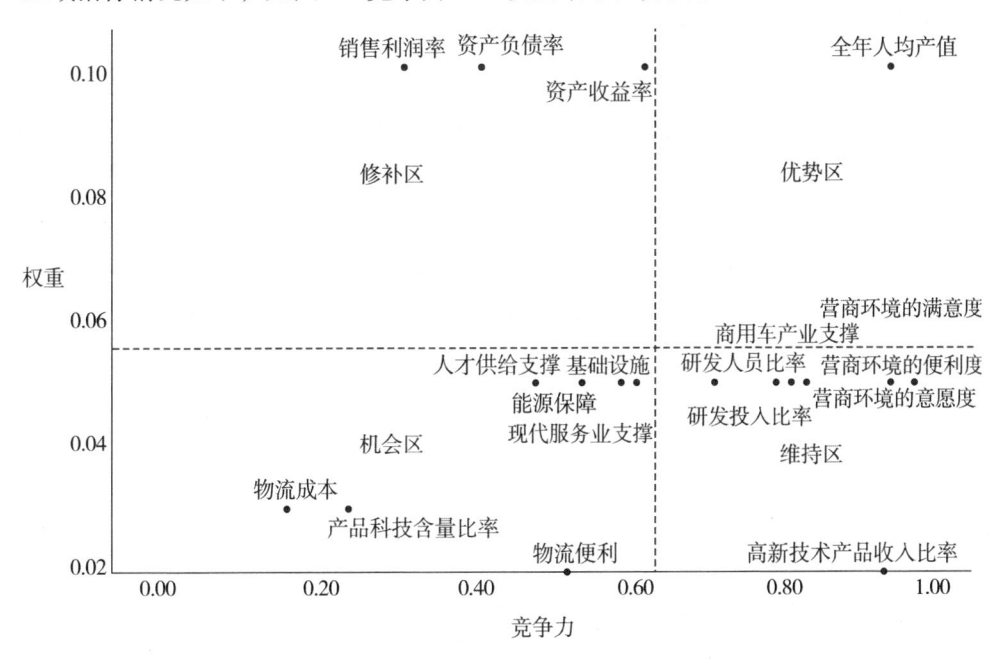

图5.1 竞争力——权重结果四分图

将四分图的结果以表格的形式清晰地汇总的结果见表5.2，四分图结果表。

表5.2　四分图结果表

区域	指标
第一象限	全年人均产值
第二象限	销售利润率、资产负债率、资产收益率
第三象限	人才供给支持、产品科技含量比率、物流成本、物流便利、能源保障、基础设施、现代服务业支持
第四象限	营商环境便利度、营商环境满意度、营商环境意愿度、商用车产业支撑、研发人员比率、研发投入比率、高新技术产品收入比率

第一象限属于优势区，仅有"全年人均产值"这1项指标落入该区域，是竞争力高且重要性也高的区域。说明目前该区域汽车零部件产业集群竞争力在这方面做的好，应该注意保持和进一步增强。"全年人均产值"这一指标高说明该区域汽车零部件产业集群员工创造的产值大，以较少的人工创造较大的产值是该区域产业竞争力的主要优势体现。

第二象限属于修补区，属于竞争力低权重高的区域。有3项指标落入该区域，分别是"销售利润率""资产负债率"和"资产收益率"。其中"销售利润率"和"资产负债率"这两项指标竞争力相对更低些，迫切需要改进。虽然"资产收益率"这一指标的竞争力相对高些，但也需要重点修补。事实上，由于产品附加值不高、回款周期长等多方面的原因使该区域汽车零部件产业集群企业的销售利润率不高。该区域汽车零部件产业集群企业"资产负债率"总体较低，利用现有资产进行融资的力度不够，导致企业发展所需资金紧张。"资产收益率"是用来衡量每单位资产创造多少净利润的指标，该指标较低说明企业资产利用的效率不高。

第三象限属于机会区，是权重重要竞争力低的区域。有7项指标落入该区域，分别是人才供给支持、产品科技含量比率、物流成本、物流便利、能源保障、基础设施、现代服务业支持等。这些指标随时可能转为第二象限，落入修补区，因此，该区域汽车零部件产业集群应该时刻关注这些指标，注意修正和提升。人才缺乏、产品附加值低、水电保障和基础设施需提升是较为明显的短板，这在调查的数据分析中已有显示。虽然，该区域汽车零部件产业集群交通便利，区位优势明显，但由于77.8%的原材料采购主要来自外地，有些原材料距离该区域还较远，因此物流成本较高（认为物流成本较贵的占72.6%），物流便利度还有待提升（认为物流方便的占53%）。现代服务业对产业的支持主要取决于该区域所在城市的发展带动。

第四象限属于维持区，是竞争力高权重比较重要的区域。有7项指标落入该区域,分别是营商环境便利度、营商环境满意度、营商环境意愿度、商用车产业支撑、研发人员比率、研发投入比率、高新技术产品收入比率等。这些指标竞争力相对较高,既是该区域做的较好的方面,也是竞争力优势的重要体现,可继续保持和巩固提升。调查数据显示,虽然在营商环境中政府服务企业的质效需提升,但总体而言,企业对该区域营商环境便利度、营商环境满意度、营商环境意愿度较高。商用车产业支撑是大环境,该区域可借机成为本地区商用车产业核心区。就调查显示数据而言,该区域汽车零部件产业集群企业研发人员比率、研发投入比率、高新技术产品收入比率均高于全国平均水平,同时也应看到,该区域汽车零部件产业集群企业总体申请专利的数量不多,主要集中在企业生产经营过程中小型技术问题的解决上,缺乏创新性高的重大技术成果。

四、提升区域汽车零部件产业集群竞争力的建议

(一)制订区域汽车产业发展规划

目前,我国的汽车产业已经进入成熟期,汽车产量很难有大幅增长。但是,汽车行业内部的结构还在发生变化,其中以新能源汽车和智能网联汽车的发展为主要方向。可以预见,在汽车零部件的发展中,传统的机械零部件的增长空间将极其微小,而以智能化为主的机电智能化零部件将逐步崛起。整车方面,不排除拥有未来智能化操作系统的企业将成为汽车行业的主导,而传统的汽车整车企业可能沦为加工厂。区域汽车零部件产业集群主要给当地产业链龙头企业配套,这是必要的,但又不能局限于此,应拓展配套渠道,这就需要当地政府给予相应的支持。可借鉴浙江瑞安这一中国汽车零部件生产基地的经验(每年的上海或北京国际汽车展中的零部件绝大多数是浙江瑞安企业提供),面向国内和全球汽车企业配套零部件,做大做强零部件企业,形成品牌优势。为此,需制订区域汽车零部件产业中长期发展规划,明确汽车产业集群发展方向、发展目标、主要路径,大力扶持一批重点汽车企业,形成名优产品和知名品牌。

(二)加快产业集群汽车企业转型升级的进程

通过对区域汽车零部件产业集群竞争力分析可知,还有较多短板需要弥补。建议出台政策鼓励汽车企业向新能源和智能化的汽车零部件方向转型,鼓励汽车零件企业逐步向智能化的汽车总成方向转型。建议部分零部件企业,利用现有的机械加工能力,逐步向汽车行业以外的其他行业转型,如以轻钢别墅为代表的组装房屋建造,仅仅需要钢材的折弯、剪切、冲孔等,可以逐步向组装房屋建造、

设计、施工等方向转型发展。建议通过招商引资，吸引具有智能化设计和制造能力的企业入驻当地汽车产业园，通过它们带动本地现有企业与之配套。建议加大工业园区产业链两端研发企业和服务型企业的招商引资力度，以此实现联动发展的转型升级局面。

（三）完善工业园区的基础设施功能

针对工业园区水电气问题，建议通过调查现有需求以及未来的发展预期，单独制定解决方案，避免单个企业解决水电气问题的高额成本。针对园区人才、劳动力问题以及交通问题，建议在园区内单独开发配套生活区，包括家庭住宅、单身公寓、公园、医院、公共食堂、宾馆、酒店等，同时引进服务企业，工业园区更需要生活服务业，没有生活服务业支持的工业园区缺乏活力，没有生活服务业的园区也是无法留住人才的。通过工业园区配套生活区和生活服务业的完善，进一步加强园区的吸引力，提升园区的竞争力。

（四）高标准高起点打造智能网联汽车产业园

该区域拟新征5000亩地拟打造新的产业园。对新的产业园区应坚持高起点、高标准、高效能的规划，注重科学性和统筹性，促进土地、厂房等资源节约集约利用。建议新的产业园区以"产业融合"和"绿色发展"为指引，将其一部分打造智能网联汽车产业园。该智能网联汽车产业园定位在一、二、三产业协同发展上，以战略新兴产业和高新技术产业为主，大力实施新基建，加快5G网络、数据中心等新型基础设施建设；科学规划，划分功能区，预留发展空间，合理布局，形成智能网联汽车产业数字化、数字产业化；支持建设数字供应链，推动订单、产能、渠道等信息共享，建立"数据中心"，以信息流促进上下游、产供销协同联动，保产业链、供应链稳定，发展产业服务化新生态。

（五）建立为汽车产业集群服务的公共平台

该平台主要包括两大功能：一是在工业园区设立公共服务政务平台，为园区汽车企业提供一站式便捷公共服务；二是建立工业园区信息和职业培训服务平台。工业园区汽车企业不少是民营中小企业，企业虽小但功能俱全，小企业往往因为成本问题招不到也留不住技术人才、管理人才以及某些专业性的人才。因此，建立园区信息和职业培训公共服务平台就显得非常重要。通过该服务平台，发布企业的技术、用工、人才、信息等方面的需求，实施政校企合作，开展职业技能培训，将中小企业的某些劳务用工和服务事项外包，通过政府支持为企业发展提供多功能综合性平台，打通企业与市场对接的"最后一公里"。

（六）进一步优化区域营商环境

营商环境是软实力，是实现区域发展战略的重要支撑。调查显示该区域汽车零部件产业集群所在工业园区营商环境虽然整体较好，但也存在一些短板，如当地的供水供电供气服务有待提升、当地政府做出承诺兑现满意度不高、当地工业园区配套硬件设施还需完善、当地综合交通设施还需完善、当地吸引人才还较为困难等。也存在基层治理体系不够现代化、数字化治理水平不高等短板。需有针对性地打通堵点、补齐短板，做到"有呼必应、无事不扰"，形成政治清明、政府清廉、干部清正的政治生态和透明、法治、公正、高效的商业生态。

第三节 湖北汽车产业集群竞争力提升路径

湖北提出"十四五"期间打造"万亿级汽车产业集群"的目标。2020年我国汽车制造业营业收入为81557.7亿元，湖北约为6000亿元。湖北要实现"万亿级汽车产业集群"目标就要持续提升汽车产业集群的竞争力。

一、湖北汽车产业集群的主要优势

前已述及，湖北围绕"汉孝随襄十"和"宜昌—荆州—荆门—黄石—黄冈"两大汽车产业走廊并形成了10余个汽车产业集群。这些汽车产业集群各有特色和优势，已成为当地区域发展的主要助推力量或者是支柱产业。

（一）湖北汽车产业集群数量多种类全

作为湖北支柱产业之一的汽车产业，其产品种类齐全，全省既有商用车，又有乘用车；既有整车，又有零部件；涉及"重、中、轻、轿、专、特、改"等宽系列，多车型和零部件配套产业。全省规模以上汽车制造企业约1500家，汽车零部件企业约1.2万家。在全省10余个汽车产业集群中，有整车和零部件汽车产业集群、专门的汽车零部件产业集群、专用车产业集群、商用车产业集群、汽车配件产业集群、新能源汽车产业集群、与汽车相关的高端（智能）制造产业集群等。

（二）汽车产业集群大多建在汽车产业园区

由于汽车产业集群的企业之间具有产业链的关联性，地方政府往往建有专门的汽车产业园打造汽车产业集群。如武汉市有武汉开发区汽车零部件产业园、新能源与智能网联汽车创新产业园，襄阳有汽车工业园和新能源汽车产业园，十堰有新能源汽车产业园、汽车文化产业园、专用汽车工业园、汽车工业园等，随州有汽车工业园和专用汽车工业园，荆门有汽车工业园、零部件汽车产业园等。汽车产业园区设施完备、服务便利、政策优惠，吸引汽车企业入驻。有些汽车产业园区为服务好企业，在招商引资阶段，土地均做好了"三通一平"工作，有的甚至是"筑巢引凤"，车间厂房均已建成。在企业建设阶段，政府积极帮助企业解决困难，享受各种税收和土地费用的优惠。在企业经营阶段，提供优良的法治环境，除了涉及安全和环保的内容外，政府部门一律不到企业检查。汽车产业园区优良的软硬件环境较好地支持了汽车产业集群的发展。

（三）汽车产业集群基础较好、稳定性强

湖北各区域不同种类的汽车产业集群大都具有较好的发展基础。大量汽车产业集群内部企业之间已形成较为稳定的供应链关系，配套企业与主机厂之间甚至不需事前签订书面合同就可供货，配套企业与主机厂之间形成了较为稳定的"共生"关系，它们之间的规则已约定俗成。此外，就某一区域汽车产业集群内部而言，涵盖了多种类型的汽车企业，以汽车零部件汽车产业集群为例，其涵盖了锻造、铸造、冲压、机加、汽车内饰、汽车电子、汽车新材料等多种汽车零部件生产企业。

二、湖北汽车产业集群的主要不足

（一）汽车产业集群的功能没有得到充分发挥

虽然，区域性汽车产业集群企业之间具有关联性，但企业之间的互补效应不足，不少汽车企业还存在恶性竞争，企业之间的产业链条还不完整，产业链价值不高，产业园各企业之间的资源没有利用好、配套好，产业集群的优势功能没有充分发挥。

（二）汽车产业集群内企业竞争力总体不强

汽车产业集群竞争力水平取决于产业集群内企业的总体竞争力水平。然而省内大部分区域性汽车产业集群总体规模小，约几百亿元，竞争力不强，特别是汽车零部件产业发展相对滞后。据统计，湖北省整车与零部件产值的比例约为1∶0.4（武汉为1∶0.56），而全国为1∶0.7，国际为1∶1.7。通过对某区域汽车零部件产业集群的调查显示，"创新能力""经营管理（人才与资金）""生产组织（智能化）""生产成本""市场销售"这5个方面是汽车零部件企业较为明显的劣势，

详见表5.3。

表5.3　某区域汽车零部件产业集群企业劣势因素表

劣势因子	劣势指标	样本	均值	劣势因子均值	标准差
创新能力	企业缺乏转型升级	117	3.99	3.80	0.895
	企业缺乏技术创新	117	3.82		0.925
	企业缺乏技术创新人才	117	3.76		0.934
	企业技术自身创新难度大	117	3.75		0.899
	企业设备更新缺乏	117	3.66		0.957
经营管理（人才与资金）	企业销售资金回笼慢	117	4.07	3.71	0.944
	企业原材料及配件采购成本高	117	3.88		0.832
	企业缺乏线上销售	117	3.74		1.054
	企业生产缺技术研发人才	117	3.73		0.970
	企业生产缺经营管理人才	117	3.56		0.942
	企业生产缺劳动力	117	3.50		1.111
	企业没有上市	117	3.50		1.186
生产组织（智能化）	企业产品销售利润低	117	3.82	3.63	0.952
	企业产品附加值低	117	3.73		0.997
	企业缺乏智能化生产	117	3.62		1.065
	企业缺乏数字化管理	117	3.62		0.999
	企业内部组织缺乏有效治理结构和治理体系	117	3.34		0.966
生产成本	企业人工成本高	117	3.86	3.54	0.964
	企业物流成本高	117	3.76		0.925
	企业融资困难或融资成本高	117	3.68		0.916
	企业能源消耗成本高	117	3.66		0.921
	企业承担的国家税收多	117	3.49		0.837
	企业购置租赁和使用土地及厂房费用高	117	3.29		0.992
	企业承担的地方收费多	117	3.02		0.820
市场销售	企业产品市场占有率低	117	3.56	3.25	0.959
	企业生产缺订单	117	3.24		0.980
	企业设备更新缺渠道	117	3.22		0.930
	企业产品缺乏销路	117	2.98		0.947

由表5.3可知，汽车零部件企业的创新能力劣势最为明显，均值达到了3.80，其后依次是企业的经营管理（均值为3.71）、生产组织（均值为3.63）、生产成本

（均值为 3.54）、市场销售（均值为 3.25）。实际上，以上 5 类"劣势因子"又细分了 28 个劣势指标，这 28 个劣势指标中劣势均值由高到低依次如下：销售资金回笼慢（均值为 4.07）、企业缺乏转型升级（均值为 3.99）、企业原材料及配件采购成本高（均值为 3.88）、企业人工成本高（均值为 3.86）、企业缺乏技术创新（均值为 3.82）、企业产品销售利润低（均值为 3.82）、企业缺乏技术创新人才（均值为 3.76）、企业物流成本高（均值为 3.76）、企业技术创新难度大（均值为 3.75）、企业缺乏线上销售（均值为 3.74）、企业生产缺乏技术研发人才（均值为 3.73）、企业产品附加值低（均值为 3.73）、企业融资困难或融资成本高（均值为 3.68）、企业设备更新缺乏（均值为 3.66）、企业能源消耗成本高（均值为 3.66）、企业缺乏智能化生产（均值为 3.62）、企业缺乏数字化管理（均值为 3.62）、企业生产缺经营管理人才（均值为 3.56）、企业产品市场占有率低（均值为 3.56）、企业生产缺劳动力（均值为 3.50）、企业没有上市（均值为 3.50）、企业承担的国家税收多（均值为 3.49）、企业内部组织缺乏有效管理结构和治理体系（均值为 3.34）、企业购置租赁和使用土地及厂房费用高（均值为 3.29）、企业生产缺订单（均值为 3.24）、企业设备更新缺渠道（均值为 3.22）、企业承担的地方收费多（均值为 3.02）、企业产品缺乏销路（均值为 2.98）。

（三）汽车产业集群转型升级面临困难

湖北区域汽车产业集群转型升级面临如下主要困难：一是转型升级受资金制约。不少汽车企业转型升级需要购置先进设备，导致转型升级的转换成本高。然而却融资难，一般情况下企业都需要抵押贷款，贷款流程较为烦琐，通常是在指定的机构进行评估，按评估价的 40%~50% 贷款，且被评估的价值偏低，企业的担保额度也占用了贷款额度。据某区域汽车零部件产业集群调查显示，81.2%的企业表示愿意转型升级，但却有 90.6% 的企业认为转型升级缺资金，只能在本行业通过设备升级，降低劳动力成本来提高收益。即便是有实力的企业，当前也不敢轻易投资进行转型升级。新投资和转型升级要找对项目和路子，即使项目对头，工艺改进、设备购买、机器人使用、新材料、新工艺和模具改进、降低材料能耗等均需要较大投入，少则几百万元，多则几千万元，而回报则不确定，风险较大。二是转型升级受技术制约。转型升级需要拥有自己的核心技术作为支撑，但具备专门研发机构、研发团队和研发实力，拥有知识产权技术特别是核心技术的汽车企业较少。据某区域汽车零部件产业集群调查显示，认为所在企业很有实力进行技术研发的占3.4%，认为所在企业有实力进行技术研发的占22.2%，认为所在企业有一些实力，仅能从事一些小型研发的占31.6%，认为企业研发实力一般的占29.1%，认为企业基本没有研发实力的占13.7%。三是转型升级受人才制约。"人才是第一资源"但也是"制约发展的关键因素"。由于区位相对劣势以及工作生活环境、待遇等因素，区域汽车产业集群普遍存在着吸引人才、留住人才较为困难的情形。不仅高层次人才、工匠型人才引进困难，在生产高峰期甚至出现"招工荒"的现象，生产一线的技能型人才也较为缺乏。当然，管理人才、营销人才、电商人才同样紧缺。

（四）汽车产业集群中新能源和智能网联汽车发展不足

在湖北的汽车产业布局中，武汉、襄阳、十堰、宜昌、荆州、黄石、黄冈等地发展新能源汽车、智能网联汽车。实际上，除武汉、襄阳外其余区域新能源汽车发展不足，尚未形成有规模的新能源汽车及零部件产业集群。无论是新能源汽车，还是传统能源汽车，智能网联化都是其发展的重点，这主要体现在汽车产品上。然而，湖北大多数汽车产业集群生产的汽车和零部件产品智能网联化程度不高。

（五）汽车产业集群所在区域的产业支撑不足

湖北除武汉、襄阳、宜昌、十堰等城市外，其余汽车产业集群所在区域相关产业支撑不足。汽车产业的发展需要制造产业、材料产业、电子信息产业的强力支持，然而，荆州、荆门、黄冈、黄石、孝感等地这些产业相对发展不足，某种意义上还需汽车产业带动以上产业的发展。此外，区位相对劣势、物流相对劣势、基础设施相对劣势、城镇发展缓慢劣势、"产城融合"不足相对劣势，营商环境有待提升劣势也制约着汽车产业集群竞争力的提升。

三、湖北区域汽车产业集群发展外部机遇与挑战分析

由于汽车产业链较长，汽车产业的发展受外部因素影响较大，有的是机遇因素，有的是挑战因素，有的是机遇与挑战并存因素，这些因素相互叠加，此起彼伏，对区域汽车产业集群的发展产生了深远影响。

（一）外部机遇分析

1. "一带一路"倡议国家战略带来新机遇

"一带一路"倡议促使产业发展走出国门，"一带一路"倡议为湖北汽车产业集群的国际化延伸提供了战略机遇，也使招商引资的视野和范畴扩大到"一带一

路"沿线国家。此外，京津冀协同发展国家战略、中部地区崛起战略、长江经济带战略、汉江生态经济带发展规划、粤港澳大湾区国家战略等也为湖北汽车产业集群国内汽车产业生态圈提供了战略机遇。

2. 汽车产业进入高质量发展阶段带来新机遇

汽车产业作为我国的重要支柱产业之一，自2009年以来，汽车产销量一直位居全球第一。2018年，我国汽车产业进入高质量发展阶段。这一阶段除了汽车产销量由高速增长转变为较为稳定外，还体现在以下三个方面：一是发展理念的转变。在传统的注重汽车生产规模扩大和市场占有率提升基础上，融入了绿色发展理念；在传统的以产品为中心的理念，融入了以客户为中心的理念；在传统的注重汽车企业短期盈利理念，融入了同时注重对核心技术掌握和自主知识产权拥有的理念。二是汽车产业的高质量发展包括宏观、中观和微观三个层面。宏观层面包括整个国家汽车产业的高质量发展，中观层面包括地区的汽车产业高质量发展，微观层面包括汽车企业的高质量发展。国家与地区层面汽车产业高质量发展主要包括汽车产业转型升级和结构优化、汽车产业链延伸与产业链价值提升、汽车制造业与汽车服务业协调发展、汽车产业新兴业态的发展与新动能的培育等；汽车企业的高质量发展主要包括企业活力的增强、核心技术的掌握、产品智能化的提升、商业模式的创新等。三是汽车产业的高质量发展包括政府与市场两个维度。政府通过出台相应政策、营造良好环境、实施市场监管等有形之手为汽车产业高质量发展创造良好的外部条件；市场通过资源高效配置、各类要素自主调节、公平竞争机制建立等无形之手为汽车产业高质量发展注入生机活力。汽车产业的高质量发展为湖北汽车产业集群转型升级带来新机遇。

3. 战略性新兴产业快速发展带来新机遇

战略性新兴产业是指建立在重大前沿科技突破基础上，代表未来科技和产业发展新方向，体现当今世界知识经济、循环经济、低碳经济发展潮流，未来发展潜力巨大，对经济社会具有全局带动和重大引领作用的产业。包括新一代信息技术产业、高端装备制造产业、新材料产业、生物产业、新能源汽车产业、新能源产业、节能环保产业、数字创意产业、相关服务业等9大领域。战略新兴产业的发展将引领经济增长、供给升级、企业转型、区域经济结构调整，成为制造业高质量发展的重要支撑。对战略新兴产业发展研究不仅可以有效地促进制造业的高质量发展，更是对整个国家和地区经济和社会发展有着极为重要的意义。2020

年4月国家发展改革委、中央网信办发布的《关于推进"上云用数赋智"行动 培育新经济发展实施方案》，2020年7月国家发改委等12个部门发布了《关于支持新业态新模式健康发展，激活消费市场带动扩大就业的意见》《新能源汽车产业发展规划（2021—2035年）》。这些重要的措施和政策也必将为湖北汽车产业集群高质量发展带来新机遇。

4. 汽车产业技术变革带来新机遇

随着汽车产业技术变革，汽车正在从交通运载的工具延伸成为大型移动智能终端和数据的空间，并逐渐成为支撑构建智能交通、智慧城市的关键要素，汽车被称为4个轮子上的数据中心。汽车已不仅是传统能源的消耗品，也可以作为存储和消纳可再生能源的重要载体，汽车与交通、能源的融合更加紧密，更迭交织在了一起。汽车制造业越来越需要新一代信息技术、高端装备制造、新材料、新能源等高新技术的支撑；汽车的新能源化与智能网联化越来越需要技术变革的支撑。此外，通过软件定义汽车可以最大限度地满足个性化需求，形成"千车千面"的新发展模式。硬件与软件技术的变革必将为汽车产业的创新发展提供新机遇。

5. 对汽车产业"十四五"发展定位和目标的确定带来新机遇

《湖北省制造业高质量发展"十四五"规划》中，对全省汽车产业"十四五"发展定位和目标是：围绕电动化、智能化、网联化、轻量化发展趋势，重塑整零关系，强化关键汽车零部件配套和创新能力，推动商用车、乘用车、专用车等产品系列化、高端化发展，加快布局智能网联汽车、新能源汽车，打造万亿汉江汽车产业走廊，建成全国重要的专用汽车基地及示范区、新能源和智能汽车研发生产示范区。力争到2025年，全省汽车产业营业收入达到1万亿元，年均增长6.4%左右。为实现这一定位和目标，必将整合土地、劳动力、资本、技术、数据要素资源，出台系列政策支持和引导全省汽车产业发展，为加快实现"汽车强省"目标提供了新机遇。

（二）外部挑战分析

1. 国内经济下行带来新挑战

尽管我国经济和社会进入高质量发展期，但自2018年下半年以来，经济的下行压力较大。2020年中国汽车制造业负债为51287亿元，同比增长7%；2020年中国汽车制造业亏损企业数量为3245个，比2019年增加57个；2020年中国汽车制造企业亏损总额为1088.9亿元，同比增长2.9%。近几年，我国汽车制造业的利润率约为 6%，一些区域的汽车制造业利润率更低。因此，经济下行导致汽车产销量的降低和盈利的减少，势必影响汽车企业的收入，在收入降低的情况下，要进行技术的提升和转型升级无疑是一项重大的挑战。

2. 国际局势变化带来新挑战

2021 年 5 月 28 日，习近平总书记在中国科学院第二十次院士大会、中国工程院第十五次院士大会、中国科协第十次全国代表大会上的讲话指出：当今世界百年未有之大变局加速演进，国际环境错综复杂，世界经济陷入低迷期，全球产业链、供应链面临重塑，不稳定性、不确定性明显增加。我国"一带一路"倡议受中美贸易摩擦直至中美贸易战的影响加大，受疫情全球化影响加大。这一大变局使得国内企业走出国门和国外企业来华投资受到了重大影响，甚至美国还鼓动在华投资的美国企业迁回美国。汽车产业链、价值链、人才链的延伸和拓展受到重大挑战。由于部分关键基础零部件和系统部件还需要从国际市场采购，因此，国际局势的变化也影响着国内汽车产业的发展，应加大关键基础零部件的研发投入力度，逐步形成供应渠道多元化。世界百年未有之大变局对汽车产业的发展带来了新挑战。

3. 市场竞争加剧带来新挑战

当前，我国主要有六大汽车产业集聚区，分别是京津冀地区、东北地区、长三角地区、中部地区、西部地区、珠三角地区，全国大部分省份都有汽车产业，地区与地区之间，企业与企业之间的竞争更加激烈，汽车产品的轻量化、电动化、智能化、网联化、数字化等"五化"竞争也将不断加剧。市场竞争的加剧必将带来新的挑战。

4. 产业消费升级带来新挑战

对汽车技术的消费升级，对汽车环保的消费升级，对汽车个性化的消费升级对汽车企业而言均带来了新挑战。当前，汽车产业的一个重要发展方向是车联网（智能网联汽车）产业。该产业是汽车、电子、信息通信、道路交通运输等行业深度融合的新兴产业形态。发展车联网产业，有利于提升汽车网联化、智能化水平，实现自动驾驶，发展智能交通，促进信息消费。汽车的消费升级将带来关键核心技术的突破，能否突破这些关键核心技术是汽车产业面临的新挑战。

5. 营商环境优化带来新挑战

营造良好营商环境，是推动经济发展质量变革、效率变革、动力变革的重要抓手。2020年11月16日习近平总书记在中央全面依法治国工作会议上的讲话指出：要根据新发展阶段的特点，围绕推动高质量发展、构建新发展格局，加快转变政府职能，加快打造市场化、法治化、国际化营商环境，打破行业垄断和地方保护，打通经济循环堵点，推动形成全国统一、公平竞争、规范有序的市场体系。好的营商环境就是生产力、竞争力、吸引力。一个地方能否实现可持续发展、高质量发展，关键取决于营商环境。未来吸引企业投资的重要因素就是优化的营商环境，而营商环境的优化又给政府提出了新的挑战。

6. 实施绿色发展带来新挑战

这一挑战体现在两个方面：一是对整个区域绿色发展带来的挑战，这要求区域的发展不能以牺牲环境为代价，不能以大量消耗资源为代价；二是汽车产业本身也存在绿色发展问题，体现在发展理念、汽车产品、汽车生产、汽车使用、汽车回收、汽车文化等诸多方面。在发展理念上，建立绿色发展理念，既要对传统汽车产业改造升级，又要发展新能源汽车产业；在汽车产品上，轻量化、电动化、智能化、网联化、数字化等"五化"要求越来越高；在汽车生产上，智能化要求正逐步普及；在汽车使用上，"共享化"正逐步兴起，新的经营模式和商业模式不断涌现；在汽车回收上，相应的标准和法规不断完善；在汽车文化上，汽车文化产业发展正蓄势待发。可以预见，随着绿色发展的深入，汽车产业将面临更多新的挑战。

7. 实施低碳发展带来新挑战

低碳发展是一种以低耗能、低污染、低排放为特征的可持续发展模式。2020年9月中国明确提出2030年"碳达峰"与2060年"碳中和"目标。2021年10月24日，中共中央、国务院印发的《关于完整准确全面贯彻新发展理念做好碳达峰碳中和工作的意见》发布。初步测算，工业领域碳排放就占我市全社会碳排放的一半以上。为此，需要加快构建绿色低碳工业体系。就汽车产业而言，一方面要大力发展智能网联汽车产业，另一方面要降低使用汽车的碳排放。相关数据显示，截至2022年，汽车在生产环节产生的年碳排放量在0.6亿~0.7亿吨，而汽车使用环节碳排放量约为7.2亿吨，基本占到汽车碳排放总量的90%以上。事实上，目前我国汽车在使用环节碳排放量占交通领域碳排放的80%以上，占全社会碳排放的7.5%左右❶。因此，如何通过产品结构的改善，降低汽车使用环节

---

❶ 年排放量超过7亿吨 汽车使用环节如何降碳．全国能源信息平台，2022-01-14.https://baijiahao.baidu.com/s?id=1721882831948027719&wfr=spider&for=pc.

的碳排放成为今后汽车产业发展的又一新的挑战。

四、提升湖北汽车产业集群竞争力的路径

针对当前湖北汽车产业集群存在的主要问题、面临的机遇和挑战，以及未来5～10年的发展趋势，特提出如下提升湖北汽车产业集群竞争力的路径。

（一）科学谋划全省和区域汽车产业集群发展规划是汽车产业集群竞争力提升的前提基础

湖北省虽然确立了"十四五"期间汽车产业的发展布局与发展目标，然而，对于如何实现"万亿级汽车产业集群"这一目标尚没有作出区域和年度的具体安排，也没有指明具体的路径、措施和方法，这需要全省出台指导性的谋划思路与措施，以及省内汽车产业集群所在区域出台具体的目标、措施与办法，甚至可以考虑出台本区域专门的汽车产业发展专项规划。

（二）加快转型升级是湖北汽车产业集群竞争力提升的必然举措

汽车产业集群的转型升级，第一是明确汽车产业集群转型升级的方向，即向高端化、绿色化、新能源化转型，向智能化网联化升级；第二是提升企业的经营管理水平，逐步破解制约企业转型升级的资金、技术与人才制约，不断提升汽车产品智能化网联化水平，以产品的高附加值、提升市场占有率；第三是进一步优化整车与零部件企业之间的关系，通过构建产业集群良好的"生态系统"提升产业集群的经竞争力；第四是通过提高汽车产业链的现代化水平提高产业集群的竞争力。

（三）实施"创新驱动"战略是湖北汽车产业集群竞争力提升的动力之源

汽车产业集群"创新驱动"战略的实施主要体现在三个方面：一是有条件的汽车企业实施"创新驱动"战略。当然，汽车企业也可以借助外部人才智力优势提升本企业的技术水平。如十堰市政府与中国工程院联合实施的"双百行动"就是通过中国工程院引进专家，以当地企业为依托，与企业技术骨干共同成立企业研究室，解决产品的技术、工艺与质量问题，攻克"卡脖子"关键技术问题，提升企业的技术和管理水平，进而为企业的转型升级提供有力支撑。二是在当地成立专门的汽车产业技术研究院实施"创新驱动"战略。2021年1月，湖北省科技厅批准"湖北省中国工程科技十堰产业技术研究院"（简称产业技术研究院）

备案，该研究院是以汽车产业技术为主的研究院。研究院则是"双百行动"信息发布平台、技术对接平台、技术孵化平台、技术研发平台、成果转化平台、企业诊断平台。研究院通过定期收集企业需求，将企业需求定期发布，为企业寻求对口的专家团队。研究院通过开展技术培训和咨询，提升企业技术人员和经营管理人员的业务能力与水平。研究院通过组织专家到汽车定期诊断，解决企业技术、质量、经营、管理中的突出问题，不断提升企业竞争力。研究院通过对基础技术和共性技术的联合研发，加大成果转化和推广使用力度，为当地制造业和汽车产业集群转型升级和高质量发展提供人才和智力支撑。三是由区域政府、骨干企业、高等院校、研究机构形成"区域创新驱动"战略的机制。汽车产业集群"创新驱动"战略的实施需依靠整合多方资源，形成长效机制，就产业的基础技术和关键核心技术进行研发和科技成果转化。

（四）实施"融入融合"战略是湖北汽车产业集群竞争力提升的有效举措

湖北汽车产业集群的竞争力的提升，需融入"一带一路"、京津冀协同发展国家战略、中部地区崛起战略、长江经济带战略、汉江生态经济带发展规划、粤港澳大湾区等国家战略，唯如此，才能畅通国际国内双循环，扩大市场需求，以市场需求的提升做大做强汽车产业，进而提升湖北汽车产业集群的竞争力。湖北汽车产业集群的竞争力的提升需实现制造业与现代服务业的融合，材料、信息、电子、机械等多技术的融合，只有融合发展，才能实现"智能制造"和"产业数字化"，进而提升湖北汽车产业集群的竞争力。

（五）新能源化和智能网联汽车产业集群的打造是湖北汽车产业集群竞争力提升的根本举措

前已述及，新能源化和智能网联化是湖北汽车产业集群转型升级的必然举措，同时新能源化和智能网联汽车产业集群的打造是湖北汽车产业集群竞争力提升的根本举措。我国《新能源汽车产业发展规划（2021—2035年）》指出：到2025年，我国新能源汽车新车销售量达到汽车新车销售总量的20%左右。没有更多的新能源汽车产业集群这一目标是难以实现的。实际上，新能源汽车产业集群的打造不仅可以提升新能源汽车占当年销售所有汽车的比重，更是能够改变生产方式、经营理念，融汇新能源、新材料和互联网、大数据、人工智能等多种变革性技术，推动汽车从单纯交通工具向移动智能终端、储能单元和数字空间转变，带动能源、交通、信息通信基础设施改造升级，促进能源消费结构优化、交通体系和城市运行智能化水平提升。智能网联汽车是指通过搭载先进传感器等装置，运用人工智能等新技术，具有自动驾驶功能，逐步成为智能移动空间和应用终端的新一代汽车。智能网联汽车通常又称为智能汽车、自动驾驶汽车等。汽车与能源、交通、信息通信等领域有关技术加速融合，电动化、网联化、智能化成为汽车产业的发展潮流和趋势。2020年11月，国家智能网联汽车创新中心公布了《智能网联汽车技术路线图2.0》。该路线图是支撑政府自动驾驶产业规划、推动行业技术创新、引导社会资源集聚的重要工作，并为中国汽车产业紧抓历史机遇、加速转型升级、支撑制造强国建设指明发展方向。2020年12月，交通运输部印发了《关于促进道路交通自动驾驶技术发展和应用的指导意见》，提出了12项智能网联汽车发展具体任务。按照智能网联汽车技术路线图的要求打造区域性智能网联汽车产业集群无疑可以很快提升湖北汽车产业集群的竞争力。

（六）区域协调发展和营商环境持续优化是湖北汽车产业集群竞争力提升的支撑举措

当前，在全省范围内发展不平衡是突出的问题之一。区域整体的发展不充分，区域局部的汽车产业集群就缺乏资金、技术、人才及相应产业的支撑。湖北整体汽车产业集群竞争力的提升需区域汽车产业集群间相互链接、相互赋能、协同发展，更需要区域相关产业、扶持政策、营商环境的支撑。就湖北全域而言，汽车产业集群之间、汽车企业之间合作共赢应远大于恶性竞争，这一合作共赢不是形成垄断，而是在技术、资金、信息、人才等方面的合作共赢。

（七）推动湖北数字产业化发展是湖北汽车产业集群竞争力提升的重要举措

党的十九届五中全会提出，推动互联网、大数据、人工智能等同各产业深度融合，推动先进制造业集群发展，构建一批各具特色、优势互补、结构合理的战略性新兴产业增长引擎，培育新技术、新产品、新业态、新模式。湖北省"十四五"规划中指出，大力推动数字产业创新发展，加快形成数据驱动、应用带动产业发展新模式；布局区块链等前沿产业，推动区块链与人工智能、大数据、物联网等技术的深度融合，加快区块链技术创新、应用创新、模式创新，建设有全国影响力的区块链创新发展集聚区。可见，数据已成为重要地生产要素，数字产业的发展本身可以带动产业发展的新模式，推动产业集群发展。笔者认为，数据要素本身具有价值，数字产业化有助于更好地发挥数据的功能和价值，使汽车企业因数据互联互通，因数据精准施策，因数据创造更大价值，进而提升汽车企业的竞争力，汽车企业竞争力的提升带动汽车产业集群竞争力的提升。区块链产业深度融入汽车产业可以快速降低汽车产业链间的交易成本，聚焦急需解决的技术与模式难题，整合各方资源，以较低的成本和最快的时间加以解决，进而直接提升汽车产业集群的竞争力。此外，数字产业化和智能网联汽车的融合发展更能够快速提升整个汽车产业集群的竞争力。

第六章　湖北汽车产业转型升级研究

当前我国汽车产业进入高质量发展阶段，这一阶段除了汽车产销量由高速增长转变为趋于相对稳定外，还体现在传统的注重汽车生产规模扩大和市场占有率提升的基础上，加快转型升级，实现绿色低碳发展。这就需要对汽车产业转型升级的内涵、发展现状以及转型升级的主要路径进行研究，从而实现汽车产业的高质量发展的目标。

第一节　产业转型升级研究背景与现状

自改革开放以来，我国经济经过了40多年的发展，已经成为推动世界经济增长的重要驱动力。2021年中国经济总量已经达到114万亿元，总量规模稳居世界第二位。近年来，随着世界经济增速放缓，我国经济增速也已经由高速转向中高速增长阶段，长期积累的结构性矛盾逐渐凸显，而传统产业如制造业等产能过剩、新兴产业核心竞争力仍然不强、产业价值链长期处于中低端等问题也日趋显著，我国经济进入了增速换挡期和结构调整阵痛期。在此背景下，我国经济转型升级势在必行，而经济的转型升级主要体现在产业上。

一、产业转型升级研究背景

对产业转型升级的研究至少置于以下三大背景，一是产业转型升级是经济高质量发展的必然要求。2018年3月5日，习近平总书记在参加十三届全国人大一次会议内蒙古代表团审议时强调，推动经济高质量发展，要把重点放在推动产业结构转型升级上，把实体经济做实做强做优[1]。2020年8月，习近平总书记在安徽考察时强调，要深刻把握发展的阶段性新特征新要求，坚持把做实做强做优实体经济作为主攻方向，一手抓传统产业转型升级，一手抓战略性新兴产业发展壮大，推动制造业加速向数字化、网络化、智能化发展，提高产业链供应链稳定

---

[1] 曹磊.推动高质量发展，习近平强调这些实招.人民日报，2019-12-12.https://baijiahao.baidu.com/s?id=1652707350326541303&wfr=spider&for=pc.

性和现代化水平。❶ 因此，区域产业转型升级不仅是国家经济转型与发展的重要抓手，同时也是增强区域经济核心竞争力、实现区域经济高质量发展的重要选择。"十四五"期间，推动产业结构转型升级将继续成为中国经济增长的核心驱动力量，转型升级发展战略也必将为我国各产业在"十四五"期间实现产业结构高质量转变、推动高质量发展的主攻方向。

二是产业转型升级在战略模式路径上有其一般规律。为研究区域产业转型升级发展战略、模式创新、实施路径、保障机制，中国工程院战略咨询中心设立了"区域产业转型升级发展战略与实施路径研究"项目。该项目由工程院战略咨询中心牵头，会同同济大学和湖北汽车工业学院共同承担。同济大学主要承担该项目的一般理论研究，主要包括我国区域产业转型升级总体发展形势、国内外区域产业转型升级典型案例、新发展阶段的区域产业转型升级的内涵、区域产业转型升级的发展战略研究、区域产业转型升级的模式、不同区域产业转型升级重点方向分析、区域产业转型升级路径选择与实施策略、区域产业转型升级的支撑保障体系等。明确区域产业转型升级在发展战略、发展模式、发展路径等方面的一般性规律，有助于指导区域产业转型升级的系统谋划，构建现代产业发展体系，提高产业基础高级化和产业链现代化水平。

三是我国不同区域产业转型升级模式和路径不尽相同。尽管区域产业转型升级有一般性规律，但由于不同区域具有不同的发展基础、资源禀赋，其转型升级模式和路径不尽相同。对传统老工业基地而言，其产业转型升级有其特殊性。湖北汽车工业学院主要承担区域产业转型升级的实践探索研究，以十堰为例，探索工程科技支撑十堰"双百行动"助推区域产业转型升级战略与路径创新，包括"双百行动"提出的背景、开展的情况、实施的成效，以及由"双百行动"导致十堰产业转型升级的总体战略构建和实施路径。

二、产业转型升级研究现状

（一）产业转型升级的国外研究现状

1. 关于产业转型升级内涵研究

Porter（1990）认为，产业升级是随着资本（人力资本和物质资本）相对于劳动和其他国家的禀赋更加丰富，国家在资本和技术密集型产业发展出比较优势。

---

❶ 人民日报：把做实做强做优实体经济作为主攻方向.中国青年网，2020-08-24.https://baijiahao.baidu.com/s?id=1675850745824253012&wfr=spider&for=pc.

Gereffi(1994)认为,产业升级是 OEM—ODM—OBM 的线性改进和提升过程,通过这种过程经济行为主体——国家、企业和工人都能够从全球价值链的低附加值环节攀升到高附加值环节。Hammer 和 Champy(1993)研究指出企业转型是基于以往传统的功能状态下企业组织机构的基础上,通过对内部职能方面的进一步深化细致分工,指导员工作业进而让企业可以在绩效、财务指标(产出成本、提供的产品质量、可感知的或隐性的服务)实现跳跃式上升的一个过程。对于企业升级,Gereffi(1994)研究认为企业管理者认识到当前企业的盈利空间与适用领域已不适应当前经济环境,有必要向利润更高的、技术更加先进领域转型的过程。Muzyka 等(1995)认为,转型是指通过组织行为的根本性变革来实现组织运行逻辑的根本变化。Gereffi 和 Tam(1998)认为产业升级由几个相关分析层面组成:产品特征——同一类产品从简单到复杂;经济活动类型——从 OEA 到 OEM、再到 ODM 和 OBM 的各种趋于复杂的角色转变;产业内转变——从最终产品制造到包括价值链前向和后向关联的更高价值的商品和服务的生产;产业间转移——从低价值、劳动密集型产业到资本和技术密集型产业。Gereffi(1999)对于产业转型升级的内涵定义为企业生产高附加值产品并实现在全球价值链位置提升的过程。Humphrey 和 Schmitz(2000)在此基础上提出过程升级、产品升级、功能升级、链条升级等四种全球价值链中产业升级的类型。Ernst(2002)认为,升级的实质就是专业化与一体化。升级可以分为产业之间的升级、要素之间的升级、需求升级、功能活动的升级,以及从商品生产到知识密集型的服务的等级结构转变。Poonsc(2004)则认为企业转型升级是通过技术创新等手段提升自身核心竞争力,从而推进生产转向技术密集型产业为主的过程。Gereffi(2005)进一步将产业升级定义为"经济活动的主体国家、企业和工人,从全球生产网络的低附加值活动向相对更高附加值活动的攀升的过程"。Grabher 和 Ibert(2006)研究了劳动力流动对企业转型升级的作用。Chia(2006)认为,产业升级指的是包括生产过程和产品在内的产业水平从低技术到高技术的持续改进、从简单活动到复杂设计和研发创新的移动。Ponte 和 Stefano 等(2015)对水产养殖产业集群的升级进行了研究。

2. 关于产业转型升级相关理论研究

国外对于产业转型升级理论问题的研究非常广泛,例如在产业经济学、技术经济学以及经济增长理论中,Noren(1998)通过对产业结构变化、调整等角度展开研究，他指出产业转型升级本质上是一个结构调整、机制再造、制度创新的过程。Rotmans(2000)等人认为产业转型升级是社会、技术、经济和制度等相互作用，多层次、多维度的社会子系统的结构变化过程。Vellinga(1999)等在研究产业转型升级时，以产业为突破口，通过对社会、经济、环境变化的动态关系研究，试图认识复杂的社会与环境间的相互作用以及科技和环境变化之间的相互关系等，最终得出了产业转型升级是人类与生态关系的系统的观点，并强调产业转型研究的重点在于研究生产和消费系统的根本性转变的潜力和可行性。Gereffi(1999)指出，产业转型升级主要包括产品、经济活动、产业内部和产业间的转型升级。Albu和Bell(1999)认为，研究产业的转型升级的关键是产业的核心竞争力，尤其是区别与其他产业的难以复制的核心竞争力与产业价值。Poon(2004)将产业升级定义为产业的相关技术由低向高的演变过程，是制造商成功从生产劳动密集型低价值产品向生产高价值的资本或技术密集型产品转换的过程。然而，企业微观和国家宏观，层面存在重要联系，企业竞争力关注企业通过有目的的努力而获得的动态比较优势，而这些企业通常并不处于那些已经拥有静态比较优势的产业，获得竞争力的不同路径和方法正是企业战略在宏观层面的体现。

部分学者对技术创新和产业转型升级的关系展开了深入研究，Locke(1995)等人通过对美国、德国、英国等发达国家的研究发现，产业转型升级主要表现为企业集聚、劳动力流动性增强以及技术提升等方面。Tolentino(2003)研究了第三世界国家的产业升级过程，认为技术创新是发展中国家实现产业转型升级的主要途径。Geroski(1991)研究了20世纪末期网络通信技术和电子信息产业的内在联系，指出在新旧技术的更替过程中，技术创新能够起到重要的推动作用，进而有效地促进产业转型升级。Caiani和Agent(2017)的建模方式分析了产业结构同产业创新模式间的影响机制，发现企业的模仿创新能产生溢出效应，而这些溢出效应通过影响熊彼特式的竞争过程，对产业结构演变带来了重要的影响。除了上述理论研究外，一些学者还利用实证研究对技术创新和产业转型升级之间的关系进行验证。Varum(2009)等人研究了不同行业的面板数据，通过计量分析，发现技术发展对产业劳动生产率的提高具有正面作用，有利于推动全产业的高度化发展。Lucchese(2012)则使用"新熊彼特"法，对六个欧洲国家的行业数据进行了分析研究，最终证实了技术发展的水平对行业模式调整和优化具有促进作用。

此外，西方各领域经济学家对产业转型升级研究都得出了不同结论。发展经济学家 H. Chenery（1999）通过对工业化发展阶段的测量来划分是产业转型升级的过程，其中包括效率驱动器和创新驱动器，他同时认为发展中国家的产业转型升级过程与发达国家存在巨大差异，例如，发展中国家的产业转型升级中，就业转换比重严重滞后于产业产值比重，而发达国家的就业转换比重与产业产值比重基本保持同步。Agerberg 和 Peneder（2002）认为产业转型升级是符合经济发展基本规律的一个循环迭代上升的过程。S. Kuzndets（1941）则提出，产业转型升级规律主要依据是劳动力在各产业间的转移，将三次产业分为农业部门、工业部门和服务部门。他认为随着时间推移，农业部门的国民收入和劳动力占总体国民收入和劳动力比重均有所下降，工业部门的国民收入占总体国民收入逐渐上升，但是工业部门劳动力占总体劳动力比重基本不变或略有上升，服务部门国民收入和劳动力占总体国民收入和劳动力比重上升。

3. 关于产业转型升级的国际经验

国外关于产业转型升级研究始于 20 世纪 20 年代后半期，由于知识密集型产业和技术密集型产业的发展，部分学者开始提出用技术升级改造传统产业，而以美国、德国、日本和英国等发达国家为代表的工业基地，已经开始针对性地调整传统产业结构，在政策引导下，通过加大资金和技术投入，不断推动传统产业转型升级。

美国产业转型升级经历了由农业到工业再到服务业的转变过程，这一过程同样是一次由劳动密集型向资本密集型、再到技术密集型的转变过程。科技革命推动了美国产业结构重心由传统产业向高新技术产业的转移，尤其是 2009 年以后，美国依靠对传统制造业结构的调整，成功走出了提升传统制造业和发展高新技术产业两条产业转型升级道路，经济整体呈现出高增长、低通胀的态势。

德国的工业化进程虽然起步较晚，但是德国一直以来致力于制造业的发展，面对其他发达国家提出的再工业化，德国提出了"工业 4.0 战略"，并成功通过技术进步、人力资本积累和积极融入经济全球化等战略措施实现了德国产业转型升级。

日本政府同样高度重视产业转型升级，每十年就会推动一次产业转型。从 20 世纪 60 年代的纺织品产业、到 70 年代的钢铁产业、再到 80 年代的家电产业以及 90 年代的汽车产业，每一次成功的产业转型升级，都离不开日本政府强有力的支持。政府帮助国内企业广泛引进欧美先进技术，为企业转型注入不竭动力。日本制造业从1956～1973年逐渐转为以重化工业为主的产业结构，实现了国内经济高速增长奇迹。从1974～1991年，日本制造业又进行了从能源、资本密集型向知识、技术密集型转化的产业转型升级。这一阶段中，日本制造业在政府主导下，采用了降低能耗、革新技术和加大对外投资等政策和措施，保持了制造业总量平稳增长，实现了日本当时"世界工厂"的持续繁荣。

（二）产业转型升级的国内研究现状

国内对产业转型升级研究主要聚焦在以下四个方面：一是产业转型升级的相关理论与作用机理研究，二是产业转型升级的测度研究，三是基于行业的转型升级研究，四是从微观的视角研究企业的转型升级。

1. 关于产业转型升级的相关理论与作用机理研究

关于产业转型升级的相关理论与作用机理研究主要包括产业转型升级的内涵、动力、路径和相关理论机制等。如金碚（2011）将转型升级解释为涉及技术、体制、利益、观念等各个方面深刻的系统性变革过程。张其仔、李蕾（2017）认为制造业转型升级是在制造企业成功转型升级的基础上实现整体发展方式的转变、产业内结构的优化和产业总体效率的提升。杨蕙馨等（2020）提出企业是构成产业的基础，制造业转型升级离不开制造业企业的转型升级，制造业转型升级是在制造企业成功转型升级的基础上实现整体发展方式的转变、产业内结构的优化和产业总体效率的提升。

李强、丁春林（2019）提出产业转型升级的动力既有来自供给端的要素禀赋、环境规制、技术创新等因素，也有本地市场规模、消费结构等需求端因素。郝延伟（2016）认为全球价值链理论是关于产业集群升级的重要理论指导，市场感知能力、知识创新能力、社会网络能力均与全球价值链下的价值量的提升有正相关关系，从而与我国产业集群的转型升级有正相关性。杨蕙馨等（2017）研究了政府补贴推动工业转型升级的理论机制。李捷等（2017）对信息技术、全要素生产率与制造业转型升级动力机制之间的关系进行了研究，认为技术、资本密集型厂商和劳动密集型厂商在提升全要素生产率时对信息技术利用程度的差距会驱动制造业的转型升级。王超恩等（2017）基于融资约束理论的研究发现，产融结合能缓解制造业企业在创新中的融资约束，从而显著促进制造业企业的创新活动。陈文翔、周明生（2017）通过研究表明提高企业技术创新能力可以促进我国产业高级化，并且可以进一步让产业更加均衡化发展。秦黎、章文光（2018）研究了我国产业转型升级中政府的角色定位，认为我国产业政策的干预强度、干预方式与干预效果显得尤为重要，也将在很大程度上影响产业转型升级的成败。我国政府应适时适度干预产业发展，考量不同产业所处发展阶段，并针对各阶段产业特征及不同主体需求，采取差异化措施，以助推产业转型升级。王必达、赵城（2019）对市场与产业转型升级的理论与实证进行了分析，提出市场制度创新与产业转型升级的协同，实现专业市场和供给端产业的同步升级。余东华、崔岩等（2019）研究了双重环境规制与制造业转型升级的关系，提出正式环境规制与制造业转型升级之间呈"U"型关系，非正式环境规制对制造业转型升级的影响弱于正式环境规制。张志强等（2020）对政府技术研发补贴、技术创新与中国工业转型升级之间的关系进行了研究，指出政府技术研发补贴促进企业的技术创新，且与技术创新之间存在着双重门槛效应。余东华等（2020）研究了要素市场分割与制造业转型升级之间的关系，认为要素市场分割将通过影响企业技术创新能力阻碍制造业转型升级。邓超等（2020）通过2010～2018年我国上市企业为样本，从资产结构、创新能力与绩效水平三个方面描述企业转型升级，在此基础上检验政策不确定性对企业转型升级的影响，得出的结论是政策不确定性会不利于企业转型升级中的资产结构高级化和绩效水平的提升。唐飞鹏、叶柳儿等（2020）研究了税收竞争与产业转型升级之间的关系，得出的结论是税收竞争并未通过挤压支出竞争而施加影响于产业转型升级。甘行琼等（2020）对财政分权、地方政府行为与产业结构转型升级之间的关系进行了研究，认为从产业结构合理化和产业结构高度化视角来看，财政分权会显著影响产业结构的转型升级，因此优化财政体制、规范地方政府行为对于产业结构转型升级具有重要意义。梁双陆、刘林龙、崔庆波（2020）研究了自贸区是如何影响产业结构转型升级，指出自贸区可通过进出口贸易结构路径、消费需求路径、投资结构路径来推动产业结构转型升级。

一些学者研究了互联网推动传统产业转型升级的问题，如黄群慧、余泳泽（2019）提出互联网通过降低生产成本，减少资源错配以及促进创新来提高制造业生产率。余东华、田双（2019）从企业角度讨论了嵌入价值链可通过技术效应直接推动产业转型升级。荆文君、孙宝文（2019）提出互联网增加要素投入、增加生产要素可完善价格机制来促进产业转型升级。吴剑辉、段瑞（2020）对数字技术对我国传统产业转型升级的替代效应进行了研究。研究结果表明，数字技术的增长对中国传统产业转型升级存在替代效应，相比数字技术基础设施，数字技术产业发展对我国传统产业发展的替代效应更大。

关于产业转型升级的路径研究，主要有郑健壮、徐寅杰（2012）从产业内转型、产业间转型、产业间转型升级和产业的升级四个方面详细分析了转型升级的具体路径。李晓华（2013）对比了中国工业与主要发达国家的差距，并据此提出了结构升级、价值链升级、技术升级三大转型升级路径。杨振一等（2020）对制造业服务化发展模式与实现路径等方面进行了研究，认为应以需求驱动的服务型制造为制造业服务化发展方向，以价值链延伸和产业融合为制造业服务化的实现路径。

2. 关于产业转型升级的测度研究

关于产业转型升级的测度研究有多个视角和多种方法，其核心是构建评价指标体系进行评价研究。如王玉燕等（2016）认为中国工业转型升级的要素指标主要包括经济效益、技术创新、结构优化以及绿色驱动等四大要素，具体包含18项细化指标。邢苗等（2017）基于五大发展理念，构建了产业结构转型升级评价指标体系，运用变异系数法与均权重方法，对我国产业结构转型升级情况进行测评，并提出了相关建议。李香菊、祝丹枫（2018）构建了中国制造业转型升级发展指标评价体系，通过构建模型解释了财税政策波动对制造业转型升级发展产生的影响。赵波等（2019）从经济效益、自主创新和绿色发展构建制造业转型升级评价指标体系，运用主成分分析方法对全国30个省市共11年的制造业集群转型升级绩效进行测度与评价。潘为华等（2019）从质量效益、创新能力、信息技术以及绿色发展等四大要素出发，选取15个指标构建了中国制造业转型升级评价指标体系，对中国制造业转型升级发展水平进行定量测度评价。罗序斌、黄亮（2019）从数字化、网络化、智能化和绿色化"四化"并进视角构建中国制造业高质量转型升级的评价指标体系，以熵权法作为衡量方法，测度中国制造业"四化"并进的程度和省际差异，并进一步论证技术、市场和政府是影响制造业高质量转型升级的三大关键因素。江小国等（2019）从经济效益、技术创新、绿色发展、质量品牌、两化融合、高端发展等方面进行构建和衡量制造业高质量转型升级的评价指标体系。肖怡文（2019）提出制造业成长性、结构转型判定、高加工度、高技术化、高附加值、生态化、服务化作为制造业转型升级测度指标，构建产业结构升级的测度体系，并测度了福建省制造业转型升级的动态情况。李健旋

(2020）从智能技术、智能应用和智能效益三个层面构建智能化发展程度的评价指标。曲红、宋杰鲲等（2020）构建山东省地市产业转型升级测度指标体系，运用物元可拓模型对山东 17 个地市产业转型升级水平进行测度，并运用面板回归模型和面板分位数回归模型对山东省地市产业转型升级的驱动因素进行分析。马静、闫超栋（2020）通过构建评价指标体系，实证测度了中国 30 个省（区、市）2003～2017 年工业转型升级水平状况，提出应该从缩小地区内和地区间差距着手推进工业转型升级的区域协同提升。

3. 基于行业的转型升级研究

通过文献研究发现，关于制造业和旅游业转型升级的研究较多。在制造业转型升级研究方面，张其仔、李蕾（2017）对制造业转型升级与地区经济增长之间的关系进行了研究，提出在某种程度上制造业转型升级水平与经济增长之间存在某种正向对应关系，资本密集型产业和技术密集型产业均具有显著的地区经济增长效应。修菊华（2018）提出必须优化产业布局、提升产业竞争力、完善制造业产业链、增强制造业自主创新能力、基于信息生态平衡来推动福建省制造业转型升级。李毅彩(2020)对珠三角医疗器械制造业智能化转型升级的路径进行了研究。胡志明等（2020）通过搜集粤苏鄂辽 4 地省级层面的政策文献，综合运用政策文献计量和政策内容分析方法对制造业转型升级政策协调性进行了分析。那丹丹、李英（2020）认为研究技术创新和结构优化是对制造业转型升级影响程度最大的两个因素。王柏生（2020）对中国制造业产业集聚与产业转型升级的关系进行了研究，结果显示产业集聚显著促进了制造业转型升级，政府支出、基础设施建设、人力资本、外商直接投资同样对制造业转型升级产生了显著的正向影响，而劳动力成本则对制造业转型升级产生了负向影响。陈元刚、王慧等（2020）基于固定效应模型实证分析长江经济带生产性服务业集聚以及各细分行业集聚对制造业转型升级的影响。

在旅游业转型升级研究方面，谢春山等（2010）提出旅游产业转型升级可以从旅游产业发展模式、发展形态、结构优化、产业要素提升等方面循序渐进的过程。张树俊（2016）提出提升乡村旅游档次，推进乡村旅游的集约开发，创新经营理念、经营方式和服务方式，推进乡村旅游的创新经营，实施乡村旅游转型升级。姚云贵等（2017）提出了旅游景区+贫困村、旅游产品+电商、旅游合作社+农户、旅游业+精神文明等乡村旅游转型升级的模式。魏敏（2019）对旅游产业转型升级动力机制进行了研究。单文君（2020）从组织学习（生产）、社会资本（生活）、生态环境（生态）三个变量及其相互关系来探讨浙江省乡村旅游转型升级路径的理论模型，研究认为乡村社会资本会通过乡村生态环境和乡村旅游组织学习两个变量影响乡村旅游转型升级。

4. 关于企业转型升级研究

对企业的转型升级研究主要有三个方面：一是企业的转型升级的内涵及相关理论研究；二是企业转型升级的影响因素研究；三是企业转型升级的实证研究。

在企业的转型升级的内涵及相关理论研究方面，孔伟杰（2012）提出企业升级指企业进入效率更高、利润更丰厚的资本密集型和技术密集型产业的过程。陈文翔、周明生（2017）基于外部性视角利用中国企业作为研究对象，发现提高企业技术创新能力可以促进我国产业高级化，并且可以进一步让产业更加均衡化发展。吴小节（2020）对企业转型升级研究的知识结构进行了研究，提出企业转型升级研究领域的知识结构主要包括八个部分：企业转型升级的概念内涵、表现形式、测量、情境与动因、影响因素、路径模式、成果绩效以及建议。

企业转型升级的影响因素研究主要有两个层面，一是影响企业转型升级的外部因素层面，如政策、税收、融资、战略布局等。黄阳华、罗仲伟（2014）探讨了融资支持对劳动密集型中小企业转型升级的重要作用。王桂军（2019）探讨了"一带一路"与中国企业升级的关系。李永友、严岑（2018）探讨了服务业"营改增"与制造业升级的关联性。李林木、汪冲（2019）通过"新三板"挂牌公司的数据分析探讨了税费负担与企业升级的关系。徐辉、周孝华等（2020）认为产融结合能提升实体企业创新绩效。二是影响企业转型升级的内部因素层面，如技术、管理、数字化等。童有好（2015）提出结构效应主要通过构建柔性化改变现有的产业组织结构和竞争格局，从而推动传统产业转型升级。谌晓舟、汪志红（2017）探讨了人才结构、流动性对中小型企业转型升级的影响。杨德明、刘泳文（2018）提出在企业生产过程中，广泛地通过ICT可改进企业资源规划，协调生产运营，节约生产成本，进而实现转型升级。吕黎（2019）提出了数字化对企业转型升级的助推路径。王莉娜（2020）构建了我国企业层面的数字化指数，并运用基于控制函数的分位数回归方法研究了数字化对我国企业转型升级的影响，指出数字化对转型升级程度不同的企业都有显著的促进作用，但是对不同类型企业转型升级的影响具有差异性。

在企业转型升级的实证研究方面，黄昶生等（2020）建立新旧动能转换背景下制造业企业转型升级能力的作用机理模型及评价指标体系，基于熵值—灰色关联分析方法和全国30个省市的制造业企业案例数据进行实证研究，归纳出我国制造业企业在当前经济阶段转型升级的基本特征，并据此提出相关建议。邓超等（2020）通过2010~2018年我国上市企业为样本，从资产结构、创新能力与绩效水平三个方面描述企业转型升级。王莉娜（2020）研究了数字化对企业转型升级的影响。祁明德等（2020）通过构建市场导向的企业转型升级模型，对257家样本企业进行调查，探究了市场导向、商业模式创新、企业性质与企业转型升级之间的关系，认为市场导向对新颖型和效率型商业模式创新均有显著的正向影响，两种商业模式对企业转型升级均有正向促进作用，商业模式创新在市场导向和企业转型升级之间扮演部分中介的角色。

综上所述，学术界关于产业转型升级的研究成果极为丰硕。经知网查询，自2015年以来发表在期刊上的关于"产业转型升级"的研究论文达到了6900余篇。研究的内容较为丰富，研究已形成体系，研究的重点在产业转型升级的关联因素、制造业转型升级、企业转型升级、转型升级的评价与测量等。研究的方法主要有文献综述法、文本分析法、实证研究法和模型测度法。以上研究表明：企业的转型升级、产业的转型升级、区域的转型升级具有高度的关联性，企业的转型升级支撑产业的转型升级，产业的转型升级支撑区域的转型升级；转型升级的效果是可测度的，构建相应的评价指标体系，建立相应的模型，采用相应的方法可以测量企业、产业和区域转型升级的效果。企业的转型升级涉及技术、人员、经营、管理、模式的综合转变，产业的转型升级涉及产业集群化、产业链高级化。区域的转型升级涉及产业的布局、产业结构的优化、产业集群化、高端化、数字化、融合化、绿色化的发展。

三、汽车产业转型升级研究现状

当前，关于汽车产业转型升级的研究主要有以下两个视角。一是从汽车产业本身的视角。这一视角包括汽车产业转型升级的要素、核心、路径、方法等。如边明远、李克强（2018）提出通过依托智能网联汽车产业的发展进行"汽车强国"战略的顶层设计，推动汽车产业转型升级，加快实现我国从汽车大国向汽车强国的转变。乔英俊、延建林、钟志华（2019）认为汽车产业转型升级的核心在于全面自主创新，而汽车产业的自主创新应主要围绕新材料、新结构、新工艺、新装备、新能源、新功能以及新模式等七部分创新展开。王承云、马任东、王鑫（2019）提出高校、研究机构等创新资源是推动汽车产业升级的根本，政府推出的区域政策是引导汽车产业成长的助推器。李月起、杨继瑞（2021）以汽车产业为例，从要素升级、产业生态两个层面分析了创新驱动制造业升级的机理和特征，指出数据成为汽车产业升级的要素来促进汽车产业升级。刘刚、张晓兰（2020）提出我国制造业转型升级需要培育具有国际竞争力的先进汽车制造业，我国汽车产业国际化应聚焦于国际综合竞争力的提升，要实现原有产业的供给侧结构性改革和转型升级。程源、冯杰（2020）提出我国政府应该尽快围绕中国汽车产业转型升级做好规划，从全球价值链的角度，明确我国汽车产业转型升级以及国际化进程的技术路线图，为汽车企业的转型发展提供方向支撑。章秀琴、孔亮、吴琼、郭俊晖（2020）以芜湖市为例，探讨新能源汽车创新型产业集群发展特征及其升级路径，即"链条式产业集聚→模块式产业集群→中心——外围式创新型产业集群"。邹坦永（2021）提出汽车产业发展需要新技术、新动力的出现，技术融合就成为推动产业升级的重要途径，融合创新驱动产业升级具有四条途径：扩散性创新融合、吸纳型技术融合创新、技术交叉融合创新、产业内部技术整合创新。

二是从汽车企业的视角。这一视角包括汽车产品、技术、管理、经营、模式等变革。刘宗巍等（2018）提出全面推行数字化建设应是汽车企业面向智能制造转型升级的重点和难点，其核心任务指向连接、数据和流程，企业应特别注意开发高效集成的数据库并成功拓展数据应用。李林、袁也、刘红（2018）提出良好的创新环境容易促进新能源汽车企业自主研发，进而形成协同创新的氛围。王小明（2019）认为需从汽车产品智能化、汽车制造智能化、汽车产业模式变革、汽车产业基础设施建设四个维度统筹推进汽车产业智能化升级，并提出汽车产品智能化是主体，汽车制造智能化是主线，汽车产业模式变革是主题，汽车产业基础设施建设是不可或缺的重要基础。姜彩楼、张莹、李玮玮（2020）提出研发成功率较高会促进新能源汽车企业自主研发，反之会倾向于技术引进。赵世佳、左世全（2020）提出鼓励汽车企业积极开发高端产品，尤其在智能网联汽车领域，提前做好关键核心技术预研，提升汽车及零部件企业品牌及其产品国际竞争力，增强不可替代性。

综上所述，当前对汽车产业的转型升级研究主要集中在产业与企业上，也有少部分对汽车产业集群带动汽车产业转型升级进行了研究。但是对于湖北汽车产业转型升级和汽车产业集群化、高端化、数字化、融合化、绿色化的研究却几乎没有涉及。

第二节 汽车产业转型升级的内涵

尽管国内外大量学者都对产业转型升级的内涵进行了研究，但专门对汽车产业转型升级内涵研究的却较少，需要结合我国汽车产业转型升级的实际加以界定。

一、产业转型升级的内涵

国务院2011年发布的《工业转型升级规划（2011—2015年）》指出，转型就是要通过转变工业发展方式，加快实现由传统工业化向新型工业化道路转变；升级就是要通过全面优化技术结构、组织结构、布局结构和行业结构，促进工业结构整体优化提升。可见，"转型"强调经济的增长方式，"升级"强调产业本身的优化提高。所谓转型，是指事物的结构形态、运转模型和人们观念的根本性转变过程。转型是主动求新求变的过程，是一个创新的过程。所谓升级，就是从较低的级别升到较高的级别。国内一些学者认为转型与升级各有侧重，转型强调组织结构和发展模式的转变，例如组织管理转型、跨行业转变等；升级更强调事物由初级往高级递进，由低层次劳动密集型产品向高层次的技术密集型和高价值演变。Gereffi（1999）最早提出了转型升级的概念，他从全球价值链的视角出发，认为转型升级是一种价值链的升级，即企业转变为更具获利能力的技术密集型企业或资本密集型企业的过程。可见，转型升级是将转型和升级视为紧密联系的整体系统。产业转型升级，即产业结构的转型升级。产业结构转型升级中的"转型"，其核心是转变经济增长的"类型"，即把高投入、高消耗、高污染、低产出、低质量、低效益转为低投入、低消耗、低污染、高产出、高质量、高效益，把粗放型转为集约型。产业结构转型升级中的"升级"，既包括产业之间的升级，也包括产业内的升级，即某一产业内部的加工和再加工程度逐步向高级化发展，实现技术集约化，不断提高生产效率。简言之，产业转型升级，即产业结构形态向高级化转变，从低附加值转向高附加值升级，从高能耗高污染转向低能耗低污染升级，从粗放型转向集约型升级。产业的转型升级不仅适应而且更加促进经济社会的高质量发展。

事实上，关于产业转型升级一些学者赋予了新的内涵。安礼伟（2010）提出产业转型升级是指产业结构朝着合理化与高级化的统一，是新产业的建立与产业价值链的延伸过程，由劳动密集型产业为主逐级向资金、技术、知识密集型产业为主演进。甘行琼等（2020）认为，产业结构转型升级是指各产业之间和各个产业内部的资源配置合理有效、相互之间协调均衡、生产效率稳步提升的发展过程。产业结构转型升级的目标是实现经济增长方式的转变。衡量产业结构转型的标准或指标主要是产业结构的合理化和高度化。产业结构合理化可以被认为是一国或地区各产业适应该国或该地区的消费需求、技术水平、资源禀赋和经济发展水平，各产业间相互协调均衡，达到资源合理配置并产生结构效益的状态。产业结构高度化主要是指通过技术创新和技术进步，带动产业结构整体素质和效率的提升。产业结构高度化的核心是生产效率的提升。曲红、宋杰鲲（2020）认为产业转型升级均可划分为广义与狭义两种含义。广义而言，产业转型是指各产业通过提高自身的竞争力，使得产业的发展路径与宏观调控下的整体经济环境相契合，从而实现可持续发展的转变；产业升级即为产业结构的升级，如国家层面的三次产业结构优化升级、工业层面的工业细分产业结构升级等。狭义而言，产业转型是指产业内的各企业为了不断适应外部的环境变化，通过企业经营领域的调整与跨步来实现自我提升转变；产业升级即产业向从低附加值向高附加值、由粗放型到集约型、由高能耗高污染到节能环保发展的优化升级；产业转型升级可以从产业发展的方向、高度和速度三个视角进行表征。还有学者提出，产业转型升级有技术升级、市场升级、管理升级等多个途径。产业转型升级必须依赖于政府行政法规的指导以及资金、政策支持，需要把产业转型升级与职工培训、再就业结合起来。

笔者认为，产业转型升级有宏观、中观、微观三个层次。就宏观而言，是指国家的产业布局转型升级。我国国民经济和社会发展第十四个五年规划中提出，构建实体经济、科技创新、现代金融、人力资源协同发展的现代产业体系。这就需要产业间融合转型，产业内升级发展。我国"十四五"规划进一步指出，推进产业基础高级化、产业链现代化，保持制造业比重基本稳定，增强制造业竞争优势，推动制造业高质量发展；深入实施智能制造和绿色制造工程，发展服务型制造新模式，推动制造业高端化智能化绿色化；改造提升传统产业，推动石化、钢铁、有色、建材等原材料产业布局优化和结构调整，扩大轻工、纺织等优质产品供给，加快化工、造纸等重点行业企业改造升级，完善绿色制造体系。产业基础高级化和产业链现代化是产业转型升级的具体体现和主要路径，推动制造业高端化智能化绿色化则是产业转型升级的主要目标，改造提升传统产业和产业布局优化和结构调整是产业转型升级的必然要求。宏观层面的产业转型升级是支撑国家层面现代产业体系的构建。

就中观而言，产业转型升级是指区域的产业布局转型升级。湖北省国民经济和社会发展第十四个五年规划指出，加快形成战略性新兴产业引领、先进制造业主导、现代服务业驱动的现代产业体系；实施产业基础再造工程，补齐产业链供应链短板；实施产业链提升工程，锻造产业链供应链长板；实施技改提能工程，推动产业链迈向中高端；加快重点行业结构调整；优化区域产业链布局，充分利用现有产业基础，积极承接国内外产业转移，推进老工业基地转型发展，着力打造产业名城；实施战略性新兴产业倍增计划，推动形成要素优化配置和产业链高度配套的良好发展生态，促进产业由集聚发展向集群发展全面提升，打造产业转型升级新引擎；加快构建优质高效、布局优化、竞争力强的服务业新体系，增强服务业的驱动能力。可见，区域的转型升级除构建区域现代产业体系外，还指明了如何实现产业转型升级的具体路径和方法，具有可操作性。

就微观而言，产业转型升级企业是主体。我国"十四五"规划提出，鼓励企业应用先进适用技术、加强设备更新和新产品规模化应用。建设智能制造示范工厂，完善智能制造标准体系。深入实施质量提升行动，推动制造业产品"增品种、提品质、创品牌"，实施领航企业培育工程，培育一批具有生态主导力和核心竞争力的龙头企业。推动中小企业提升专业化优势，培育专精特新"小巨人"企业和制造业单项冠军企业。湖北省"十四五"规划提出，实施优质企业培育工程，深入开展质量提升行动，提升湖北产品美誉度，加快智能化改造，推进智能工厂和数字化车间建设，实现生产过程透明化、生产现场智能化、工厂运营管理现代化。可见，企业的转型升级涉及技术、设备、管理、经营、产品、品牌等多因素的协调推进。因此，企业转型升级是一种量变实现质变的产业变革进程，并在原有技术基础上提升产业附加值和技术水平，实现产业结构的最优配置；其目的是提升经营绩效和谋求高质量发展，对生产和经营方式进行转型升级，进而提高竞争力，实现效率和效益最大化。

二、汽车产业转型升级内涵

汽车产业转型升级主要是指产业结构的转型升级。汽车产业结构的转型主要是指汽车制造业由高能耗、高污染、高产能、劳动密集型转型为低能耗、无污染、高智能、科技密集型，汽车服务业由低标准、低水平、低效益、不规范向高标准、高水平、高效益、规范化转型。汽车产业升级主要是指产业基础的升级、产业链价值升级、产业链完整性升级，以及产品质量的升级、产品价值的升级、产品服务升级、企业生产方式升级、企业经营管理升级等。汽车产业转型升级可划分为汽车制造业产业转型升级和汽车服务业转型升级。汽车制造业产业转型升级的核心是竞争力的提升，竞争力提升的关键是核心技术的突破；汽车服务转型升级的核心是与汽车制造业的深度融合以及向专业化和价值链高端延伸。

我国"十四五"规划中"制造业核心竞争力提升"指出，突破新能源汽车高安全动力电池、高效驱动电机、高性能动力系统等关键技术，加快研发智能网联汽车基础技术平台及软硬件系统、线控底盘和智能终端等关键部件；以服务制造业高质量发展为导向，推动生产性服务业向专业化和价值链高端延伸；推动现代服务业与先进制造业深度融合。湖北省"十四五"规划提出，发挥汽车整车产能和零部件配套优势，促进协同发展，打造万亿级汽车产业集群；深入推进标准化战略，加强行业标准体系建设，引导汽车、信息、装备、医药、化工等行业龙头企业，主动参与国际标准、国家标准和行业标准制订，提升行业话语权。营造良好品牌建设环境，推进产品品牌、企业品牌、集群品牌建设，引导企业加强品牌经营，逐步将技术优势、质量优势转化为品牌优势；实施战略性新兴产业倍增计划，推动形成要素优化配置和产业链高度配套的良好发展生态，促进产业由集聚发展向集群发展全面提升，打造产业转型升级新引擎；加快生产服务、流通服务等生产性服务业向专业化和价值链高端延伸，推动现代服务业与先进制造业、现代农业深度融合，促进服务业不同领域间的协同融合。

由上可知，汽车制造业产业转型升级的核心是竞争力的提升，竞争力提升的关键是关键核心技术的突破；汽车服务转型升级的核心是与汽车制造业的深度融合以及向专业化和价值链高端延伸。在汽车产业转型升级的具体措施上有技术平台建设、产业集群打造、标准化战略、品牌战略、协同融合战略等。技术平台建设主要解决基础技术的提升与推广，以及关键核心技术的研发与突破，特别是涉及到新能源汽车与智能网联汽车关键核心技术的突破。产业集群打造主要解决整车和零部件协同发展，形成完备的产业链，打造高端价值链。标准化战略主要解决汽车行业标准体系建设问题，不断规范汽车制造业与服务业的发展，使其高效率衔接。品牌战略主要解决汽车企业产品品质、经营管理、售后服务、商业模式、企业文化、发展战略等方面提升的问题。协同融合战略主要解决汽车产业内部服务业与制造业的融合，以及汽车产业与金融业、互联网等其他产业的融合，增加大数据、云计算等现代技术在汽车产业中的运用，实现汽车产业的绿色发展与数字化发展。

第三节 湖北汽车产业转型升级路径

湖北汽车产业正处于高质量发展的转型期。转型升级已成为湖北汽车产业高质量发展的关键，通过转型升级可以提升湖北汽车产业的核心竞争力，提升汽车产业链的价值，推动湖北汽车产业集群化、高端化、数字化、融合化、绿色化发展。然而，由于受制于瓶颈因素的制约，湖北汽车产业转型升级的步伐不够快速，不能很好地适应国家对汽车产业发展的要求，不能很好地适应市场对汽车产业发展要求，不能很好地适应客户对汽车产业发展要求。而湖北汽车产业的高质量发展必将促进和带动湖北整个制造业和现代服务业的振兴。因此，加快湖北汽车产业转型升级步伐，尤其必要和重要。

（一）以绿色低碳发展理念引领湖北汽车产业转型升级

绿色发展是以效率、和谐、持续为目标的经济增长和社会发展方式；低碳发展是一种以低耗能、低污染、低排放为特征的可持续发展模式。绿色低碳发展不仅是我国"双碳"目标的要求，更是整个发展方式的转变，绿色低碳的发展方式使发展质量效率和可持续提升，同时能耗污染排放下降。湖北的汽车产业以制造业为主，十堰、襄阳、随州等地均是老工业基地，面临着对传统高能耗低效率的汽车制造业如何转型升级的问题。这就需要以绿色低碳发展理念指引湖北汽车产业的转型升级，即一方面提升传统汽车制造业的智能化水平和汽车产品的节能环保品质，降低能耗、污染和排放；另一方面大力发展汽车绿色产业，如建设全国性汽车数据、交易、检测、后市场等服务平台，推动汽车产业与新一代信息通信、新能源、新材料、人工智能、大数据等新兴产业深度融合。

（二）以优化汽车产业结构推进湖北省汽车产业转型升级

汽车产业结构的优化包括全省汽车产业的合理布局、汽车制造业和服务业的协调发展、汽车产业集中度的提升和汽车智能化水平的提升。为此，一是加快"汉孝随襄十汽车工业走廊"的转型升级进程，增强其带动和辐射效应；夯实"宜昌—荆州—荆门—黄石—黄冈"汽车走廊的产业基础，重点发展新能源汽车和智能网联汽车;二是支持企业通过市场机制相互整合或联合重组,支持汽车制造企业与服务企业的整合、整车企业与零部件企业的整合、零部件企业之间的整合,通过整合提高汽车产业集中度,培育一批综合实力强、竞争力高、知名度广的汽车企业;三是大力发展汽车服务业,促进汽车制造业与服务业融合发展,重点对汽车设计、汽车研发、汽车培训、汽车会展、汽车营销、汽车金融、汽车保险、汽车租赁、二手车交易、汽车维修、汽车检测、汽车养护、停车服务、汽车报废回收等服务业发展,加强汽车信息化和汽车文化产业发展,探索汽车服务业的跨界融合发展,培育一批汽车服务业国内知名企业和品牌;四是提升汽车产业智能化、网联化水平;智能化和网联化是汽车产业发展的重要趋势,无论是传统能源的节能汽车还是新能源汽车,无论是乘用车还是商用车均需高度的智能化网联化,智能化网联化水平的提升可以加快汽车产品的"五化"(电动化、智能化、网联化、轻量化、共享化)进程,进而优化汽车产业产品结构;五是加快汽车产业数字化发展,以及大力发展数字汽车产业,以新业态优化产业结构,实现汽车产业的低碳转型,提升汽车产业转型升级的含"绿"量。

(三)以创新驱动加快湖北汽车产业转型升级

创新是发展的第一动力。创新包括技术创新和非技术创新。其中技术创新覆盖到基础研究、应用技术研究、产业化技术开发等;非技术创新主要是指与技术创新密切相关的商业模式、体制机制等方面的制度和体系创新。创新是推进湖北汽车产业转型升级的根本动力,为此,①对照湖北加快形成"战略性新兴产业引领、先进制造业主导、现代服务业驱动的现代产业体系",以技术和机制创新推动汽车产业高质量发展;②全方位支持汽车龙头企业的自主创新。通过完善产业集群的政策扶持体系,支持汽车龙头企业的自主创新,提升"汉孝随襄十制造业高质量发展带"汽车产业的核心竞争力;③建立汽车工业创新基金。专门对汽车企业开展智能制造研发,智能生产流程改造等技术创新活动给予相应资金扶持;④建立由政府扶持的研发平台。通过这一平台加强汽车共性技术和关键技术研发及应用,加快大数据、轻量化技术、自动驾驶技术、信息通信、智能交通技术、无线充电技术、3D打印技术领域实现突破,为汽车工业创新提供基础支撑;⑤充分运用湖北高校资源优势,与企业和政府共建集技术创新、成果转化、中试熟化、企业孵化、股权投资为一体的产业技术研究院,进一步完善产学研紧密结合的汽车工业技术创新体系建设;⑥发挥武汉在汽车工业创新上的引领与带动作用，建立武汉与相应汽车城市的对口协作机制，以"汉孝随襄十"汽车工业走廊为基础，依托现有汽车产业和新能源汽车产业基地，在武汉、襄阳、十堰、黄冈、宜昌、孝感、随州、荆州等地发展汽车及零部件产业，在武汉、襄阳、十堰、孝感、荆州、荆门等地发展新能源汽车、智能网联汽车，在随州、孝感等地重点对专用车、特种车提档升级；⑦通过建立跨界融合、协同创新的技术创新体系，以科技创新引领汽车产业转型升级和形成汽车社会新生态；⑧积极探索汽车企业运营及商业模式创新。通过企业运营及商业模式创新，一方面提升汽车企业的核心竞争力，另一方面参与城市绿色智慧生态建设，带动整个汽车工业全面转型升级。

（四）以新能源汽车发展带动汽车产业转型升级

首先，出台全省新能源汽车产业发展规划，系统谋划未来 10 年湖北新能源汽车产业发展目标、主要任务、重要举措和实施保障；其次，加大支持和服务东风汽车集团发展新能源汽车的力度，加快现有整车和零部件企业的新能源化转型，整车企业瞄准新能源汽车产业技术和市场发展趋势，快速提升新能源汽车在当年汽车产量的比重，零部件企业则加大向新能源汽车整车配套和提升新能源汽车后市场服务能力的转型，鼓励成长性好的新造车势力落户湖北发展；再次，通过新型研发机构或完善政、校、研、企、社协同创新机制，集中优势资源在动力电池、驱动电机、氢燃料电池、车用操作系统等关键技术及 HA（高度自动驾驶）级智能网联汽车方面取得重大突破；最后，鼓励新能源汽车在省内的购买和使用，重点推进充电站、充电桩等新能源汽车基础设施在全省的布局和建设，完善新能源汽车配套服务体系，稳步推进氢燃料供给体系建设，支持新能源车报废回收产业发展，构建新能源汽车产业发展的良好生态环境，加快形成从零部件到整车、从研发到服务的新能源汽车产业体系。

（五）以推进产业链现代化和产业集群化实现汽车产业转型升级

就汽车产业链现代化而言，一是实施汽车产业基础再造工程，锻造产业链供应链长板，补齐短板，推动湖北汽车产业链基础高级化。通过"强链"实现汽车工业的基础材料、基础工艺、基础零部件、技术基础等"四基"高端化；通过"补链"聚焦先进汽车材料、汽车核心零部件、汽车芯片、汽车电子的研发与成果转化；通过"延链"优化区域汽车产业生态，完善汽车产业园区配套功能，依托产业园区形成"零部件—整车—产业链—产业集群"的区域汽车产业发展格局，打造一批具有全国竞争力的区域汽车产业集群；二是不断增强汽车产业链供应链韧性，提高汽车产业链现代化水平。加强汽车整车与零部件的联动发展，形成和谐共生的"零部件支撑主机厂、主机厂带动零部件"的现代化汽车产业链；加强汽车企业、政府、研发机构之间的联动发展，使协同创新更具精准性高效性；增强汽车产业与其他相关产业的联动发展，充分发挥湖北"光芯屏端网"的优势，加大光电子信息等产业与汽车产业的联动，以数字化、服务业现代化带动和提升汽车产业链现代化；建立"政府支持、企业主体、协会协助、平台参与"的汽车产业链上下游合作机制，实现主机与零部件、元器件、系统与材料、工艺、软件和设计的深度联动和协调发展，推动产业链优化升级和不断增强汽车产业链供应链韧性。

就汽车产业集群化发展而言，一是可加强省域合作和深度融入国家战略推进中部地区汽车产业集群加快发展。加强与河南、湖南、江西、河南等省份汽车产业发展的协同性，深度融入"中部崛起""长江经济带""汉江生态经济带""京津冀协同发展"和"一带一路"等国家战略拓展汽车产业链，尽快实现湖北万亿级汽车产业集群目标；二是通过数据驱动提升汽车产业集群竞争力。数字产业和区块链技术深度融入汽车产业可以快速降低汽车产业链间的交易成本，进而直接提升汽车产业集群的竞争力。此外，数字产业化与新能源汽车、智能网联汽车的融合发展更能够快速提升整个汽车产业集群的竞争力。

（六）以增强汽车企业竞争力支撑汽车产业转型升级

汽车企业的竞争力主要体现在创新能力上。通过自主创新提升企业竞争力，完善整车企业自主创新体系，提升零部件企业自主创新能力，鼓励企业着重进行产业基础性前瞻性共性技术研究，力争有所突破和掌握关键核心零部件技术；鼓励企业跨界融合，运用数字化、信息化、"互联网+"等手段，加强产品研发能力、控制生产成本、拓宽销售渠道；大力推行智能制造，通过智能制造标准、核心软件和工业互联网与信息安全系统、关键智能制造装备的应用，加快企业转型升级和智能化改造进程；鼓励企业积极探索运营及商业模式创新，实施优质企业培育工程，梯度培育专精特新"小巨人"、单项冠军、产业链领航企业。加快产业数字化发展，通过搭建平台，为汽车企业提供基础技术和信息（大数据）服务，助推企业提升产品质量，拓展供应链和销售链，进而降低成本、增加收入、提高效益。

（七）以实施人才战略保障汽车产业转型升级

人才是最宝贵的资源，是成就一切事业的核心力量，是汽车产业持续发展的力量之源。实施人才战略,持续推进汽车人才建设是湖北汽车产业高质量发展的根本保障。湖北教育资源丰富,优势明显,能够满足汽车产业发展所需的多层次、跨领域人才。因此,要加强汽车人力资源的开发,推动管理、研发、技能、营销、服务等一系列的汽车高水平、专业化人才队伍建设。继续实施和优化人才政策,充分发挥湖北人才摇篮的优势,制定有关优惠政策,坚持引进与培养相结合,将"汽车工匠"人才与汽车"高层次人才"的培养、引进、留住并重。人才战略的实施,需要工业信息化、科技、教育、人力资源、社会保障等部门共同发力、协调推进、持续实施。

第七章　十堰汽车产业转型升级研究

十堰被称为"国际商用车之都",是东风与沃尔沃合资公司总部所在地。截至目前,十堰有汽车及汽车零部件企业1000余家,其中,整车生产资质企业11家,新能源汽车整车生产企业8家,专用车资质企业41家,规模以上汽车及零部件企业441家,约占全市规模以上企业数量的40%。十堰作为汽车老工业基地,同样面临如何转型升级的课题。

第一节　十堰汽车产业发展现状及转型升级必要性和特殊性

湖北省第十二次党代会提出,支持十堰建设绿色低碳发展示范区,打造"汉孝随襄十"为重点的万亿级汽车产业走廊。十堰市第六次党代会提出,加快建设"现代新车城、绿色示范市",今后五年的奋斗目标是基本把十堰建设成为区域经济中心、区域创新中心、区域现代服务业中心和绿色发展示范城市、全国文明典范城市、市域治理样板城市("三中心三城市"奋斗目标)。无论是湖北省委对十堰市发展的定位要求,还是十堰市委提出的"十四五"发展目标,均需要加快汽车产业转型升级的进程。

一、十堰汽车产业发展现状

(一)主要成效

1. 汽车产业主导优势明显

汽车产业长期以来是全市的主导产业,全市已汇聚东风有限、东风特专、东风特汽、东风易捷特、东风小康、湖北三环等具有市场领军能力的大型企业,商用车领域各种类型的汽车零部件一应俱全,主要产品包括商用车发动机、变速箱、汽车电子电器、汽车车身、悬架、制动系统等。当前,十堰有规模以上汽车及零部件企业数量约占全省汽车制造企业数量的近30%；资产总额2965亿元，约占规模以上工业企业资产总计的80.6%，占全省的41.1%；2021年实现利润总额约223.7亿元，占规模以上工业企业利润总额的85.9%，占全省汽车制造业利润总额的38.4%；产值约1400亿元，占全省的20%；吸纳就业10.4万人，占规模以上工业企业就业人数的63.4%，占全省汽车制造业就业人数的26.1%。由于汽车产业主导优势明显，十堰的制造业和现代服务业主要围绕汽车产业发展。

2. 汽车产业体系比较完备

十堰汽车产业体系完备，形成了以东风商用车为龙头、以地方整车、专用车为骨干、以零部件企业为配套的较为完整的汽车产业体系，已建成重、中、轻、微、客、专用车、新能源等商用车全系列产品生产链，随着东风小康、易捷特等乘用车落户十堰，改变了十堰单一发展商用车的局面，形成了"油电并重、商乘并举"的发展格局。十堰有培养汽车产业人才的高校——湖北汽车工业学院，有与中国工程院合作设立的新型研发机构——中国工程科技十堰产业技术研究院。2021年十堰的汽车销量36632辆，位居全省第5位。截至2021年底，十堰城镇居民家用汽车每百户拥有量达到40辆，农村居民家用汽车每百户拥有量达到18辆。较高的汽车保有量使得汽车保险、金融、二手车、维修、置换等服务业随之发展较快。

3. 汽车产业布局基本形成

目前，十堰汽车产业形成了以城区为核心，丹江口市和郧阳区为支撑的发展格局。形成了张湾区智能装备制造产业集群、郧阳区铸锻件产业集群、丹江口市汽车零部件产业集群。十堰经济技术开发区已具有100余家规模以上汽车及零部件企业，辖区内东风小康、东风特汽、东风特客、湖北帕菲特、东风斯诺威、湖北神鹰等10余家整车及主机生产厂家。设计生产能力每年达80万辆，年生产各类汽车零部件10000余种，其中汽车关键零部件40多种，成为全国最具影响力的商用车生产基地之一。易捷特新能源汽车有限公司生产的新能源汽车主要出口欧洲，2021年占全国出口新能源汽车的92%。

4. 专用汽车稳步发展

近几年，"整专一体化"发展进一步加强，东风商用车、东风华神、东风猛士等整车企业和一专、宝路、迅捷安、湖北振序等重点改装企业签订战略合作协议。推进以专用车制造为主的应急装备发展，谋划了东风猛士民用版 M50 产业园、应急装备产业园、郧阳区专用车产业园。2021 年专用车资质企业达到 41 家，占湖北省专用车企业数量的 20%，生产专用车 11.2 万辆，专用车年产值约 150 亿元。此外，还成立了十堰市专用汽车行业协会，指导专用车行业向新能源和智能网联创新推进和转型升级。

5. 新能源汽车快速发展

十堰拥有新能源汽车整车生产企业 8 家，新能源汽车整车产品涵盖纯电动物流车、纯电动公交车、纯电动搅拌车、纯电动环卫车、纯电动商用车、纯电动乘用车等。2021 年新能源汽车产量达 60542 辆，比上一年增长 984.8%，2022 年十堰生产新能源汽车 10.7 万辆，同比增长 77%，其中出口 5.5 万辆，同比增长 57%。在新能源汽车产业上，十堰形成了一定的优势，构建了"新能源汽车零部件—电机—电池—整车生产—汽车后市场"这一相对完整的新能源汽车产业链。产业链上游（原材料、关键零部件）企业主要有昊塑新能源、宏迈高科、东实大洋、十堰猛狮、东风力神、远景动力、东风零部件集团、十堰精密新动力、东风德纳车桥等，其中新型电池规模以上企业 20 家，产值超过 100 亿元。产业链中游（新能源整车）企业主要有东风商用车、东风华神、东风小康、易捷特、湖北三环、东风特客等，产业链下游（后市场）企业主要有东风商用车、湖北汇创天下、十堰洁诚、亿脉科技等。此外，十堰新能源电池及材料发展潜能巨大，远景动力、正威智造、万润新能源等一批大项目达产后，将在新能源电池及材料行业形成新增产能优势。十堰充电桩等基础设施初具规模，截至 2022 年，十堰城区已建成并投入使用 9 座充电站，负责给电动汽车提供电源。2021 年新能源汽车产值接近 100 亿元。

6. 零部件产业向外拓展

围绕为整车配套，本市涌现出了至少 50 家处于行业前列的汽车零部件企业，如东风零部件集团在国内排名第 12 位，国际零部件企业排名第 100 位。一批汽车零部件企业的产品、技术和设备在行业内具有明显优势，且供应链纷纷向市外拓展，成为北汽、陕汽、重汽、长安、长城、奇瑞、五菱、一汽、上汽、柳汽、厦门金龙、郑州日产、东风股份、中车时代、比亚迪、广西玉柴、中国重汽、吉利汽车、上海特斯拉等汽车企业的零部件供应商。2021年全市汽车零部件的产值约650亿元。

7. 转型升级取得初步成效

汽车产业加快了数字化、网络化、智能化的建设进程，一批具有较高水平的数字车间、数字工厂基本建成，东风小康、东风商用车、三环汽车等均使用了柔性自动化生产线。近几年，十堰汽车产业加大了信息技术、数控机床、机器人等数字化设备的力度，累计投入约420亿元，入选国家级智能制造示范项目4个、省级示范项目10个。汽车零部件以轻量化、乘用化、新能源化为方向，加快产品结构调整，积极向附加值高、市场发展潜力更大的乘用车、新能源车零部件方向发展，取得了初步成效。

（二）主要问题

虽然十堰市作为现代汽车城特色明显，优势突出，但也存在一些问题：一是汽车产业结构不够优化。主要体现在新能源汽车发展不够，智能网联汽车发展缓慢，智能化水平整体不高，汽车优势企业中有智能工厂或车间的比例仅为44.07%，汽车服务业发展不足，汽车产业核心竞争力缺乏，整零关系不够和谐。

二是面临当下产能过剩与未来相对不足的双重矛盾。调查显示，一方面，2021年汽车企业实际产量为产能的64.53%，其中整车平均为66.43%，专用车平均为49.45%，汽车零部件平均为67.96%；另一方面，要实现"十四五"末期将汽车产业打造成2300亿级产业目标，汽车整车产量达到87万辆，现有80万辆汽车产能尚不能支撑这一目标的实现。

三是总体上企业规模偏小、竞争力弱。就规模而言，除东风板块外，地方规模以上零部件企业的经营规模超过10亿元的仅5家，超过5亿元的只有15家，上市公司仅3家。亿元产值以下的零部件企业占比68%；就产品而言，东风小康、易捷特等乘用车处于低端水平，专用车除底盘优势明显外，同质化竞争普遍，自卸车占主导地位，作业类车辆较少，除驰田、帕菲特、湖北一专外，具有影响力的品牌产品较少。

四是汽车产业核心技术缺乏。相对整车而言，零部件产业技术含量、附加值和效益均较低，处于产业链的中低端。除东风板块及部分合资零部件企业外，绝大多数零部件企业没有核心技术，同时承受原材料价格和人工费用上涨而产品价格不变甚至下降的双重挤压,生存压力大。

五是汽车产业转型升级步伐缓慢。汽车产业研发费用投入不足,十堰市汽车企业平均研发投入占主营业务收入平均约为2.25%,而全国规模以上汽车企业研发投入占主营业务收入比重平均约为5.50%;汽车产业绿色转型缓慢,在汽车生产上,大量中小汽车企业仍停留在半自动化上,企业的生产环境有待改善,企业的排污处理水平亟待提升。

二、十堰汽车产业转型升级必要性和特殊性

(一)汽车产业转型升级必要性

十堰汽车产业转型升级的必要性还体现在以下三个方面:①汽车产业转型升级是十堰经济社会高质量发展的必然要求。为实现高质量发展,十堰市委市政府提出"十四五"期间建设"现代新车城、绿色示范市",实现"经济倍增、跨越发展",提出今后五年的奋斗目标是把十堰建设成为省域区域性中心城市。汽车产业的发展实现十堰经济社会高质量发展的基础,缺乏汽车产业的支撑,则难以实现十堰"十四五"经济社会发展目标;②汽车产业转型升级是构建现代产业体系的必然要求。《十堰市国民经济和社会发展第十四个五年规划和2035年远景目标纲要》提出,要产业升级战略,加快推进产业基础高级化、产业链现代化,构建现代产业体系。汽车产业是十堰的主导产业,面临着结构不优化、发展不平衡、产业链水平不高、产业集群竞争力不强等问题,这些问题的解决主要依靠产业升级战略的实施;③汽车产业转型升级是"以人民为中心的发展思想"的必然要求。唯有实现产业的转型升级,通过产业的发展解决一系列民生问题,使人民更加富裕,生活品质持续提升,才能不断提高人民群众获得感、幸福感、安全感。

(二)汽车产业转型升级特殊性

十堰作为国家的汽车制造老工业基地,同时又是南水北调中线工程水源区,其转型升级有其特殊性,主要体现在以下四个方面:①汽车产业转型升级负担重。十堰市是东风汽车公司的发祥地,是著名的老工业基地,产业主要以制造业为主。大量企业建立时间较早,主要是重资产投资,设备老化,人员较多,活力不足,负担较重,有"转型升级"之心,无"转型升级"之力;②汽车产业转型升级难度大。十堰市高新技术产业增加值比重、全员劳动生产率、研发投入等指标相对滞后,新旧动能转换衔接转化不充分,加上产业结构中以汽车为主导,其规模以

上汽车制造业增加值占工业增加值的62.1%,而新能源商用车发展缓慢,商用车整车制造企业转型升级难度大,与商用车配套的零部件企业更是难以转型升级;③汽车产业转型升级制约多。十堰地处南水北调中线水源区,承担着汉江生态环境保护、丹江口库区及上游地区综合治理、水生态保护与修复,确保"一江清水东流、一库净水北送"的历史使命;同时受制于"三线一单"管控要求,产业发展类别和空间受到严格限制,十堰产业的转型升级面临着一手抓生态环保,一手抓跨越发展的挑战;④汽车产业转型升级要素缺。推动区域转型升级需要的人才、技术等要素缺乏,十堰受制于区域劣势影响,吸引和留住高端人才和工匠人才难度极大;产业基础相对薄弱,在基础材料、基础工艺、基础零部件、技术基础等方面水平较低,关键核心"卡脖子"技术更是难以依靠本区域人才资源得到解决。

第二节 "双百行动"助推十堰汽车产业转型升级实践探索

2019年5月以来,十堰通过"双百行动",形成了相应的机制,有力促进了汽车产业转型升级的进程,取得了好的成效。

一、"双百行动"提出背景

为解决十堰老工业基地产业发展结构性矛盾,工程科技助推产业转型升级中国工程院和十堰市人民政府合作开展"双百行动"。2019年年初,十堰市委市政府提出建设"现代新车城、绿色生态市"的高质量发展的目标,着力于加快创新驱动,促进转型升级,培植产业体系,调整产业结构。2019年5月,十堰市与中国工程院战略咨询中心签署战略合作协议,双方就发挥各自优势,并通过与同济大学创新驱动发展战略研究与咨询中心紧密合作,整合国内外更多有效资源,携手推进十堰市"创新驱动、转型升级"达成共识,提出十堰全面启动"双百行动",实施期为2019~2022年,这期间全市打造100家以上有显著市场竞争力的优势企业和100个以上具有市场竞争力的优势产品(或服务)。此后,在十堰每年实行滚动式30家企业和30个优势产品的点对点创新对接,全面推动十堰产业腾飞。简言之,"双百行动"就是"百强企业、百优产品"。

"双百行动"的提出意义重大,其是以中国工程院战略咨询中心为依托成立的多方协同的技术支持和服务团体活动，纵横联系广泛、专业资源丰富、专家人才汇聚，具备资源整合以及沟通联络供需多方的天然优势，是承担技术转移中介服务和科技成果转化平台运营服务的优质选择，是在政府引领下开展的科技创新成果对接。与中国工程院合作推动"双百行动"，是实施创新驱动战略，推进体制创新的重要举措，是将国家高端智库先进理念和学术成果与地方发展需求深度结合的新实践，是提升企业创新能力和产品竞争力的好途径。借助中国工程院在院士专家团队、科技创新平台、科技人才培养、科技创新指导等方面的优势，有利于充分激发我市各主体参与科技创新的积极性，做强做大新材料、新能源、生物医药、信息技术等新兴产业，加快推进创新链、产业链、资金链、政策链的深度融合，推动十堰制造业迈向中高端，将十堰市打造成为制造业强市，促进十堰市战略性新兴产业联动发展，培育新的经济增长点，进而助推十堰经济高质量发展。

二、"双百行动"实施情况

自 2019 年 5 月开始实施"双百行动"以来，已有近 3 年时间，在实施之初，这一行动主要在汽车产业中开展，有效助推了十堰汽车产业的转型升级。

（一）制定实施方案

2019 年 10 月，中国工程院战略咨询中心、同济大学创新驱动发展战略研究与咨询中心共同制定了《关于推进十堰市建设"现代新车城、绿色生态市"创新驱动发展总体工作方案》，其中明确了"双百行动"的目标、作用、举措、保障等内容。2020 年初，《十堰市"双百行动"工作方案》出台，明确了 2020 年实施"双百行动"的三个阶段和相应的重点工作。同一时期《湖北汽车工业学院"双百行动"工作方案》出台，学校成立工作专班推进双百行动，由校长总负责，主要职能部门和二级学院参加，负责"双百行动"的协调和对接，下设办公室，具体负责"双百行动"的统筹和实施。2021 年遴选了一批企业和产品纳入"双百行动"之列，同时组织相关专家对已纳入"双百行动"的企业进行技术和经营诊断，不断提升企业竞争力和品牌影响力。

（二）规范工作流程

为更有效开展"双百行动"，中国工程院、十堰市人民政府和湖北汽车工业学院共同制定了《"双百行动"工作手册》，明确了"双百行动"工作流程、工作要求、申请步骤、对接平台、典型经验等内容,从企业选择、需求整理、专家匹配、需求对接、项目签约、持续支撑、保障机制等各方面作出了详细规定,见图7.1"双百行动"工作流程图所示,有效提升了"双百行动"的工作效率。

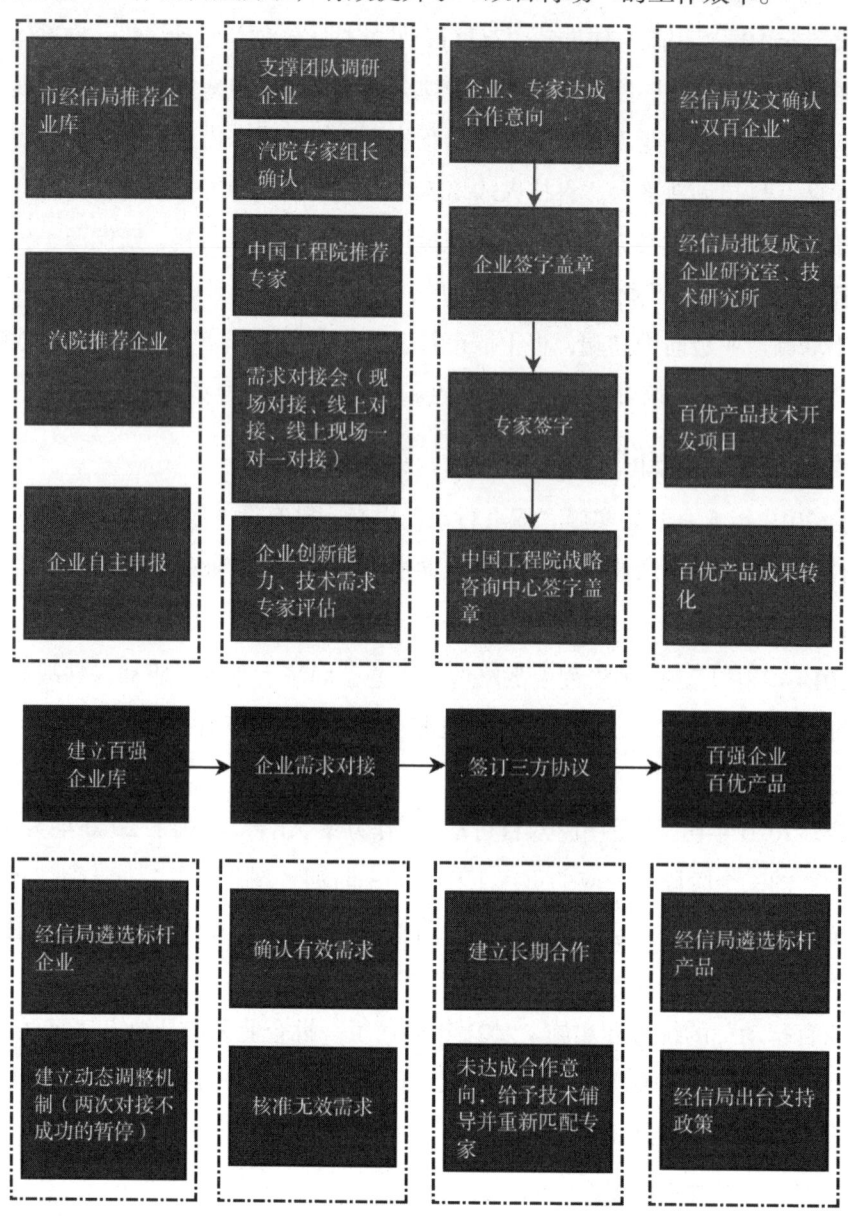

图7.1 "双百行动"工作流程图

（三）组建专家团队

在十堰市经信局和湖北汽车工业学院的组织下对全市100余家知名制造企业的需求进行了分析梳理。针对企业需求，帮助企业匹配和对接工程院组织的专家团队，这些专家团队涵盖同济大学、清华大学、湖南大学、华中科大、中国汽研、重庆汽研、湖北汽车工业学院、中国汽车工程学会、国机集团、机械总院、新松等高校、科研院所以及东风汽车零部件集团、东风实业公司、驰田汽车等龙头企业。其中湖北汽车工业学院遴选"双百行动"专家团队8个，"双百行动"协作团队22个，"双百行动"服务团队10个。

（四）开展精准对接

对接工作主要采取线上与线下相结合的方式。中国工程院、湖北汽车工业学院、十堰市经信局、电子工业出版社在2020年召开线上技术对接需求会议46场，线上分批次"一对一"对接100余场。2020年8月"双百行动"智能制造专家现场对接会在湖北汽车工业学院举行，中国工程院智能制造专家团成功与东风（十堰）汽车管业有限公司、东风（十堰）汽车部件有限公司、东风实业有限公司、湖北万润新能源科技发展有限公司、湖北大运汽车有限公司、湖北佳恒科技股份有限公司等8家地方企业对接，并为这些企业开展了技术诊断和问题解答。同济大学高云凯教授、孟德建教授、赵治国教授、金立军教授团队成功与正和汽车科技（十堰）股份有限公司、十堰星源科技股份有限公司、湖北和德工业科技有限公司、湖北华阳汽车制动器有限公司、湖北神河汽车改装（集团）有限公司、十堰高周波科工贸有限公司、恒进感应科技有限公司对接，并进行一对一现场交流指导。2020年9月，中国工程院主席团名誉主席周济、中国工程院副院长钟志华院士、李德群院士、严新平院士带领的中国工程院"荆楚院士行"专家团队赴十堰成功举行了"双百行动"合作项目签约仪式。据不完全统计，"双百行动"开展以来，中国工程院院士钟志华同志为代表的34位次院士和152位次专家，帮助湖北凸凹模具科技有限公司等302家企业解决技术难题520个，达成合作意向76个，建成院士专家工作站17个，建成北京院士专家十堰服务基地1个，49位院士专家已进驻"十堰智库"，其中8位院士被市委、市政府聘为"十堰市科学顾问"，41位专家被聘为"十堰市特聘专家"。

（五）实施人才培训

以储备"双百"产业链人才为目标，产业人才提升培训计划分为研发设计、企业管理、生产制造、新模式四大类，针对影响产业基础高级化和产业链现代化的产业人才提升需求开展培训。2019年11月30日，由十堰市人民政府、中国工程院战略咨询中心主办，十堰市经济和信息化局、同济大学经济与管理学院承办的"十堰市优秀企业家能力提升专题培训班"开班，对全市109家企业家进行了产业发展、专业知识、业务能力等方面的系统培训。2020年开展了30期线上"十堰产业人才提升系列培训"。截至目前，已完成46期线上培训，参与的企业达481家，参加培训的十堰产业人员达5995人次，培训内容涵盖工业机器人、智能化转型升级、数字化生产、动力电池技术、智能网联技术、智能制造、精益生产、汽车轻量化、企业竞争力等诸多方面，培训效果明显，有力地提升了企业人才的能力水平，受到企业的欢迎。

（六）建立研究平台

为更好地开展"双百行动"，成立了中国工程科技十堰产业技术研究院，由湖北汽车工业学院张友兵副校长担任院长。2020年9月中国工程院支持成立中国工程科技十堰产业技术研究院，下发了关于"同意使用中国工程科技十堰产业技术研究名称的回函"，十堰市人民政府也下发了十政函〔2020〕58号"关于成立中国工程科技十堰产业技术研究院的批复"。2020年9月23日周济院士、钟志华院士、李德群院士、严新平院士等4位院士出席了中国工程科技十堰产业技术研究院揭牌仪式。2020年12月9日，湖北省科技厅组织华中科技大学史铁林教授、武汉大学石端伟教授等五位专家在湖北汽车工业学院召开了"湖北省中国工程科技十堰产业技术研究院建设方案"论证会，一致同意了该产研院的建设方案。2021年1月，湖北省科技厅批准"湖北省中国工程科技十堰产业技术研究院"备案，为十堰第一家产业技术研究院。产业技术研究院深入推进十堰市"双百行动"，加大对公共技术和基础技术的研发和信息化建设，持续引入优势团队对接企业转型升级需求，形成有效研发和服务队伍，为企业提供信息发布、技术开发、技术孵化、成果转化和成果推广服务。

三、"双百行动"实施成效

十堰通过工程科技支撑"双百行动"的实施，有效解决了企业发展的技术难题，提升了产品质量，助推了产业转型升级。"双百行动"纳入了十堰市国民经济和社会发展"十四五"规划中。

（一）通过高位嫁接助推区域产业转型升级

地区产业的高质量发展取决于产业水平的提升，产业的水平往往受制于关键核心技术的制约。十堰地处全国中西部地区，区位劣势明显，老工业基地依靠自身转型升级难度大，本地产业竞争力不强，本地的智力与人才支撑不足以解决企业发展瓶颈问题。"双百行动"高位嫁接中国工程院、同济大学等国内一流研究机构和高校以及企业的专家团队，使院士及专家团队能够"一对一"指导企业技术研发、生产改善、智能制造、经营管理等难题，使困扰企业发展的瓶颈问题得以快速解决。"双百行动"形成了中国工程院与地方合作，以工程科技为主要驱动力，落地企业与产品，助推区域产业转型升级发展的新模式。目前，通过遴选加入"双百"对接范围的企业大多为十堰市优势制造企业，其中86家属于汽车制造、机械制造及智能装备制造行业，优势行业占比达71.7%，这些企业包括东风（十堰）车身部件公司、东风专用零部件公司、东风（十堰）液压动力公司、佳恒液压、同创传动轴、湖北大运等国内知名制造企业，这类企业属于十堰市各行业的重点企业，科研实力强、技改投资大，均具备与院校"产""学""研"合作的基础，在"双百行动"的助推下，依据企业和市场需求，加大相互间合作，实现创新驱动，助力转型升级。纳入"双百行动"的企业纷纷表示，专家团队帮助企业解决了长期困扰的关键核心技术问题，提高了产品质量和附加值，推进了企业数字化管理，提升了企业的竞争力和品牌的影响力。截至目前，"双百行动"累计对接120余家企业，梳理企业需求近90份，经过遴选和对接有51家企业与产品纳入了"双百行动"，这些企业与相应的专家团队和中国工程院达成三方合作协议，其中帮助45家企业与专家、中国工程院达成三方框架合作协议。

（二）通过平台搭建助推区域产业转型升级

"双百行动"的实施离不开平台的搭建，中国工程科技十堰产业技术研究院则是"双百行动"信息发布平台、技术对接平台、技术孵化平台、技术研发平台、成果转化平台、企业诊断平台。研究院通过定期收集企业需求，将企业需求定期发布，为企业寻求对口的专家团队。研究院通过开展技术培训和咨询，提升企业技术人员和经营管理人员的业务能力与水平。研究院通过组织专家到"双百企业"定期诊断，解决企业技术、质量、经营、管理中的突出问题，不断提升企业竞争力。研究院通过对基础技术和共性技术的联合研发，加大成果转化和推广使用力度，为全市制造业转型升级和高质量发展提供人才和智力支撑，为企业产品提档升级打通最后一米。此外，中国工程科技十堰产业技术研究院采取"公共研究院—校际研究所—企业研究室"三级管理架构，实行"3*1+X"（政府＋院士专家团队＋高校＋需求企业）新模式运行机制，见图7.2。注重对基础技术和共性技术的联合研发，加大成果转化和推广使用力度，截至目前研究院达成具体合作项目46项，合同总金额2157万元，其中由湖北汽车工业学院及同济专家一起与企业达成具体合作项目35项。

2020年11月，湖北汽车工业学院和张湾区城投的全资子公司十堰市远创科技发展有限公司联合成立湖北中程科技产业技术研究院有限公司。2020年12月9日下午，湖北省科技厅重大专项处组织华中科技大学、武汉大学、武汉理工大学、武汉科技大学、湖北工业大学、东风专用设备科技有限公司教授专家及国网湖北省电力公司财务专家一行9人赴湖北汽车工业学院对产研院建设方案和机制进行现场论证。经论证，专家组一致同意通过产研院建设方案和机制。2020年12月22日，十堰市科技局为产研院拨付的15万首批资金到位；2020年12月23日，产研院在湖北省科技厅网络完成注册申请。2021年1月省科技厅批准"湖北省中国工程科技十堰产业技术研究院"备案，为十堰第一家产业技术研究院。目前，十堰产业技术研究院首批挂牌成立20家企业研究室，6家技术研究所。

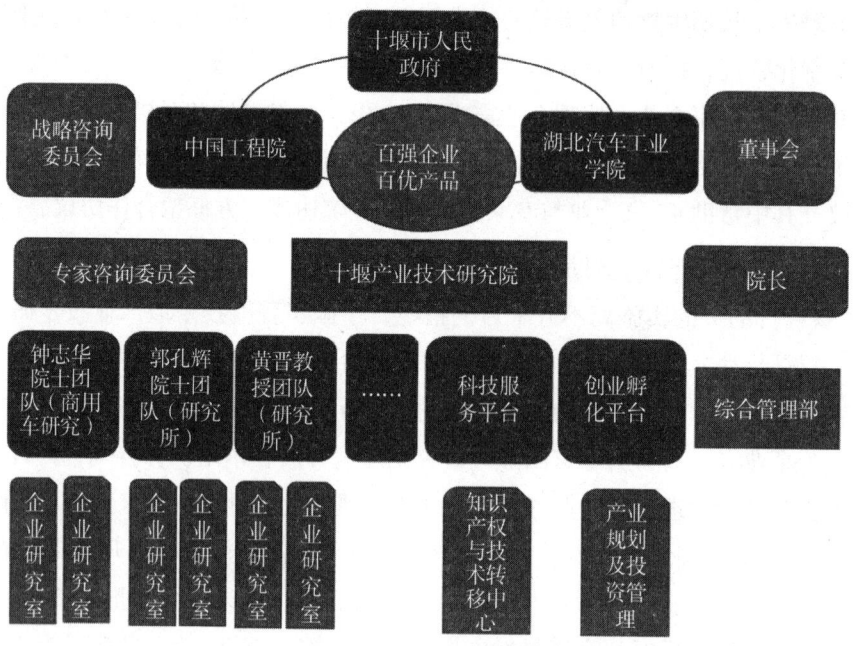

图7.2 十堰产业技术研究院组织架构图

（三）通过机制保障助推区域产业转型升级

"双百行动"建立和完善了区域转型升级所必需的组织保障机制、技术服务机制和人才支撑等保障机制。组织保障机制的主要内容有"双百行动"全程打通了"政—产—学—研—用"的创新链条，建立了十堰市政府及相关部门、中国工程院、地方高校、地方企业之间的协调推进机制，各方各司其职、协同推进，在产业、企业、产品三个层面上创新体制机制，有效助推了产业转型升级。技术服务机制的主要内容有"双百行动"中高位嫁接中国工程院、同济大学等国内一流研究机构和高校以及企业的专家团队，有效对接企业技术需求，解决困扰企业发展技术难题，建立了技术服务流程机制、技术服务跟踪机制、技术服务团队遴选机制、技术服务团队协调机制，有效助推了产业转型升级。人才支撑机制的主要内容有"双百行动"中深入开展人才提升行动，形成了精准对接企业培训需求、快速匹配专家、线上线下结合、培训效果回馈的新机制；形成了深化产教融合，促进区域教育链、人才链与产业链的有机衔接机制，有效助推了产业转型升级。

四、"双百行动"助推十堰汽车产业转型升级形成新模式

（一）中国工程院与地方合作助推区域汽车产业转型升级

按照全球价值链的理论，加工制造业的环节分为研发、设计、生产、加工、销售、服务等环节，其中产品的研发设计、精密加工、品牌营销与供应链管理是高技术、高附加值、信息密集环节，而生产、加工、组装则是高耗能、低技术、低附加值、劳动密集型环节。长期以来，基于廉价劳动力的比较优势，国内加工制造业的产业选择主要集中在生产、加工、组装等环节，产品的研发设计、精密加工、品牌营销与供应链管理等环节发展严重不足。十堰地处鄂、豫、陕、渝四省市腹地，是我国著名的汽车工业基地、区域性经济龙头城市，是东风汽车的策源地。十堰作为中西部典型的老工业基地，如何在保护好生态环境的基础上加速推进产业转型升级实现高质量发展成为十堰前进道路上的核心问题。然而，受自身产业结构过于传统、科技资源贫瘠以及人才供给稀缺等因素的制约，十堰产业转型升级和实现高质量发展面临巨大挑战。仅依靠区域自身的企业、高校、研究机构是不够的，如能整合全国高端人才，实施高位嫁接，瞄准产业发展前沿，实施关键核心技术研发和成果转化，拉动产业发展，提升产业发展能级，提高产业发展水平，甚至可以引领某个产业细分领域的前沿，则可大幅提升产品的附加值，提高企业的营业收入和利润率。为探索十堰创新驱动助力产业转型升级发展新路

径，十堰市委、市政府数次与中国工程院开展对接，积极寻求科技创新资源和动力支持。2019 年 10 月，在中国工程院指导下，十堰市人民政府启动"双百行动"，由中国工程院战略咨询中心整合国内优势创新资源，为十堰产业转型升级发展注入创新动力。

（二）以工程技术创新驱动老汽车工业基地产业转型升级

工程技术创新是指工程中新技术的创造与工程应用这一整个过程。工程技术创新不同于狭义的技术创新（企业技术创新），是技术创新活动的新的主战场。工程技术创新也不等于工程创新，工程技术创新是工程创新中最为关键的因素，决定着工程建设的成败。事实上，工程技术创新是产业转型升级的原动力，工程科技支撑十堰"双百行动"助推区域产业转型升级主要体现在两个方面。一是通过中国工程院广泛组织院士专家团队深入对接企业技术需求。"双百行动"围绕对接 100 家以上企业技术创新需求和助力 100 个明星产品的目标，通过组织共性技术对接会 40 余场，分批次一对一对接会 100 余场等形式，先后引入了清华大学、同济大学、湖南大学、武汉理工大学、北京理工大学、吉林大学、机械科学研究总院、钢铁研究总院、中国汽车工程研究院、湖北汽车工业学院等国内几十家优势高校和科研院所的 100 余个院士、专家团队，累计对接十堰市 100 余家企业急需的技术需求，50 余家企业与院士、专家团队达成合作协议，累计培育企业技术合作项目 46 项。通过广泛组织院士专家团队深入对接企业技术需求，在有效打通产业链技术阻点、破解企业转型难点问题方面发挥了有效作用，从产品和企业创新层面实质性助推十堰产业转型升级迈出新步伐。由此，高水平工程科技资源和力量在十堰集聚，工程科技支撑十堰创新驱动发展的新模式逐渐成形。

二是成立国内首个"中国工程科技十堰产业技术研究院"，打造区域创新驱动发展新引擎。2020 年 9 月，在中国工程院指导下，国内首个以"工程科技"为特色的新型研发机构"中国工程科技十堰产业技术研究院"（以下简称"十堰产研院"）在十堰挂牌成立。同年 12 月，经湖北省科技厅认定"十堰产研院"正式投入运营。截至 2021 年 10 月，"十堰产研院"已组建分专业技术方向研究所 6 个、入驻企业研究室 20 个，分别在新能源汽车、智能网联汽车、智能制造与装备、精密测量技术、汽车轻量化等领域初步形成具有技术攻关能力的专业团队 12 个，从事相关科技开发的人员达 100 余人。"十堰产研院"充分发挥共性技术平台的作用，坚持"扎根十堰、面向湖北，以汽车技术为主干、辐射制造业共性技术需求"的原则，大力推进技术创新能力建设，目前"十堰产研院"已服务于汽车制造、汽车装备、智能驾驶、智能制造、材料轻量化、环保工程各类企业，成为十堰加速产业转型升级和创新驱动发展的新引擎。"十四五"期间，研究院将打造一支省内一流的科研队伍，研发人员超过300人；通过开展技术研发、成果转化、企业孵化和科技服务等活动，预期实现累计收入超亿元，利税过千万，提升当地在汽车制造、汽车装备和智能制造、材料轻量化、环保工程、智能驾驶等领域的核心竞争力；入驻团队100家以上，孵化高新技术企业20家以上，真正将产业技术研究院打造成为十堰乃至湖北省具有很强影响力的公共技术服务平台、应用技术研发中心、成果转化推广中心和高新技术产业孵化基地。

（三）以产教融合型人才战略保障区域产业转型升级

深化产教融合，促进教育链、人才链与产业链、创新链有机衔接，是当前推进人力资源供给侧结构性改革的迫切要求，对新形势下全面提高教育质量、扩大就业创业、推进经济转型升级、培育经济发展新动能具有重要意义。深化科教融合，打造"产学研用"科技创新平台，加大产业基础和共性技术的研究和推广；支持企业关键、核心技术的研究，促进科技成果转化，推进行业指导与教学研究深度融合。"双百行动"在实施过程中促成了市内与市外人才与智力的合作，深化了本地区政、校、研、产、企之间的合作。十堰市政府为保障"双百行动"顺利实施，设立了"双百行动"专项资金，用于引导和激励企业技术改造、创新发展。事实上，"双百行动"在实施过程中促成了市内与市外人才与智力的合作，深化了政、校、研、产、企之间的合作，通过多方合作实现创新驱动，解决制约企业高质量发展的技术、人才、资金等问题，锻造了产业链长板，补齐了产业链短板，推动了产业的转型升级和高质量发展。

湖北汽车工业学院在"双百行动"推进中，深化产教和科教融合，更精准地了解相关产业发展对专业人才的需求，在传统的汽车"设计、制造、服务"产业链基础上，确定了新的专业集群建设思路。专业集群布局立足于三个方面：一是引导工科传统优势专业升级改造，更好地服务于汽车的绿色制造和智能制造；二是将专业布局从传统汽车制造领域向产业链两端延伸，将信息化、大数据等技术与汽车服务专业实现学科交叉融合，形成汽车高端服务专业群；三是对接产业的技术升级和汽车产业新兴领域的兴起，打造服务于产业未来发展的新兴专业群。近几年新获批"智能科学与技术""高分子材料与工程""大数据管理与应用""新能源材料与器件""人工智能""机器人工程""创业管理"等产业转型升级急需的专业，促进了教育链、人才链与产业链的有机衔接。

第三节 十堰汽车产业转型升级主要路径

十堰是东风汽车公司的发源地，其作为全国知名的汽车老工业基地已有50多年的发展沉淀，汽车产业一直以来都是十堰的主导产业，年产值在1400亿元左右。虽然，十堰有着深厚的汽车产业发展基础，具备一定的发展优势，但在绿色低碳发展新要求下，存在着原有汽车企业转型升级和发展新经济、新业态的双重重任，有必要厘清十堰汽车产业转型升级的必要路径。

一、十堰汽车产业发展环境分析

（一）发展机遇分析

1. 新科技革命和产业变革为十堰汽车产业发展注入新动力

当前新一轮科技革命和产业变革蓬勃发展，加速了原有技术体系、产业体系变革，跨领域融合创新不断取得新突破，数字经济、分享经济、健康经济等新经济加快成长，设计服务、在线消费等新业态、新模式不断涌现，传统产业提升改造空间持续拓展，新兴产业培育步伐明显加快，国内新一轮区域之间和城市之间产业转移加速。面对全球产业格局大变革，我国将坚定不移建设制造强国、质量强国、网络强国、数字中国，把科技自立自强作为发展的战略支撑，加快发展现代产业体系，推进产业基础高级化、产业链现代化，大力推进智能制造、绿色制造、产业基础再造和高端装备创新。十堰产业发展正处于爬坡过坎的关键期，新科技革命和产业变革将为十堰产业高质量发展提供有力支撑。十堰可充分把握新一代信息技术与制造业融合发展的趋势性机遇，推动传统制造向服务型制造转型升级，大力发展智能网联汽车等高成长性智能制造产业，探索发展新技术、新产业、新业态、新模式，加速培育汽车产业发展新动能。

2. 重大政策支持为十堰汽车产业发展提供新机遇

根据《中共中央关于制定国民经济和社会发展第十四个五年规划和二〇三五年远景目标的建议》，国家将进一步健全政策体系促进中部地区加快崛起，促进产业在国内有序转移，优化区域产业链布局。十堰位于湖北省西北部，毗邻鄂豫陕渝，又是国家南水北调中线工程核心水源区，可能享受相关的政策红利，面临东中西部协调发展、京津冀协同发展、承接产业转移等重大机遇。《汉江生态经济带发展规划》《湖北长江经济带绿色发展十大战略性举措》从空间布局、生态安全、生态保护、物流运输、产业发展、城镇空间优化等多个方面为十堰市经济社会发展进行了战略安排。《中共湖北省委关于"十四五"国民经济和社会发展第十四个五年规划和二〇三五年远景目标的建议》提出，着力构建"一主引领、两翼驱动、全域协同"的区域发展布局，"襄十随神"城市群将打造成为支撑全省高质量发展的"北翼"，对十堰市产业发展提供重要思路，明确了十堰市产业发展的着力点。十堰市与东风公司"1+5"战略合作协议深入推进为十堰市经济发展提供重要支持，"一核两翼多点"区域发展布局勾勒出新的发展方略。湖北省第十二次党代会赋予十堰"绿色低碳发展示范区"的新定位，以及"汉孝随襄十"万亿级汽车产业走廊为十堰汽车产业发展提供了难得的发展机遇。

3. "双循环"新发展格局为十堰汽车产业发展创造新契机

当新冠疫情全球流行时，全球产业链、供应链遭受重挫，各国产业链正经受着百年未有之变局带来的深刻检验，我国积极构建以国内大循环为主体、国内国际双循环相互促进的新发展格局，经济增长由外部刺激型转向内生性增长，生产、分配、流通、消费更多依托国内市场，提升供给质量以适应国内需求成为必然。同时，国家在新基建、交通、民生等基础设施建设等方面加大投入，将为汽车产业的发展提供有力支撑。

（二）发展挑战分析

1. 转型升级更加艰巨的挑战

在全球新冠疫情和乌克兰危机持续影响下，国际形势中不稳定不确定因素明显增多，世界经济发展复杂严峻，经济危机呈现出新的特点。"十四五"期间，十堰经济增长仍处于转型换挡时期，从规模速度型转向质量效率型、从增量扩能为主向调整存量做优增量、从要素投入向创新驱动转变，面临支撑产业转型升级的人才、资金、土地、信息、数据等要素支撑乏力的困境，转型的阵痛短期内难以消除。十堰目前以汽车产业为主，战略性新兴产业正处于培育期，传统产业发展面临环保、安全生产的较大压力，产业结构调整与新支柱产业培育任务艰巨。同时，企业发展面临多种困难，受原材料、环保、物流、能源等成本上涨的影响，企业利润空间被压缩，加之中小企业融资难、融资贵，对企业转型升级和发展造成较大影响。

2. 产业竞争不断加剧的挑战

近年来，十堰周边地区竞相发展势头强劲，区域竞争日趋激烈。十堰在承接发达地区产业转移、招商引资等方面面临兄弟城市的激烈竞争。从经济总量看，十堰经济总量仅为襄阳的五分之二，略高于南阳的二分之一。从主导产业看，"汉孝随襄十汽车产业集聚带"作为湖北汽车产业重要依托，武汉领跑国家智能汽车领域，襄阳打造"中国新能源汽车之都"，随州布局"中国专用汽车之都"，十堰打造"现代新车城"，全面布局"商乘油电"。面临省内外邻近城市的双重挤压，对资金、项目、技术、人才、资源等要素的争夺日趋激烈，十堰产业高质量发展空间受到负面影响。十堰市以汽车为主的制造业面临激烈的同类竞争，在技术水平、产品研发投入方面缺乏明显竞争力。

3. 资源环境要素约束趋紧的挑战

"十四五"期间，国家大力推进生产生活方式的全面绿色转型，碳达峰、碳中和、生态系统保护等要求更高、问责更严。《湖北省主体功能区规划》明确规定，除张湾区、茅箭区为省级层面重点开发区域外，竹溪县、竹山县、房县、丹江口市、郧西县均为秦巴生物多样性生态功能区。在省政府《关于加快实施"三线一单"生态环境分区管控的意见》中，十堰划分优先保护单元64个，约占全市总面积的71.73%，依法禁止或限制大规模、高强度工业和城镇建设。尤其是十堰地处南水北调中线工程源头库区，对企业准入条件更加严格，招商引资可选择的产业和项目受限，培育壮大新兴产业进程缓慢。随着十堰产业发展资源和环境约束的不断强化，产业发展成本上升，十堰产业高质量发展面临更加严峻挑战。十堰位于南水北调中线工程核心水源区，对企业准入条件更加严格，招商引资可选择的产业和项目受限，招商引资难度大，生态环保压力下新兴产业培育和发展较慢。建设用地增量资源供给能力有限，增长空间趋紧，存量用地整理腾退压力较大，加之山区谷地多，土地整备投入大、周期长，难以支撑大型生产企业及配套供应商落地。同时，十堰缺少中心城市的人才聚集优势，劳动力市场面临人口老龄化程度加深和适龄劳动人口逐年降低的双重困境。科技创新资源优势不突出，传统产业整体创新能力有待加强，产业的结构性矛盾需进一步改善，重大项目储备不多，后续稳增长的压力仍然较大，发展动能接续不足。

二、十堰汽车产业发展定位

"汉孝随襄十"万亿级汽车产业走廊为十堰汽车产业发展提供了难得的发展

机遇，主要体现在大力发展智能网联汽车、新能源汽车，形成相应的有竞争力的产业集群；着重提升共性技术和关键核心技术，促进汽车产业基础高级化和产业链现代化；大力发展汽车服务业，打造以汽车、装备制造为主要产业依托的产业数字化经济带，具体如下：

《湖北省经济社会发展"十四五"规划刚要》提出，形成以"汉孝随襄十汽车走廊"为核心，宜昌、荆门、黄冈等地协同发展，具有国际影响力的万亿级汽车产业集群。《湖北省制造业高质量发展"十四五"规划》指出，以武汉市为核心，带动宜昌、襄阳、荆州、十堰发展各具特色的软件和信息服务业；联合武汉打造具有国际竞争力的"汉孝随襄十"万亿级汽车产业走廊，支持襄阳、十堰、随州联动打造装备制造、电子信息、应急救援等产业集群，推进一批新型专业市场和特色物流中心建设，打造以产业转型升级和先进制造业为重点的高质量发展经济带。《湖北省服务业发展"十四五"规划》指出，支持十堰开展生产服务型国家物流枢纽合作共建，加快十堰国家智能网联汽车基地建设。《湖北省数字经济发展"十四五"规划》指出，培育"汉江数字经济连绵带"，充分利用"武汉—孝感—随州—襄阳—十堰"汽车工业走廊的特色优势，建设国家智能网联汽车研发测试和生产基地，打造以汽车、装备制造为主要产业依托的产业数字化经济带，推进武汉、宜昌、襄阳、鄂州、十堰和恩施等城市建设国家级物流枢纽，加强物流信息共享和标准互认。《湖北省军民融合发展"十四五"规划》提出，支持十堰市东风商用车燃料电池整车研发项目和十堰燃料电池产业园项目。《湖北省金融业发展"十四五"规划》提出支持十堰等城市建设国家物流枢纽，探索建设物流金融发展示范区，打造各具特色的省域区域金融中心。

《十堰市国民经济和社会发展第十四个五年规划和二〇三五年远景目标纲要》指出，将十堰打造成国家汽车及制造产业发展引领区。瞄准全球汽车产业变革趋势和国家汽车产业发展定位，围绕建设"现代新车城"目标要求，以数字化、绿色化、高端化、智能化、新能源化为方向，打造国家现代汽车产业制造重地，增强产业核心竞争力。以商用车、专用车、新能源汽车、智能网联汽车为方向，汽车新材料和智能装备制造为支撑，优化产品和技术路线布局。以关键汽车零部件和汽车后市场服务为突破口，构建全生命周期竞争优势。以产业集聚为依托，强化汽车产业对延长和提升全市制造业产业链的引领作用，努力将十堰打造成为国内领先和具有国际影响力的，以汽车为主线、多种行业融合、产业链上下游协同的汽车及制造业发展新高地。

三、十堰汽车产业转型升级路径

（一）明确汽车产业发展目标

不断巩固中国现代商用车之都的地位，着力打造全国汽车产业转型示范区、全省新能源与智能网联汽车先导区，成为全省"汉孝随襄十汽车走廊"和万亿元级汽车产业的重要支撑。到 2025 年，十堰市汽车产业链产值达 2300 亿元；汽车产量达到 78 万辆，其中新能源汽车占比达到 35%，L2 级辅助驾驶车型渗透率提升至 50%；汽车产业链百亿级企业数量达到 10 家，国家高新技术企业突破 500 家，新型研发机构不少于 50 家，产业特色和竞争优势显著提升。

（二）提档升级商用车

以十堰经济技术开发区、张湾区、十堰高新区、郧西县为重点区域布局，创建国家商用车制造业创新中心，推进商用车向节能环保、智能网联、安全舒适的方向发展。坚持产品差异化错位发展，实现产品"个性化、定制化"生产。加快推进大运二期、东风商用车技改扩能等项目建设，重点发展东风商用车高端重卡骁龙、东风华神第二代 DV 系列、湖北三环昊龙等全新一代产品，不断提升市场份额。

（三）加快发展乘用车

以十堰经济技术开发区为重点区域布局，重点支持东风小康、易捷特做强做优。加快推进东风小康零部件配套产业园建设。鼓励优势乘用车生产企业与国内外知名企业开展战略合作，积极引进乘用车生产头部企业，加大 MPV、SUV 和轿车等车型导入，推进整车产品由低端逐步迈向中高端。

（四）培育壮大专用车

以茅箭区、张湾区、郧阳区、丹江口市为重点区域布局，实施"整专一体化"战略，以"专、精、特、新"为主攻方向，巩固各类工程自卸车、物流运输车生产，拓展各类作业专用车生产。加快深圳东风十堰制造基地、郧阳区、十堰经济技术开发区专用车产业园及丹江口市专用车共享产业园建设，推进驰田汽车、东风专用车搬迁、吉神房车等项目投产达效，重点支持东风越野车、湖北震序、迅捷安、帕菲特等企业大力发展应急装备车辆，提升专用车产品供给能力。

（五）巩固提升新能源汽车

以十堰经济技术开发区、丹江口市、郧阳区、郧西县为重点区域布局，扩大纯电动、插电式混合动力、燃料电池汽车生产规模，支持十堰市东风商用车燃料电池整车研发项目和十堰燃料电池产业园项目，提升东风商用车、东风特商、湖北三环纯电动物流车、专用车、公交客车的市场份额，重点推进东风商用车、东风华神燃料电池中重型商用车正向研发与示范应用，加快推进易捷特30万辆新能源乘用车、湖北天道2万辆新能源商用车等项目建设，支持丹江口市引进长城华冠旗下的前途电动智能化轿车生产项目落地，支持竹山等县域发展电动摩托车和低速电动车，加快充换电站、加氢站等基础设施建设。

（六）突破发展智能网联汽车

以十堰高新区为重点区域布局，加快十堰国家智能网联汽车基地建设，引进华为技术有限公司、中盐能源科技有限公司推进智能网联道路测试项目建设，加快智能网联汽车技术与产品布局，重点攻关环境感知、智能决策、整车控制系统等核心技术。支持东风商用车智能网联汽车港口集卡、矿山卡车小批量生产。到2027年，搭载汽车DA（驾驶辅助）等智能系统的单车智能产品占比达到30%以上，初步形成1~2个智能网联汽车示范应用场景。

（七）转型升级汽车零部件

推进汽车零部件全域布局、差异化发展，构建整零协同创新发展体系，以"模块化、集成化、系统化"为方向，加快产品结构调整，推动核心技术取得重大突破，重点支持东风零部件集团、东风实业、正和车身、和德车桥等企业转型创新发展。突出补短板，加快推进汽车电子产业园、电镀产业园、汽车检验检测中心、乘用车零部件配套产业园、东实大洋电驱动系统扩能项目建设。

（八）发展壮大装备制造

加大汽车零部件加工成套设备、汽车智能柔性装配线、焊装线等成套装备推广应用力度，做大热处理产业，开发复合、大型、高速、高精的高档加工中心，发展大型、精密、复杂、长寿命模具。

（九）建立汽车产业联盟

支持重点企业、高校、科研机构（新型研发机构）、生态伙伴、应用单位与政府相关部门建立十堰汽车产业联盟，邀请中国工程院、中国汽车工业协会、中国电动汽车百人会等国家级平台加入产业联盟，推动汽车产业基础研究和关键核心技术研究，共享数据资源，改善整零关系，构建良好生态，促进汽车产业集聚发展。

（十）培育和引进龙头企业

着力打造研发能力强、制造水平高、商品质量优的"高精尖"企业，积极培育专用车、新能源整车、零部件企业的"专精特心""小巨人""隐形冠军"企业。实施精准招商引资，择机创造条件引入国内和国际知名的整车和零部件龙头企业，吸引一批具有行业影响力、技术先进的高端项目和企业落户十堰，突破一批关键核心技术的补链项目，加快绿色转型，培育核心竞争力。

（十一）大力发展汽车服务业

支持东风商用车自选市场、东风品牌体验中心、亿迈科技汽配人网等发展，完善汽车展示、物流、金融、保险、二手车、维修保养等后市场服务链。利用整车企业车辆监控平台，充分挖掘汽车数据和应用，驱动汽车后市场服务精准化、高效化，推动价值链延伸。加快国家物流枢纽城市和特色物流中心建设，探索建设物流金融发展示范区，打造具有汽车金融特色的省域区域金融中心。

（十二）完善政策支撑体系

进一步完善支持汽车产业转型升级的财政政策、税收政策、人才政策、招商政策，出台专门扶持新能源汽车和智能网联汽车发展的政策，出台专门扶持汽车产业绿色低碳转型升级的政策，出台专门扶持汽车充电站（桩）安装和使用的政策，加大新能源汽车推广力度。

（十三）建立相应保障体系

建立组织保障机制、政策保障机制、协调推进机制、人才保障机制、考核评估机制。十堰为推动汽车产业转型升级，可推行"链长制"。建立与中国工程院形成战略联盟的决策咨询机制，发挥中国工程院高水平专家智库作用，将中国工程院的相关专家纳入汽车产业链的专家咨询组中，研究汽车产业发展的前瞻性、战略性、全局性问题，为汽车产业转型升级提供决策咨询。

第八章　人才支撑汽车产业转型升级研究

随着新一轮科技革命和产业革命的兴起，以传统燃油技术形式和单纯以交通工具为主要属性的汽车正在被新兴科技所深刻改变，新技术、新模式、新业态不断涌现，汽车产业正经历一场新的革命。汽车已经由"改变世界的机器"变为"被世界改变的机器"。新一轮科技革命和产业革命的推动者是人，由新一轮科技革命和产业革命产生的新模式、新业态需对人才产生了新需求，只有改变人才的知识结构和培养路径，才能培养出适应变革需求的新型人才。

第一节　汽车产业新变革对人才提出新要求

当前汽车产业新一轮的颠覆性变革正在如火如荼地进行中，这些变革势必会引发汽车产业格局与汽车生态的全面重构，其不仅将对未来汽车以及相关众多产业产生全方位的深远影响，而且对人才的培养也提出了新要求。

一、汽车产业新变革的主要体现

（一）技术大革新，以及在此基础上衍生出来的一系列产品开发流程及理念的颠覆式变化

随着汽车电动化、网联化、智能化发展，传统的汽车电子电气架构正在发生革命性变化，原来是分布式架构，现在转向了软硬一体化的集中式架构，这可以更好地支撑智能网联汽车功能升级。过去，传统汽车靠"两年一改脸、四年一换型"，也就是通过内外部造型的变化来吸引客户关注、促进产品销售的商业模式日渐式微；现在，通过软件定义汽车可以最大限度满足个性化需求，形成"千车千面"的新发展模式。

（二）价值大迁移，以及由此带来的营销与服务模式的巨大变化

这在以特斯拉、蔚来为代表的"造车新势力"方面表现得较为明显，一系列的变化正在发生：汽车的硬件收入和利润占比逐步降低，软件收入和利润占比正

在快速增长，整车系统中软件收入占比正大幅度提升，培育软件和数据服务可获得更多收益。同样的成本投入，软件业务的利润空间很大程度上取决于用户数量，庞大的客户群能够产生巨大的利润。针对用户使用中的"痛点"，提供针对性解决方案，例如对无意识违法（超速、闯禁行、乱停车被罚款）等进行提示等，或将受到用户的欢迎并被广泛使用从而获取利润。

（三）功能大变化，以及由此导致的客户需求和市场竞争格局的大调整

随着智能网联汽车的发展，汽车产品不再是简单的出行工具，汽车产品正在被重新定义。汽车正在从交通运载的工具延伸成为大型移动智能终端和数据的空间，并逐渐成为支撑构建智能交通、智慧城市的关键要素，汽车被称为4个轮子上的数据中心。汽车已不仅是传统能源的消耗品，也可以作为存储和消纳可再生能源的重要载体，汽车与交通、能源的融合更加紧密，更是更迭交织在了一起。新的造车势力正逐步把握和引领客户的新需求，从而深刻改变着汽车市场的竞争格局。数据显示，2022年前9个月埃安和哪吒的销量均已经突破了10万辆。

（四）产业大融合，以及由此导致汽车产业链产业集群的拓展和汽车新生态的构建

当前，汽车百年形成的原有分工模式正在被颠覆，汽车产业首先是内部制造业与服务业的深度融合，然后是汽车与数字技术、信息通信、互联网领域的跨界融合，这些融合导致汽车产业链和产业集群范畴的扩展。随着汽车产业内外融合发展，跨界融合创新将成为必然，"人—车—路—云"、绿色低碳和智慧城市共同构建汽车产业新生态。

二、汽车产业新变革的主要特征

基于汽车产业新变革的主要体现，汽车产业新变革或将呈现以下三个特征。

（一）技术创新是汽车产业新变革的主导因素

汽车产业的技术创新可分成硬件和软件两大部分，硬件主要是指汽车产业的"五基"基础技术、关键技术、核心技术与"卡脖子"技术等；软件主要是指数据、程序、算法等集合。当前，汽车主要还是硬件主导定义产品，各个不同的汽车品牌也主要基于硬件性能区分各自的产品定位和差异；由于软件的创新更为活跃且更能改变产业状态，从而受到市场欢迎，将来汽车中软件的比重将超过硬件，由此汽车的产品属性和品牌定义都将发生根本性改变。当然，汽车的硬件技术和软

件技术是不可分割的，硬件技术是汽车的根基和必要条件，软件技术则是汽车的灵魂和充分条件。技术的创新也导致模式的创新，如电动汽车就有换电模式和充电模式之别，新的软件技术催生了汽车的共享模式。

（二）价值链向服务端转移是汽车产业新变革的必然结果

随着汽车产业新变革的加剧，汽车产业价值内涵向服务端转移，尤其是向使用领域深度扩展。传统汽车产业价值链主要聚焦制造端，在产业变革驱动下，汽车产业价值链则转向"制造+服务"集成。"服务"的价值链贯穿于汽车设计研发、采购物流、生产制造、销售及售后服务的各个环节，包括设计端的软硬分离、众筹众包，制造端的分散式制造、模块化分工，销售服务端的用户画像、精准营销以及全新的汽车维修、汽车养护、汽车检测、汽车保险、汽车金融、汽车报废回收等。

（三）形成汽车产业新生态是汽车产业新变革的重要目标

汽车产业的新变革将促进产业内部整车与零部件、汽车制造业与汽车服务业之间形成合作共赢的新生态；除传统整车企业、供应商和经销商以外，汽车产业外部的信息通信技术企业、全新硬软件科技公司、新的运营商、服务商、内容商以及基础设施公司等不断融入汽车产业，使原本垂直线型的产业价值链逐渐演变成交叉网状的跨界生态圈，以至于汽车产业的边界趋向模糊，诸多不同参与方主体都成为了汽车生态圈不可或缺的重要组成部分。汽车产业新生态的形成，使汽车产业的内涵与外延进一步扩展，汽车呈现出行、互联、共享、服务等全新特征，在大交通、大能源和大环境中扮演全新角色，并催生出产品、技术、用户体验、商业模式和应用场景等多维度立体式的创新态势。

三、汽车产业新变革的主要趋势

（一）就技术而言，硬件技术与软件技术协同发展是必然趋势

在汽车整车核心技术上，电动汽车专属的平台化、模块化将成为趋势，电动底盘平台化设计、多车型共享将成为新的理念和趋势。在电池技术方面，动力电池未来的趋势将向着高安全、高能量密度以及长寿命三个维度深度发展。电驱动一体化和整车深度集成将是未来电动汽车产品的核心竞争力。在智能网联方面，智能驾驶与电动汽车深度融合，随着新一代信息技术、计算技术、存储技术的发展，数据和算法已经成为产业发展的重要驱动力，未来车企要加强对芯片的设计、

生产制造、封装测试以及操作系统的研发和推广应用，改变过去把芯片和操作系统选择交供应商控制的情形。

（二）就企业而言，新能源化和智能网联化是大势所趋

2022年前10个月，我国新能源汽车产销分别达到548.5万辆和528.0万辆，市场渗透率达到了24%，预计2030年新能源汽车的市场渗透率或将达到40%左右。智能化、网联化将赋能新能源汽车企业快速发展，形成中国标准的智能网联汽车体系。未来汽车智能化、网联化、数字化相互融合。其中，数字化是基础，将贯穿智能制造的始终，通过将信息转变为数据，为网联化提供支撑；网联化是在数字化之上实现互联，从而实现分散资源的集成利用；智能化则是在数字化、网联化之上增加了人工智能，由此机器与机器之间可以进行互动，从而使网联的效果更为显著。

（三）就产业而言，绿色低碳和跨界融合发展是不可逆转的趋势

在"双碳"目标的提出与推进之下，绿色低碳正在成为汽车产业链新的价值锚点，驱动汽车行业整体向"零碳产业"升级。未来，伴随智能电动汽车规模化、健康化发展，产业价值终链将从当前的非均衡状态逐渐趋于合理和均衡。汽车产业跨界融合的主要趋势是"制造体系升级"和"服务体系升级"，其内容全面涵盖了汽车与先进制造、信息、能源、环境、交通、服务、城市规划及社会生活等诸多领域的深刻关联与相互影响。汽车作为出行服务的关键节点，在向低碳化、信息化、智能化不断升级的过程中，也与交通出行系统更加紧密地融合起来，进而形成智慧交通、智慧物流、智慧生活的新格局。

四、汽车产业新变革对人才的新要求

（一）以习近平新时代中国特色社会主义思想为指导培养适应汽车产业新变革的人才

2022年"五四"青年节前夕，习近平总书记来到中国人民大学考察调研，并主持召开师生代表座谈会。会上习近平同志强调，为谁培养人、培养什么人、怎样培养人始终是教育的根本问题。要坚持党的领导，坚持马克思主义指导地位，坚持为党和人民事业服务，落实立德树人根本任务，传承红色基因，扎根中国大地办大学，走出一条建设中国特色、世界一流大学的新路❶。汽车产业的新变革，

---

❶ 学而时习．习近平：走出一条建设中国特色世界一流大学新路．求是网，2022-04-25．
http://www.qstheory.cn/zhuanqu/2022-04/25/c_1128595762.htm

是为将我国建成"汽车强国"培养各类各层次人才,培养汽车产业高质量发展所需的技术、管理、服务等全产业链和产品(服务)全寿命期的人才,通过"政产学研用"深度融合培养适应并推动汽车产业新变革的人才。为此,以习近平新时代中国特色社会主义思想为指导,全面贯彻落实党的二十大精神,以立德树人为根本任务,贯彻新发展理念,为实现汽车强国战略目标,围绕汽车产业变革需求,支撑汽车产业全领域高质量发展,培养在中国共产党领导下走中国特色社会主义道路、为实现中华民族的伟大复兴而奋斗的具有共同理想和坚定信念,以及拥护社会主义核心价值观的人才。

(二)推动学科专业交叉融合培养具有复合型知识的人才

汽车产业的新变革是全方位的系统性变革,其要求打破传统学科专业间的边界,培养更加适合岗位需求的人才。当前,技术人才需要管理知识的指引,管理人才需要技术知识的支撑,技术与管理的融合更加紧密。即使是技术人才,不同领域的融合也在加强,汽车的智能网联化至少融合了新能源、电子信息、新材料、区块链等不同的技术领域。在"术业有专攻"的基础上,更加需要具备相关领域的知识。随着汽车制造智能化和管理数字化的普及,要胜任企业的某一岗位越来越需要具有复合型的知识。为此,建立学科专业间的交叉融合的人才培养方式显得更加紧迫。当然,面向汽车产业的变革发展,在培养复合型人才的过程中,针对需要哪些学科和专业交叉融合、怎样交叉融合、相应的课程体系如何构建、相关的培养模式怎样改革等问题需要通过实践探索来解决。

(三)通过产教融合培养具有持续学习和创新实践能力的人才

2017年12月,国务院办公厅印发《关于深化产教融合的若干意见》指出,深化产教融合,促进教育链、人才链与产业链、创新链有机衔接,是当前推进人力资源供给侧结构性改革的迫切要求,对新形势下全面提高教育质量、扩大就业创业、推进经济转型升级、培育经济发展新动能具有重要意义。就拥有汽车类学科专业的高校,可通过产教融合,更精准地了解汽车产业变革对专业人才的需求,在传统的汽车"设计、制造、服务"产业链基础上,确定新的学科专业集群建设思路。学科专业集群建设可从三个方面考虑:一是引导工科传统优势学科专业升级改造,更好地服务于汽车的绿色制造和智能制造;二是将学科专业布局从传统汽车制造领域向产业链两端延伸,将信息化、大数据等技术与汽车服务专业实现学科专业交叉融合,形成新的学科专业群;三是对接产业的技术升级和汽车产业新兴领域的兴起，打造服务于产业未来发展的新兴学科专业群。事实上，产教融合是人才培养的重要路径，学生到企业实践，不仅可以培养运用知识的能力，还可以提升学生在实践中持续学习和创新实践能力；学生实践后返回学校，可以更加主动和有针对性地自主学习。

（四）通过"三全育人"和社会主义核心价值观教育培养综合素质高的人才

坚持"三全育人"是中共中央、国务院在《关于加强和改进新形势下高校思想政治工作的意见》（以下简称《意见》）中提出的加强和改进高校思想政治工作的五项基本原则之一❶。《意见》指出，坚持全员全过程全方位育人。把思想价值引领贯穿教育教学全过程和各环节，形成教书育人、科研育人、实践育人、管理育人、服务育人、文化育人、组织育人长效机制。要培育和践行社会主义核心价值观，把社会主义核心价值观体现到教书育人全过程，引导师生树立正确的世界观、人生观、价值观，增强国家意识、法治意识、社会责任意识教育，加强民族团结进步教育、国家安全教育、科学精神教育，以诚信建设为重点，加强社会公德、职业道德、家庭美德、个人品德教育，提升师生道德素养。汽车产业的变革导致竞争的加剧，未来汽车人才将同时面临同行竞争、家庭事务、人情往来等多方面的压力，需要社会主义核心价值观引导和极强的心理承受与自我疏导能力。高校在注重对学生知识能力培养的过程中应当同步对学生的价值观念、思想品德和心理健康进行全员全过程全方位教育，使人才具有较高的综合素质。

第二节 变革时代下汽车产业人才应当具备的知识能力和素养

随着汽车产业进入到全面变革的特殊时期，人才的作用至关重要。"人才是第一资源"，人的变化是一切社会和产业巨变的根本原因和原始驱动力。在汽车行业全面重构的历史进程中，汽车人才培养应当随之而变、先之而变，唯有如此，才能打造出顺应时代发展、满足转型需求的大量汽车产业人才。

一、汽车产业人才的类型划分

按照人才的层次可将汽车产业人才划分成高层次人才、工程师人才、工匠人

---

❶ 杨琳.探析"三全育人"蕴含的教育规律[N].中国教育报，2023-04-06（7）.

才等；按照人才所属领域可划分成技术领域人才、管理领域人才、服务领域人才等；按照在企业工作内容的差异性，可将汽车人才分为企业领军人才、设计研发人才、生产制造人才、营销服务人才以及其他相关人才，该种类型的划分更加符合产业变革的要求，更具有现实意义，也为人才的培养的改革指明了方向。

企业领军人才是引导、决定企业发展方向的核心力量，主要包括企业的核心管理层。他们对企业发展起导向性作用，主要特征是能够认清产业发展趋势、明确企业发展方向、了解市场状况和竞争对手、协调各方资源、提升企业竞争力、带领企业攻克难关、推动企业不断发展。

设计研发人才是进行技术研发的专业人才，主要包括整车、零部件、科技公司、研究机构以及相关企业研发部门人员。他们是汽车技术变革的直接推动者，对产品和企业的持续发展起着推动作用，主要特征是通过设计和技术研发实现产品的更新换代和价值增值，为企业创造更多的收入和利润。

生产制造人才是进行产品生产制造的专业人才，主要包括汽车和零部件企业制造工厂的人员。他们是产品生产制造的根本，是车企发展的核心力量，主要特征是通过智能制造体系，特别是人与机器的大规模协同，不断提高制造效率和水平。

营销服务人才是进行车辆市场营销和售后服务的专业人才，主要包括企业经销商和服务商等相关人员。他们是企业生产制造的引导者，有订单和销量才有生产，企业只有制造符合市场需求的产品才能生存发展。他们的主要特征是营销服务人才直接面对市场，对车辆和市场有相当的了解。

其他相关人才是指对车企发展起到保障的各类专业人才，主要包括企业内负责质量管理、采购、财务、法务和人力等工作的人员。他们是保障企业生产经营的不可或缺的人才，为企业发展提供有效支撑作用，主要特征是专业性相对突出，工作内容相对固定。

二、汽车产业人才应具备的知识和能力

不同类型的汽车人才对知识和技能的要求有所不同。就企业领军人才而言，其应当具备汽车产业知识、汽车产品知识、国家政策知识、企业经营管理知识、项目管理知识、企业发展战略规划知识、数据挖掘、处理与分析、新型商业模式运营、碳经济与管理知识、产业和企业低碳发展决策知识和能力。

就设计研发人才而言，其应当具备汽车发动机知识、车辆底盘知识、车身造

型设计知识、汽车电子电器知识、控制及系统工程知识、新材料知识、新能源知识、人工智能知识、数据挖掘、处理与分析、物联网知识、网络安全知识、项目管理知识、"双碳"法规知识、产品设计符合"双碳"法规要求的能力。

就生产制造人才而言，其应当具备汽车产品知识、生产流程及工艺知识、机械化设备操作与维护、信息化设备操作与应用、工业工程知识、数据挖掘、处理与分析、平台控制、管理与维护、环境保护知识、低碳生产能力。

就营销服务人才而言，其应当具备汽车产品知识、市场营销知识、数字营销知识、设备操作与维护、汽车金融知识、汽车保险知识、现代电子商务知识、项目管理知识、新型商业模式运营、数据挖掘、处理与分析、平台控制、管理与维护、汽车低碳市场分析、评价和服务能力。

就其他相关人才而言，除了应当具备满足岗位需求的专业知识外，还应当具备汽车企业的管理知识、汽车产品知识、国家政策法规知识、计算机知识、互联网知识。

此外，无论是哪种类型的汽车人才都应具备统筹协调、分析判断、工作创新、人际沟通、组织管理、环境适应、系统思维、灵活应变、主动学习、绿色低碳发展等10个方面的基础能力，见表8.1。

表8.1 汽车人才应当具备的基础能力指标及内涵

指标	内涵
统筹协调能力	对所掌握资源进行统筹利用；对各类资源进行有效协调
分析判断能力	能够平衡各种发展目标，根据实际情况作出准确的分析和正确的判断
工作创新能力	能够对现有工作进行改变提升
人际沟通能力	有亲和力，能够有效沟通以适应各种关系，并影响和促进组织目标的实现
组织管理能力	能够平衡组织内外部利益群体间产生的冲突；能够制定并实现自己的工作目标；能够指导下属制定并实现自己的工作目标，从而打造执行力强的高效团队
环境适应能力	通过对自身快速及时调整来应对外部环境的改变
系统思维能力	整体性的综合认知能力，能够简化事件间的联系，把握总体方向和关键要素
灵活应变能力	依据实际情况，能够灵活处理、解决问题
主动学习能力	能够积极面对新生事物，对新知识有学习的强烈渴望并能有效地学习
绿色低碳发展能力	能够掌握低碳经济与管理基础知识和基本理论，掌握汽车产业低碳发展的专业技能，熟悉碳市场相关政策，具备进行汽车企业低碳绿色发展的分析、评价和管理能力

三、高校对汽车人才培养的变化

对于高校而言，随着汽车产业的大变革，需要重新审视教育的范畴与路径。一方面，高校要充分认识到汽车人才的范畴必将扩大，未来从事与汽车相关工作的工程师或都可认定为汽车工程师；另一方面，就汽车相关专业教育而言，应强化汽车知识的交叉融合教育，适当扩大知识范围，尤其是汽车电子、控制逻辑、系统工程类和汽车服务类课程。由于未来社会需要终身学习人才，因此高校更应培养学生形成自我学习能力、创新能力以及实际动手能力，而且均要从意识和方法两个维度重点切入，即努力让学生形成学习、创新和实际动手的意识，并通过各种途径向学生传授学习、创新和实操的方法论，这远比知识传授更为重要。

第三节 高校培养适应时代变革需求的汽车人才路径选择

当前国内高校基本遵循学校—学院（系部）—学科和专业等三级管理体系，某一学科或者相关联的学科构成学院。通常情况下，同一学院内的学科或专业能够开展交叉和融合，但不同学院之间的学科和专业难以实现交叉和融合。

一、汽车产业绿色低碳转型是时代变革的必然要求

汽车产业绿色低碳转型主要是指汽车制造业由高能耗、高污染、高产能、劳动密集型转型为低能耗、无污染、高智能、科技密集型，汽车服务业由低标准、低水平、低效益、不规范向高标准、高水平、高效益、规范化转型。汽车产业绿色低碳转型的要求主要体现在优化汽车产业结构、积极推行绿色制造、加快汽车技术变革、创新发展汽车服务业、汽车企业数字化转型、新型汽车人才培养、汽车产业新生态的构建等多方面。随着"双碳"目标的提出和我国汽车产业进入高质量发展阶段，汽车产业绿色低碳转型已成为时代变革的必然要求。数据显示，当前汽车行业的碳排放主要源于商用车，每辆重型货车的燃油消耗约是乘用车的19倍。虽然商用车保有量仅占我国汽车保有量的12%左右，却产生了汽车56%的碳排放。2022年，商用车产销分别完成318.5万辆和330万辆，同比下降31.9%和31.2%。然而，2022年新能源商用车销售23.75万辆，同比增长89.6%。商用车行业正在加快向绿色低碳转型。汽车产业的绿色低碳转型具有技术路线、转型类别、转型领域、应用场景、生态构建等方面的多样性和复杂性，需要整合

人才、技术、智力、数据等要素资源协同创新，构建"产""学""研""用"创新体系予以有效供给。

二、汽车产业人才培养面临的挑战

当前，随着汽车产业的变革和绿色低碳转型的加速发展，汽车产业人才培养面临四大挑战：一是跨界产业进入的挑战，IT企业纷纷进入新能源和智能网联汽车以及汽车出行领域，对传统汽车企业形成了挑战；二是对大学生知识需求发生新变化的挑战，要求学生具备技术、管理、经济、文化、素质等交叉融合的综合知识；三是对大学生能力需求发生新变化的挑战，新能源、新材料与信息化技术的交叉融合改变了汽车价值曲线，要求学生具备持续学习和精准识变、科学应变、主动求变的能力；四是对大学生学习方式发生新变化的挑战，面临百年未有之大变局，新一轮科技革命和产业革命兴起，知识更新加速，借助互联网提高知识获取的广度和深度已经普及，为学科交叉和专业融合培养学生提供了方法支撑。为此，应用型高校对汽车人才培养的定位是：培育新一代具备学科知识融合、强于工程实践、创新创业转化能力强的高端汽车工程师。对汽车人才培养的主要路径是：科教融合、产教融合、学创融合，"产""学""研""用"融合协同育人模式创新。

三、构建"产""学""研""用"深度融合体系培养汽车人才

党的二十大报告指出，深入实施科教兴国战略、人才强国战略、创新驱动发展战略。事实上，"产""学""研""用"的深度融合，将有助于科研力量、资金资源等创新要素的整合，更加顺畅地打通创新过程的上、中、下游各环节，形成推进科技创新的协同合力。为此，需要构建市场导向、政府扶持、企业主体、高校和科研机构支撑的"产""学""研""用"深度融合技术创新体系。在这一体系中，市场是技术创新的引导者，需要面向市场解决关键核心和"卡脖子"技术难题，加速成果转化进程，推动新业态新模式的发展，进而涌现出一大批科技创新人才；企业是技术创新的主体，应充分发挥龙头骨干企业作用，广泛联合产业上、下游企业，开展关键核心技术研发和产业化应用，提升以龙头企业为核心的产业集群竞争力，使企业成为人才培养的主阵地；政府是技术创新的推动者，通过出台政策支持技术创新和研发，主导建立相关机制，创新科研管理和评价激励制度，激发市场主体和科研机构积极性，重点解决共性技术问题，推动产业基础

高级化和产业链现代化，政府是人才培养的引导者和组织者；高校和科研机构是科学研究和技术创新重要阵地，高校应充分发挥学科和人才优势，实现校企教学、科研、服务、实习、就业全方位一体化合作，为企业和产业发展提供科技和人才支撑，同时高校将加大学科专业间融合，通过科教融合、产教融合、学创融合，进一步完善资源共享机制、协同培养机制、联合创新机制，重点采用产业学院这一人才培养模式，打破学科专业间的壁垒，重点培养一批汽车行业的卓越工程师和高素质应用型、复合型、创新型人才。无论是企业、政府，还是高校、科研机构，都需要从产业链、创新链、资金链、利益链、人才链、生态链等方面深度融合，形成协同人才培养体系。

结束语

汽车产业是湖北省的支柱产业，汽车产业转型升级的成功一定能够促进湖北构建现代产业体系。湖北现代产业体系的构建离不开汽车产业的高质量发展。事实上，湖北产业发展的关联度极强，汽车产业可以带动数字化产业、集成电路产业、新材料产业、高端装备产业、生产性服务业等产业的一体化发展。湖北要在促进"中部崛起"中展现新作为，同样也应当在汽车产业转型升级上走在全国前列。湖北可出台一系列政策措施，牢固树立绿色发展理念，树立"汽车强省"和构建"下一代汽车"产业生态圈的目标，聚焦发展新能源汽车和智能网联汽车，加快湖北汽车产业链现代化和产业集群化发展，强化产学研用深度融合体系培养汽车人才，以汽车产业的高质量发展带动全省现代产业体系的构建，进而强力支撑建设全国构建新发展格局先行区，加快"建成支点、走在前列、谱写新篇"，推进全面建设社会主义现代化新征程这一宏伟目标的实现。

参考文献

[1] 李玉生. 供给侧结构性改革下中国重型汽车产业技术发展分析研究[J]. 重型汽车，2016(3)：3-8.

[2] 刘胜勇. 新常态下汽车产业的供给侧结构性改革[J]. 汽车工业研究，2017（7）：30-37.

[3] 马力. 关于汽车产业供给侧结构性改革的建议[J]. 湖北政协，2017(7)：27-28.

[4] 杨天学. 供给侧结构性改革下交通运输经济循环模式建设研究[J]. 青海交通科技，2018(3)：31-33.

[5] 胡健. 构筑国内先进的关中高端装备制造业新高地探索省域供给侧结构改革新路径[J]. 西安财经学院学报，2019(1)：5-11.

[6] 王中亚. 河南汽车制造业高质量发展问题研究[J]. 河南牧业经济学院学报，2018(4)：10-14.

[7] 吕永权. 论推动广西制造业高质量发展[J]. 经济与社会发展，2018(5)：1-7.

[8] 徐春武. 积极顺应新时代要求，推动汽车金融公司行业高质量发展[J]. 中国银行业，2018(12)：60-62.

[9] 朱盛开. 积极推动能源转型和再电气化，促进电动汽车服务业高质量发展[J]. 大众用电，2019(1)：3-5.

[10] 王海洋，陈海峰，许广健. 我国汽车市场高质量发展重要推动力——汽车流通体制改革[J]. 汽车纵横，2018(12)：58-59.

[11] 王瑞祥. 以新理念新策略新作为实现汽车产此高质量发展[J]. 中国机电工业，2018(6)：22-23.

[12] 肖俊涛. 我国新能源汽车产业化政策研究[J]. 湖北汽车工业学院学报，2017(3)：62-67.

[13] 白洁. 长江经济带建设背景下湖北打造世界级产业集群的对策研究[J].

湖北社会科学，2017(7):64-71.

[14] 边明远,李克强.以智能网联汽车为载体的汽车强国战略顶层设计[J].中国工程科学,2018(1):52-58.

[15] 董扬,许艳华,庞天舒,等.中国汽车产业强国发展战略研究[J].中国工程科学,2018(1):37-44.

[16] 刘国斌,宋瑾泽.中国区域经济高质量发展研究[J].区域经济评论,2019(2):55-60.

[17] 戴圣良."十四五"时期福建省制造业产业链现代化发展路径研究[J].福建论坛·人文社会科学版,2020(11):73-80.

[18] 罗仲伟,孟艳华."十四五"时期区域产业基础高级化和产业链现代化[J].区域经济评论,2020(1):32-38.

[19] 郑江淮,戴玮,冉征."十四五"时期提升产业链现代化发展水平的路径：以江苏为例[J].现代管理科学,2021(1):4-15.

[20] 任保平,豆渊博."十四五"时期新经济推进我国产业结构升级的路径与政策[J].经济与管理评论,2021(1):10-22.

[21] 苟文峰.产业链现代化的历史演变、区域重构与人才支撑研究[J].宏观经济研究,2021(7):79-88.

[22] 马朝良.产业链现代化下的企业协同创新研究[J].技术经济,2019(12):42-50.

[23] 陈心颖,陈明森,王相林.福建省制造业产业基础高级化与产业链现代化的路径选择[J].东南学术,2021(2):145-154.

[24] 李万.加快提升我国产业基础能力和产业链现代化水平[J].中国党政干部论坛,2020(1):26-30.

[25] 郝挺雷,黄永林.论双循环新发展格局下的数字文化产业链现代化[J].江汉论坛,2021(4):127-133.

[26] 刘金山.谁来当新时代的产业工人——产业基础高级化与产业链现代化的人才需求[J].青年成长与发展研究,2021(1):69-77.

[27] 盛朝迅,徐建伟,任继球.实施产业基础再造工程的总体思路与主要任务研究[J].宏观质量研究,2021(7):64-77.

[28] 涂人猛.实现湖北省产业链现代化的路径与对策[J].湖北社会科学,2020

（10）：52-56.

[29] 王静. 提升产业链供应链现代化水平的共融路径研究 [J]. 中南财经政法大学学报，2021（3）：144-156.

[30] 中国社会科学院工业经济研究所课题组. 提升产业链供应链现代化水平路径研究 [J]. 中国工业经济，2021（2）：80-97.

[31] 刘怀德. 推动产业链现代化闯出高质量发展新路子 [J]. 湖南社会科学，2020（6）：9-15.

[32] 杨丹辉. 锻造全产业链的"绿色"长板 [J]. 区域经济评论，2021（2）：5-7.

[33] 戴魁早. 推进中国产业链现代化 [J]. 区域经济评论，2021（2）：7-9.

[34] 赵西三. 全产业链优化升级的数字化路径 [J]. 区域经济评论，2021（2）：10-11.

[35] 余典范. 以产业链现代化推动现代产业体系建设 [J]. 区域经济评论，2021（2）：12-14.

[36] 黄寰. 以产业结构优化推动成渝地区全产业链升级 [J]. 区域经济评论，2021（2）：15-17.

[37] 盛朝迅. 推进我国产业链现代化的思路与方略 [J]. 改革，2019（10）45-56.

[38] 盛朝迅. 新发展格局下推动产业链供应链安全稳定发展的思路与策略 [J]. 改革，2021（2）：1-13.

[39] 李雪，刘传江. 新冠疫情下中国产业链的风险、重构及现代化 [J]. 经济评论，2020（4）：55-61.

[40] 张宏伟，仝红亮. 乡村振兴战略下农业产业链金融发展存在的问题及优化路径 [J]. 西南金融，2021（6）：61-72.

[41] 盛朝迅. 制造立国 [M]. 北京：中国社会科学出版社，2019.

[42] 唐德龙，徐作圣，丁堃. 基于创新网络的产业数字化转型需求要素研究 [J]. 产业经济，2021（4）：27-32.

[43] 张进华，李克强. 中国智能网联汽车产业发展报告（2018）[M]. 北京：社会科学文献出版社，2017:42.

[44] 李月起，杨继瑞. 工业化后期我国制造业创新升级的内在机理与推进策略 [J]. 经济问题，2021（5）：80-85.

[45] 刘宗巍, 张保磊, 赵福全. 面向智能制造的汽车企业 C2B 模式实施策略 [J]. 科技管理研究, 2019(23): 123-130.

[46] 赵福全, 苏瑞琦, 刘宗巍. 践行汽车强国策 [M]. 北京: 机械工业出版社, 2017:23.

[47] 赵福全, 刘宗巍, 史天泽. 中国制造 2025 与工业 4.0 对比解析及中国汽车产业应对策略 [J]. 科技进步与对策, 2017, 34(14): 85-91.

[48] 赵福全, 刘宗巍, 郝瀚, 等. 汽车产业变革的特征、趋势与机遇 [J]. 汽车安全与节能学报, 2018(3): 233-249.

[49] 赵霞. 加快湖北汽车产业智能化发展的路径研究 [J]. 湖北社会科学, 2017(8): 77-83.

[50] 赵福全, 刘宗巍, 史天泽. 基于网络的汽车产品设计/制造/服务一体化研究 [J]. 科技管理研究, 2017(12): 97-102.

[51] 甘行琼, 李玉姣, 蒋炳蔚. 政分权、地方政府行为与产业结构转型升级 [J]. 改革, 2020(10): 86-103.

[52] 王柏生. 产业集聚促进产业转型升级了吗? [J]. 科技和产业, 2020(1): 118-124.

[53] 修菊华. 创新驱动福建制造业转型升级研究 [J]. 广西民族师范学院学报, 2018(12): 47-50.

[54] 安礼伟, 张二震. 对外开放与产业结构转型升级: 昆山的经验与启示 [J]. 财贸经济, 2010(9): 70-74, 138.

[55] 乔英俊, 延建林, 钟志华, 赵俊玮. 我国汽车产业转型升级研究 [J]. 中国工程科学, 2019(3): 41-46.

[56] 王小明. 中国汽车产业智能化升级发展研究 [J]. 产业经济, 2019(12): 146-154.

[57] 秦黎, 章文光. 我国产业转型升级中政府的角色定位 [J]. 经济纵横, 2018(8): 50-58.

[58] 张永恒, 郝寿义. 高质量发展阶段新旧动力转换的产业优化升级路径 [J]. 改革, 2018(11): 30-39.

[59] 李强, 丁春林. 环境规制、空间溢出与产业升级——来自长江经济带的例证 [J]. 重庆大学学报: 社会科学版, 2019(1): 17-28.

[60] 梁双陆，刘林龙，崔庆波.自贸区的成立能否推动区域产业结构转型升级 [J]. 当代经济管理，2020（8）：36-46.

[61] 李毅彩.珠三角制造业智能化转型升级的影响因素与路径研究 [J]. 产业经济，2020（9）：147-149.

[62] 潘为华，潘红玉，陈亮，等.中国制造业转型升级发展的评价指标体系及综合指数 [J]. 科学决策，2019（9）：28-47.

[63] 罗序斌，黄亮.中国制造业高质量转型升级水平测度与省际比较 [J]. 经济问题，2020（12）：43-52.

[64] 江小国，何建波，方蕾.制造业高质量发展水平测度、区域差异与提升路径 [J]. 上海经济研究，2019（7）：70-78.

[65] 李健旋.中国制造业智能化程度评价及其影响因素研究 [J]. 中国软科学，2020（1）：154-163.

[66] 杨蕙馨，孙孟子，杨振一.中国制造业服务化型升级路径研究与展望 [J]. 经济管理，2020（1）：58-68.

[67] 孔伟杰.制造业企业转型升级影响因素研究——基于浙江省制造业企业大样本问卷调查的实证研究 [J]. 管理世界，2012（9）:120-131.

[68] 张其仔，李蕾.制造业转型升级与地区经济增长 [J]. 经济与管理研究，2017（2）:97-111.

[69] 王小明.我国汽车产业智能化升级发展研究 [J]. 产业经济，2019（12）：146-154.

[70] 刘宗巍，张保磊，赵福全.面向智能制造的汽车产业升级路径研究 [J]. 汽车工艺与材料，2018（11）：1-8.

[71] 吴小节，谭晓霞，陈小梅，等.中国企业转型升级研究的知识结构与未来展望 [J]. 研究与发展管理，2020（4）:167-178.

[72] 王玉燕，汪玲，詹翩翩.中国工业转型升级效果评价研究 [J]. 工业技术经济，2016（7）：130-138.

[73] 李晓华.中国工业的发展差距与转型升级路径 [J]. 经济研究参考，2013（51）：15-30.

[74] 马静，闫超栋.中国工业转型升级效果评价、地区差距及其动态演化 [J]. 现代经济探讨，2020（8）：78-89.

[75] 胡志明，张金隆，马辉民，等.制造业转型升级政策协调性分析[J].科技进步与对策，2020(1)：122-128.

[76] 张其仔，李蕾.制造业转型升级与地区经济增长[J].经济与管理研究，2017(2)：97-111.

[77] 那丹丹，李英.制造业转型升级影响因素研究[J].学习与探索，2020(12)：130-135.

[78] 王昀，孙晓华.政府补贴驱动工业转型升级的作用机理[J].中国工业经济，2017(10)：99-117.

[79] 李捷，余东华，张明志.信息技术、全要素生产率与制造业转型升级的动力机制[J].中央财经大学学报，2017(9)：67-77.

[80] 熊立，谢奉军，祝振兵.双元文化与创新升级——先进制造业和传统制造业的数据对比研究[J].软科学，2017，31(5)：43-46.

[81] 张志强，李涵，王立志.政府R&D补贴、技术创新与中国工业转型升级[J].技术经济，2020(4)：30-37.

[82] 邓超，叶晓辉，潘攀.政策不确定性、银行风险承担与企业转型升级[J].湖南社会科学，2020(4)：114-122.

[83] 金碚.中国工业的转型升级[J].中国工业经济，2011(7)：5-14.

[84] 余东华，张昆.要素市场分割、技术创新能力与制造业转型升级[J].华东经济管理，2020(11)：43-53.

[85] 黄昶生，张晨，王丽，等.新旧动能转换背景下中国制造业企业转型升级能力评价研究[J].工业技术经济，2020(8)：78-88.

[86] 邢苗，张建刚.五大发展理念下产业结构转型升级评价指标体系构建与测评[J].中国市场，2017(32)：16-21.

[87] 赵波，钟天黎.我国制造业转型升级绩效评价研究[J].金融教育研究，2019(1)：30-39.

[88] 唐飞鹏，叶柳儿.税收竞争、资本用脚投票与产业转型升级[J].财贸经济，2020(11)：20-34.

[89] 余东华，崔岩.双重环境规制、技术创新与制造业转型升级[J].财贸研究，2019(7)：15-24.

[90] 吴剑辉，段瑞.数字技术对中国传统产业转型升级替代效应研究[J].当

代经济，2020(8)：14-18.

[91] 魏艳秋，和淑萍，高寿华."互联网+"信息技术服务业促进制造业升级效率研究——基于DEA-BCC模型的实证分析[J].科技管理研究，2018，38(17)：195-202.

[92] 杨德明，刘泳文."互联网+"为什么加出了业绩[J].中国工业经济，2018(5)：80-98.

[93] 童有好."互联网+制造业服务化"融合发展研究[J].经济纵横，2015，359(10)：62-67.

[94] 余东华，田双.嵌入全球价值链对中国制造业转型升级的影响机理[J].改革，2019(3)：23-25.

[95] 吴剑辉，段瑞.数字技术对中国传统产业转型升级替代效应研究[J].当代经济，2020(8)：14-18.

[96] 王莉娜.数字化对企业转型升级的影响[J].企业经济，2020(5)：69-77.

[97] 王桂军，卢潇潇."一带一路"倡议与中国企业升级[J].中国工业经济，2019(3)：43-61.

[98] 李林木，汪冲.税费负担、创新能力与企业升级——来自"新三板"挂牌公司的经验证据[J].经济研究，2017(11)：119-134.

[99] 黄阳华，罗仲伟.我国劳动密集型中小企业转型升级融资支持研究——最优金融结构的视角[J].经济管理，2014(11)：1-13.

[100] 谌晓舟，汪志红.人才结构、流动性与中小型企业转型升级——以深圳龙岗为例[J].科技管理研究，2017(6)：78-84.

[101] 吕黎.数字化助推制造型企业创新与转型升级[J].橡塑技术与装备，2019(15)：15-18.

[102] 祁明德，王文强，侯飞，等.市场导向与企业转型升级：商业模式创新的中介作用和企业性质的调节作用[J].商业经济研究，2020(19)：111-115.

[103] 陈元刚，王慧.生产性服务业集聚对制造业转型升级的影响及对策研究[J].重庆理工大学学报：社会科学，2020(2)：45-57.

[104] 曲红，宋杰鲲，曹宇辰.山东省地市产业转型升级测度及对策研究[J].河南科学，2020，38(9)：1500-1510.

[105] 郝延伟.全球价值链视角下我国产业集群的转型升级研究[J].学术论坛,2016(5):49-53.

[106] 单文君.丽乡村背景下浙江省乡村旅游转型升级路径的理论探讨[J].价值工程,2020(7):254-257.

[107] 魏敏.旅游产业转型升级动力机制时序演进研究[J].贵州省党校学报,2019(5):23-31.

[108] 李香菊,祝丹枫.财税政策波动如何影响中国制造业转型升级[J].财贸研究,2018(11):15-30.

[109] 甘行琼,李玉姣,蒋炳蔚.财政分权、地方政府行为与产业结构转型升级[J].改革,2020(10):86-103.

[110] 吴剑辉,段瑞.数字技术对中国传统产业转型升级替代效应研究[J].当代经济,2020(8):14-18.

[111] 王超恩,张瑞君,谢露.产融结合、金融发展与企业创新——来自制造业上市公司持股金融机构的经验证据[J].研究与发展管理,2016(5):71-81.

[112] 徐辉,周孝华.外部治理环境、产融结合与企业创新能力[J].科研管理,2020(1):98-107.

[113] 魏敏.旅游产业转型升级动力机制时序演进研究[J].贵州省党校学报,2019(5):23-31.

[114] 李月起,杨继瑞.工业化后期我国制造业创新升级的内在机理与推进策略[J].经济问题,2021(5):80-85.

[115] 李杰.工业人工智能[M].上海:上海交通大学出版社,2019.

[116] 迈克尔·波特.国家竞争优势[M].北京:华夏出版社,2002.

[117] 林毅夫.新结构经济学[M].北京:北京大学出版社,2014.

[118] 斯蒂格利茨.自由市场的坠落[M].李俊青,杨玲玲,译.北京:机械工业出版社,2011.

[119] 程源,冯杰.制造业转型升级背景下中国汽车产业国际化的发展策略[J].对外经贸实务,2020(8):21-24.

[120] 邹坦永.科技革命与产业转型升级:技术创新的演化视角[J].企业经济,2021(5):22-32.

[121] 布莱恩·阿瑟. 技术的本质[M]. 曹东溟, 王健, 译. 杭州：浙江人民出版社，2014.

[122] 章秀琴，孔亮，吴琼，等. 新能源汽车创新型产业集群路径升级研究[J]. 科学管理研究，2020（1）：78-82.

[123] 王承云，马任东，王鑫. 长三角一体化背景下"嘉昆太"跨行政区域汽车产业集群研究[J]. 人文地理，2019（5）：93-100.

[124] 姜彩楼，张莹，李玮玮，等. 政府补贴与新能源汽车企业研发的演化博弈研究[J]. 运筹与管理，2020（11）：22-28.

[125] 李林，袁也，刘红. 协同创新主体合作的演化博弈及政府干预的仿真[J]. 运筹与管理，2018，27（6）:14-20.

[126] 赵世佳，左世全. 美贸易摩擦对全球及我国汽车产业的影响[J]. 科学管理研究，2020（1）：57-61.

[127] 肖怡文. 福建省制造业升级的测度指标体系[J]. 泉州师范学院学报，2019（6）：80-86.

[128] 那丹丹，李英. 制造业转型升级影响因素研究[J]. 学习与探索，2020（12）：130-135.

[129] 肖俊涛,黄爱琴著:湖北省新能源汽车产业政策绩效评价及完善研究. 武汉大学出版社，2018.1.

[130] 肖俊涛. 我国新能源汽车产业化政策研究. 湖北汽车工业学院学报，2017（2）：62-67.

[131] Chakraborty A, Yuichi K, Hiroshi I, et al. Hierarchical Communities in the Walnut Structure of the Japanese Production Network[J]. Plos One,2018（8）：13.

[132] Pavitt K. Sectoral Patterns of Technical Change:Towards a Taxonomy and a Theory[J].Research Policy,1984，13（6）：343-373.

[133] Bogliacino F, Pianta M. The Pavitt Taxonomy, Revisited: Patterns of Innovation in Manufacturing, Services[J].Economia Politica,2016,33（2）：153-180.

[134] Borg Stedt P, Neyer B, Schew E G. Paving the Road to Electric Vehicles-a Patent Analysis of the Auto Motive Supply Industry［J］. Journal of Cleaner Production, 2017,167: 75-87.

[135] KU S I, SARPO N G S, GU PTA H, SARK IS J. A Supply Chain Sustainability Innovation Frame Work and Evaluation Methodology[J].International Journal of Production Research, 2019, 57(7): 1990–2008.

[136] Cassi L A. Plunket. Research Collaborationin Co-inventor Networks: Combining Closure, Bridging and Proximities[J]. Regional Studies, 2015, 49 (6): 936–954.

[137] Coffey W R. Shearmur. Agglomeration and Dispersion of High –order Service Employment in the Montreal Metropolitan Region, 1981—1996[J]. Urban Studies, 2002, 39(3): 359–378.

[138] Jude C. Technology Spillovers from FDI. Evidence on the Intensity of Different Spillover Channels [J]. World Economy, 2016, 39(12): 1947–1973.

[139] Hamida L B. Outward R&D Spillovers in the Home Country: The Role of Reverse Knowledge Transfer.Breaking up the Global Value Chain: Opportunities and Consequences [J]. Advances in International Management, 2017(30): 293–310.

[140] Ngo T W, Yin C, Tang Z. Scalar Restructuring of the Chinese State: The Subnational Politics of Development Zones[J]. Environment and Planning C: Politics and Space, 2017, 35(1): 57–75.

[141] Liu Y, Fan P, Yue W, et al. Impacts of Land Finance on Urban Sprawl in China: The Case of Chongqing[J]. Land Use Policy, 2018(72), 420–432.

[142] Zheng G, Barbieri E, Di Tommaso M R, et al. Development Zones and Local Economic Growth: Zooming in on the Chinese Case[J]. China Economic Review, 2016(38), 238–249.

[143] Gereffi G, Lee J. Economic and Social Upgrading in Global Value Chains and Industrial Clusters:Why Governance Matters[J].Journal of Business Ethics, 2016(1): 25–38.

[144] SRIVASTAVA M K, UNYAWALI D R. When do Relational Resources Matter? Leveraging Portfolio Technological Resources for Breakthrough Innovation[J]. Academy of Management Journal, 2011, 54(4): 797–810.

[145] ZHOU K, LIU T, LIANG L. From Cyber-physical Systems to Industry 4.0:

Make Future Manufacturing Become Possible[J].International Journal of Manufacturing Research, 2016, 11(2):167-188.

[146] LEE J, BAGHERI B, KAO H A. A Cyber-physical Systems Architecture for Industry 4.0-based Manufacturing Systems[J].Manufacturing Letters, 2015, 3:18-23.

[147] Noren R. Industrial Transformation in the Open Economy: a Multisectoral View[J]. Journal of Policy Modeling, 1998,20(1):111-117.

[148] Rotmans J. Transitions & Transition Management for Sustainable Development[R]. International Centre for Integrative Studies (ICIS B.V.), Maastricht, December 2000.

[149] Vellinga P, Herb N. Industrial Transformation Project: IT Science Plan. IHDP Report No.12 [R]. Bonn, Germany, 1999.

[150] Gereffi, Gary. International Trade and Industrial Upgrading in the Apparel Commodity Chain [J]. Journal of International Economics, 1999 (48).

[151] Bell M, Albu M Knowledge Systems and Technologic Dynamism in Industrial Clusters in Developing Countries World[J]. Development, 1999, 27(9): 1715.

[152] Poon. Beyond the Global Production Networks: A Case of Further Upgrading of Taiwan's Information Technology Industry [J]. Technology and Globalization, 2004(1).11-19.

[153] Locke R, Kochan T, Piore M.Employment Relations in a Changing World Economy[M]. Cambridge: MIT Press, 1995：359-384.

[154] Paz Estrella Tolentino, Technological Innovation and Third World Multinationals,Routledge,2003.

[155] Geroski P A. Entry And The Rate of Innovation[J]. Economics of Innovation & New Technology, 1991, 1(1):203-214.

[156] Caiani A. Innovation Dynamics and Industry Structure Under Different Technological Spaces[J]. Italian Economic Journal, 2017,3(3):307-341.

[157] Varum C A, Cibrao B, Morgado A, et al. R&D, Structural Change and Productivity: The Role of High and Medium-High Technology Industries[J].

Economia Aplicada, 2009,13(4):399–424.

[158] Lucchese M, Pianta M. Innovation and Employment in Economic Cycles[J]. Comparative Economic Studies, 2012, 54 (2):341–359.

[159] Jun-tao Xiao.On the innovation of engineering management. International Journal of Simulation Systems, Science & Technology. Volume 17, Number13, 2016.5.

[160] Ai-qin Huang,Jun-tao Xiao.The Influence and Countermeasures of COVID – 19 Epidemic on the High-quality Development of Chinese Automobile Industry. Basic & Clinical Pharmacology & Toxicology. 2020.08.

[161] Ai-qin Huang,Jun-tao Xiao.Research on High-quality Development of Chinese Automobile Industry Depend on Supply-side Structural Reform. Engineering & Management. 2020.05.

[162] Jun-tao Xiao.On Research of Transformation and Upgrading on the Automobile Industry Under China's "New Normal". Joint Conferences of 2015 International Conference on Modern Management.

[163] Jun-tao Xiao.Construction and experience of Automobile Marketing Curriculum group, Advances in Social Science Education and Humanities Research(ASSEHR),Volume 99,465–468.

后记

科科技革命将引领汽车产业发展。当前，全球正处于以互联网、大数据、云计算、人工智能等新技术为代表的新一轮科技革命，汽车产业正面临前所未有的技术大变革。随着我国科技革命的深入及汽车技术大变革的加快，新一轮快速发展期已经开始，推进汽车产业颠覆性和融合性创新深化，为我国汽车产业从中低端向中高端攀越创造创新发展机遇。我国无人驾驶、高度自动驾驶技术等均已完成路测；动力电池性能指标稳步提升，动力电池单体能量密度相比2012年提高了1.3倍，价格下降了80%；在稀土永磁材料、位置传感器等基础材料和共性技术方面取得重要突破；电机关键性能指标达国际水平，燃料电池动力系统部件和集成技术取得显著进展；在智能技术方面，我国拥有诸如华为、中兴在互网联、信息通信等领域具备自主技术的世界级企业，通信设备制造商进入世界第一阵营。

汽车产业进入全面变革的特殊时期，制造体系、产业形态、产业价值链和产品形态等都将发生重大改变。与此同时，能源、环境、拥堵和安全等汽车社会制约因素又给汽车产业变革增加了外部压力。而在汽车产业深刻变革的过程中，人才的作用至关重要，因为人才的变化是一切社会和产业剧变的根本原因和原始驱动力。在汽车行业全面重构的历史进程中，汽车人才必须随之而变、先之而变，也只有这样，才能打造出顺应时代发展、满足转型需求的汽车人才大军。

在新一轮科技革命促使产业加速转型和融合的前景下，汽车人才类型间的界限将不断模糊，特别是互联网技术、大数据、云计算、3D打印、无人驾驶、新能源技术的应用将根本性改变现有的知识结构体系，如电动汽车的推广将深刻改变人们对发动机的认识，大量的机械装置或将被淘汰，互联网技术的应用或将改变传统的企业财务做账方式，财务和会计专业面临着重大变革，更新知识体系成为高校人才培养的当务之急。依据将来工作内容的差异性和重要性，可将汽车人才分为企业领军人才、经营管理人才、设计研发人才、生产制造人才、营销服务人才、其他相关人才。无论怎样的人才均应当具备汽车产业、汽车产品、相关政策法规标准（含绿色低碳的相关政策）、企业经营管理、数据挖掘、数据处理与分析、物联网、网络安全、商业模式运营等方面的知识；具备统筹协调、分析判断、工作创新、人际沟通、组织管理、独立工作、环境适应、系统思维、灵活应变、主动学习等方面的能力。鉴于产业发展对人才知识、能力、素质等方面的需求均发生了巨大变化，对学校而言，需要转变人才的培养模式。在原有按学科专业培养人的基础上，应强化汽车知识的交叉融合教育，适当扩大知识范围，尤其是汽车电子、控制逻辑、系统工程类和汽车服务类课程。由于未来社会需要人终身不断学习，因此高校更应培养学生形成自我学习能力、创新能力以及实际动手能力，努力让学生形成学习、创新和实际动手的意识，并通过各种途径向学生传授学习、创新和实操的方法论，这远比知识传授更为重要。对企业而言，在注重本单位人才的培训和培养的同时，更注重建立机制，创造条件，鼓励支持激发员工内生动力，进行自我学习、技术革新、软件更新、模式创新，主要依靠自身力量和联合公关，解决生产经营中的实践难题，有步骤实现转型升级。

未来5年，我国汽车产业发展或将有如下趋势，一是汽车"轻量化、电动化、智能化、网联化、共享化"等五化进程将同步推进；二是新能源汽车产业将加快发展；三是智能网联汽车将会实现突破发展；四是汽车市场竞争将进一步加剧；五是汽车服务业将加速发展；六是政策对汽车产业的发展仍然起着重要作用。在新能源汽车产业发展上，我国未来五年的趋势如下：政策上，国家对新能源汽车生产企业的直接补贴将会逐步取消，对购买和使用新能源汽车的税收优惠将会存在一段较长时间；国家关于新能源汽车企业的准入条件或将提高，关于车辆安全、环保、使用等方面的法规将更加严格，新能源汽车零部件的标准化建设力度将会加强，"双碳目标"的实现过程或将加速新能源汽车产业化进程。市场上，新能源汽车市场渗透率将快速提升；新能源整车企业之间竞争将更趋激烈；新能源汽车零部件或将在一定时期（预计5年左右）会出现供不应求情况；新能源汽车市场将更加细分，大量新能源汽车企业会在细分市场占据一席之地；新能源汽车的基础设施将会更加完善，充电、换电、快充、慢充、电池的移动补电、加氢等基础设施将会快速布局和发展，从而有效带动新能源汽车产业化发展。

党的二十大报告对教育、科技、人才战略进行"三位一体"的统筹部署，使得教育、科技、人才成为驱动知识和创新的三驾马车。展望未来，汽车产业相关主体，唯准确识变、科学应变、主动求变，坚持变中求新、变中求进、变中突破，才能共同推进汽车产业高质量转型升级，实现"汽车强国"战略目标。

作者
2023 年 1 月于湖北汽车工业学院